科学隐喻的元理论研究

安 军/著

科学出版社
北京

图书在版编目(CIP)数据

科学隐喻的元理论研究 / 安军著. —北京：科学出版社，2017.3
ISBN 978-7-03-051927-6

Ⅰ. ①科⋯　Ⅱ. ①安⋯　Ⅲ. ①隐喻-元逻辑-研究　Ⅳ. ①H05

中国版本图书馆 CIP 数据核字（2017）第 039806 号

责任编辑：邹　聪　刘巧巧 / 责任校对：李　影
责任印制：张　伟 / 封面设计：黄华斌
编辑部电话：010-64035853
E-mail:houjunlin@mail.sciencep.com

科学出版社 出版
北京东黄城根北街 16 号
邮政编码：100717
http://www.sciencep.com

北京科印技术咨询服务有限公司数码印刷分部印刷
科学出版社发行　各地新华书店经销

*

2017 年 3 月第　一　版　开本：720×1000　1/16
2026 年 1 月第六次印刷　印张：12 1/4
字数：220 000
定价：108.00 元
（如有印装质量问题，我社负责调换）

前　言

在隐喻的多学科研究广泛兴起的基础上，对科学隐喻的专门研究也自然而又必然地成为科学哲学的一个新兴研究领域。隐喻分析的方法正在卓有成效地移植到科学哲学的研究中，成为一种有前途的研究范式。本书以隐喻研究的一般理论，尤其是语言哲学和科学哲学的相关成果为基本依据，试图在隐喻理论与科学隐喻之间建立一种稳定而理性的连接，着重突出并强调科学隐喻的本质、结构、特征、功能及其意义。

本书包括绪论、五章系统性论述、结束语及附录。

绪论对科学隐喻的渊源，即一般隐喻及其研究史进行了梳理。为科学隐喻问题的提出准备了必要的铺垫工作：探讨了一般隐喻的意义问题，从内涵和外延两方面对隐喻的基本含义进行了描述，同时引证了经典工具书和哲学著作中所给出的正式定义，并给出了必要的分析和评价；对隐喻研究的简要历史进行了较为细致的梳理，意在揭示隐喻研究历史的内在逻辑线索，展现了人类对于隐喻认知和反思不断深化的过程。在此基础上，本书引入了所要集中探讨的主题——科学隐喻，描述了科学隐喻在历史上被遮蔽的原因及其凸显的历史条件，介绍了科学隐喻研究在20世纪的滥觞及其兴盛。

第一章为"科学隐喻的本质"。首先，考察了科学隐喻的实存性问题，对于数学隐喻、物理学隐喻、化学隐喻及生物学隐喻的一些典型案例进行了介绍和分析，证明科学隐喻在科学理论的陈述中是非常普遍地、深刻地存在着的；其次，从科学隐喻的产生、内涵、运作机制等方面对科学隐喻的本质进行了较为全面的阐述，指出科学隐喻本质上是科学共同体所运用的一种理性的、对话性的、特殊的认识论与方法论工具；最后，较为详细地比较和分析了科学隐喻与科学类比、科学模型之间的区别与联系,指出后两者实际上都具有隐喻性。

第二章为"科学隐喻的结构"。科学隐喻的结构主要体现在以下三个层面:从语言学层面来看,科学隐喻呈现为一种科学语言形态;从概念认知层面来看,科学隐喻呈现为一种科学概念形态;从思维运作层面来看,科学隐喻呈现为一种独特的科学思维和推理形态。科学隐喻整体结构的意义在于这三个方面的统一。其中,处于认知层面的隐喻概念是隐喻语言和隐喻思维的中介:隐喻思维透过隐喻概念构成隐喻语言的内核,隐喻语言则通过其所表征的隐喻概念的组合体现一定的隐喻思维的意向性与特征,它们之间是一种互为表里的关系,理解科学隐喻的结构必须要从这三个层面上综合地加以把握。首先,本章分析和描述了科学隐喻的语言学结构,指出科学隐喻是以语形构造为基本载体、语义映射为本质、语用选择为生成方式的语境统一体;其次,本章从概念隐喻和根隐喻两个层次对科学隐喻的概念认知结构进行了说明;最后,本章从人类所固有的涉身推理模式和社会文化建制的影响两方面阐述了科学隐喻的思维运作结构。

第三章为"科学隐喻的特征"。首先,本章从科学隐喻构造的分类学逻辑、本质的可能世界语义学逻辑、真值的模糊逻辑,以及推理的不明推论逻辑等方面对科学隐喻的逻辑特征进行了初步的探索;其次,本章从开放性、曲折性和辩证性的角度对科学隐喻的指称特征进行了描画;最后,本章归纳了科学隐喻在科学理论中所表现出的整体性特征:在科学理论的构造方面,科学隐喻具有鲜明的意向性特征;在科学理论的解释方面,科学隐喻具有强烈的语境化特征;在科学理论的发展方面,科学隐喻具有显著的动力学特征。

第四章为"科学隐喻的功能"。科学隐喻的功能是由其特殊的本质、结构和特征所决定的。从科学隐喻运作的整体性角度来看,科学隐喻在科学实践活动中所具有的独特功能主要涵盖了科学认识论和方法论的方面:在认识论方面,科学隐喻发挥着认知启示、认知经济、认知构造及认知范型的作用;在方法论方面,科学隐喻的功能主要体现在科学理论发明、科学理论表征、科学理论解释及科学理论交流等环节。科学隐喻这些不同方面的功能在绝大多数情况下是相互重叠的,本质上也是内在地统一的。

第五章为"科学隐喻的意义"。一方面,科学隐喻研究的勃兴有其内在的历史逻辑,它与科学修辞学转向具有极为密切的相关性,体现出重要的修辞学意义;另一方面,科学隐喻合法性地位的确立与巩固也有其哲学理论背景的推动，这种推动建立在对科学隐喻、科学语言与科学思维内在统一性认识的基础之上，与后现代主义科学观的基本理念相契合，与后现代科学哲学发展的趋势相一致，同时，科学隐喻研究的深入对当代科学实在论的进展也将起到有益的启迪作用。

结束语对本书中提出的主要观点进行了概括总结，强调科学隐喻研究对于当代科学哲学进一步向纵深发展所具有的重要意义，指出隐喻分析应当也能够成为未来科学哲学研究的一种新范式。

附录为"科学隐喻与科学哲学"，记载了笔者对英国科学哲学家玛丽·海西（Mary Hesse）教授所做的一次关于科学隐喻与科学哲学的访谈。

本书是在笔者博士学位论文基础上完成的，感谢我的导师郭贵春教授。感谢科学出版社科学人文分社侯俊琳社长和邹聪编辑。

由于个人水平所限，本书难免存在不足之处，敬请读者批评指正。

安 军
2016年12月

目　录

前言 …………………………………………………………… i

绪论 …………………………………………………………… 001

第一章　科学隐喻的本质 …………………………………… 030

　　第一节　科学隐喻的案例 ……………………………… 030

　　第二节　科学隐喻的本质 ……………………………… 042

　　第三节　科学隐喻的关联 ……………………………… 057

第二章　科学隐喻的结构 …………………………………… 067

　　第一节　科学隐喻的语言学结构 ……………………… 067

　　第二节　科学隐喻的概念认知结构 …………………… 079

　　第三节　科学隐喻的思维运作结构 …………………… 086

第三章　科学隐喻的特征 …………………………………… 091

　　第一节　科学隐喻的逻辑特征 ………………………… 091

　　第二节　科学隐喻的指称特征 ………………………… 104

第三节　科学隐喻的理论特征 …………………………………… 108

第四章　科学隐喻的功能 ………………………………………………… 121
　　第一节　科学隐喻的认识论功能 ………………………………… 121
　　第二节　科学隐喻的方法论功能 ………………………………… 126

第五章　科学隐喻的意义 ………………………………………………… 137
　　第一节　科学隐喻的修辞学意义 ………………………………… 137
　　第二节　科学隐喻的哲学意义 …………………………………… 144

结束语 ……………………………………………………………………… 156

参考文献 …………………………………………………………………… 163

附录　科学隐喻与科学哲学——英国科学哲学家玛丽·海西教授
　　　访谈录 …………………………………………………………… 176

绪 论

科学隐喻作为当代科学方法论研究的一个重要组成部分，是方法论研究的必然要求，已日益成为科学家和科学哲学家共同关注的一个焦点问题；科学隐喻研究不仅将极大地推动科学哲学整体的深入发展，对于科学理性的进步也将起到其应有的积极作用。[①]本书主要依据当代语言哲学和科学哲学的相关理念，试图从整体性和全方位的视角比较全面地探讨科学隐喻的一般性的元理论问题。为此，我们首先强调，科学隐喻的问题是在隐喻研究的整体历史进程中显现和展开的，没有一般隐喻理论作为支撑，科学隐喻问题的提出就是空中楼阁，其意义的澄清是不可能的。这也就是说，如果不首先深入地理解一般隐喻的意义，就不可能真正理解科学隐喻的本质；如果不去细致地考察一般隐喻研究的历史，科学隐喻研究的兴起也就丧失了思想史的坐标。因此，要探讨科学隐喻的问题，必须对一般隐喻的意义及其研究史首先作出介绍，这部分内容自然而又必然地构成本书所要着力探讨的科学隐喻所不可或缺的、前提性的理论准备和知识背景支持。

基于以上原因，绪论部分首先对科学隐喻的渊源，即一般隐喻及其研究史作出了梳理，为科学隐喻问题的提出准备必要的铺垫工作：一方面，探讨了一般隐喻的意义问题，从内涵和外延两方面对隐喻的基本含义进行了描述，同时引证经典工具书和哲学著作中所给出的定义并作出了必要的分析和评价；另一

---

① 郭贵春.科学隐喻的方法论意义.中国社会科学，2004，（2）：92.

方面，对于隐喻研究的简要历史进行了较为细致的梳理，意在揭示隐喻研究历史的内在逻辑线索，展现人类对于隐喻认知和反思不断深化的过程。在此基础上，水到渠成地引入了本书所要集中探讨的主题——科学隐喻。不仅描述了科学隐喻在历史上被遮蔽的原因及其凸显的历史条件，还介绍了科学隐喻研究在20世纪的滥觞及其兴盛情况。后者突出表现为科学隐喻合法性地位的不断确立和巩固，隐喻分析也正在成为科学哲学研究中一种有发展前途的新范式。

一、隐喻的意义

众所周知，隐喻是一种普遍存在的、司空见惯的语言现象。孔多塞在其《人类精神进步史表纲要》中指出："几乎每个字都是一个比喻，而每个短语都是一个隐喻。"[①]著名哲学家、修辞学家理查兹（I. A. Richards）也在其《修辞哲学》中指出："在我们的日常会话中，几乎每三句话里就可能有一个隐喻。"[②]对此，当代认知语言学基于大量现实语言材料的实证性研究提出了肯定的证据。那么，什么是隐喻呢？大多数词典和百科全书使用了诸如此类的隐喻定义：隐喻是一种言语修辞格，其中，一个实体或事态用被视为适用于另一实体或事态的语词进行言说。从这种典型的描述来看，似乎并不存在什么理解上的问题，但是，进一步地追问则会使许多问题凸显出来。例如，我们在这里所谈论的"一个实体或事态用被视为适用于另一实体或事态的语词进行言说"到底是什么意思呢？隐喻的内涵和外延究竟该如何加以界定？这些问题耗费了自亚里士多德以来无数哲学家和修辞学家的心血，却仍然是开放的、聚讼纷纭的问题，历来被人们誉为语言和思想的千古之谜。因此，隐喻研究所必须面对的首要问题就是隐喻的概念问题，简言之就是"隐喻是什么？"的问题。历史上几乎所有的隐喻研究者都一致认为，隐喻的概念问题既是一个非常具有吸引力和挑战性的问题，同时也是一个见仁见智、非常令人头疼的问题。事实上，学术界至今没有一个公认的对于隐喻概念的定义。这突出地表现了将隐喻概念清楚、准确、完全地表述出来的复杂性和困难程度。

1. 隐喻的基本含义

从词源学上来看，英语中的"metaphor"即"隐喻"一词来源于古希腊

---
① 孔多塞. 人类精神进步史表纲要. 何兆武译. 北京：生活·读书·新知三联书店，1998：35.
② Richards I A. The Philosophy of Rhetoric. Oxford：Oxford University Press，1936：98.

语中的"metapherein"。在古希腊语中,"meta"基本上相当于现代英语中"beyond"的意思,即"超越、在……之上",而"pherein"则是"to bring"的意思,即"带来、产生"。① 在拉丁语中,"metapherein"的拼写演变为"metaphora"。到了中世纪,在法语中写作"metaphore"。据语言学家考证,英语中的"metaphor"一词大约迟至16世纪方才出现。在问世之初,"metaphor"一词首先是作为对于一种比喻性修辞格的指称,这应当是毫无疑义的。也就是说,从词源学及构词法的角度来看,"隐喻"最为基本的内涵表示一种意义的转换或转移;从实际使用的历史来看,则用作对于一种比喻性修辞格的命名。在历史上,第一位对隐喻问题作出了专门研究并试图从整体上描述其内涵与本质的学者是古希腊伟大哲学家亚里士多德,他的隐喻研究成果集中体现在《诗学》和《修辞学》两部重要的论著中。亚里士多德认为,所谓隐喻就是用于命名不同事物的名称之间的相互借用。当然,亚里士多德的视阈主要关注的是隐喻的纯粹修辞学层面。

隐喻外延的归属非常灵活且自由,既可以包括语词、短语,也可以包括陈述句,甚至可能涵盖语段、篇章乃至整个文本。例如,古希腊哲学家赫拉克利特所说的"世界是一团永恒的活火"这个句子可以被称为一个隐喻陈述句。同时,在相当的意义上,"永恒的活火"这个名词短语在该语境中也能够被认为具有一种隐喻意义;"世界之火"能够被称为是一个隐喻短语,同时,在相当的意义上,"火"这个字也能够被认为具有一种隐喻意义。但是,值得注意的是,在这两种不同的隐喻归属中,名词"世界"都可以被称为隐喻中的主体,而真实的世界本身则可以被称为"主体物"。隐喻谓词或隐喻术语无论是名词还是形容词都可以被称为修饰词。语法形式并不能总是决定性地指出主体是什么、修饰词是什么。在维特根斯坦的隐喻"逻辑空间"中,"逻辑"是隐含的主体,"空间"则是隐喻修饰词。② 也有哲学家认为,隐喻意义的真正载体不是语词或短语,而是句子的整体。因此,隐喻的本质不能够仅仅用语词或名称之间的替换来解释,而必须根据整个句子中逻辑主词与谓词之间的相互作用和关系来加以说明。还有一种现代语义学的观点认为,能够构成隐喻单元的既不是语词,也不是句子,而是一种语义学上的意义单位,即语义场(semantic field)。③ 语义场的解释超越了单纯语言形式的

---

① Radman Z. Metaphors: Figures of Mind. Dordrecht, Boston: Kluwer Academic Publishers, 1997: 3.
② Edwards P. The Encyclopedia of Philosophy. vol. 5. New York: Macmillan Publishing Co. Inc. , 1972: 285.
③ Kittay E, Lehrer A. Semantic fields and the structure of metaphor. Studies in Language, 1981, (5): 1.

层面而达到了概念认知的层面。从这种角度来理解的话,隐喻显然属于一种概念转换的范畴。也就是说,隐喻的概念转换从本质上是通过意义系统的转换加以说明的。在当代,尽管隐喻已经成为语言哲学、科学哲学、认知科学所共同关注的一个重要概念,对其意义的理解也已经远远超出了语言学和修辞学的范围,但是,隐喻的基本含义则莫过于此,即其意义核心仍然不超出亚里士多德关于"转换"的描述。我们认为,关键问题在于对这种所谓转换的全面理解:形式上的语言转换包含着概念认知转换的深层机制。

2. 隐喻的定义

在传统修辞学中,隐喻往往被定义为一种修饰性的比喻形式,其本质是语词或短语在一种由"是"所连接的比喻性意义上的用法。但是,随着隐喻研究的多学科统合进程的展开,隐喻的复杂性不断展现出来,其认知意义和方法论功能也正在得以澄清。在这样的背景中,传统的隐喻定义方式显然有失简单,无法充分涵盖隐喻所包含的丰富意义。当然,对隐喻给出一个精确的定义是极其困难的。奥古斯丁在《忏悔录》中有一段关于时间的名言:"那么,什么是时间?如果没有人问我,我是知道的;如果我希望向问我的人阐明它,那我就不知道了。"这段话所表述的思想同样适用于隐喻:在语言系统中,使用或识别一个隐喻往往是比较容易的;但是如果要给隐喻下定义,即通过划分出它与其他语言修辞现象的界限而刻画其本质属性,则是一项令人难以胜任的工作。事实上,尽管不同的词典、教科书、百科全书、修辞学和哲学著作给出的隐喻定义大同小异,但均不尽相同。这种情况正如意大利哲学家、符号学家翁贝托·艾柯(Umberto Eco)所指出的,对于一般词典给隐喻所下的定义,往往是不能令人感到满意的;人们觉得这些定义要么过于简单,要么就是陈词滥调或者同语反复。艾柯的观点反映出传统学术界在隐喻定义方面存在的尴尬状况。从当代的视角来看,无论是亚里士多德关于名称转换的定义还是法国修辞学家方塔尼尔(Fontanier)对隐喻的定义,都仅仅是一种名义定义。所谓名义定义,即其目的仅仅在于使隐喻与其他类型的比喻修辞格如明喻、提喻、转喻等区别开来,而不是深刻地揭示其本质。也就是说,由于名义定义仅仅限于对于隐喻的辨识和确认,所以没有超出奥古斯丁所谓的理解范畴。这种定义方式有助于对隐喻进行分类,但显然需要进一步的补充和深化。以下从一些权威性英语词典、重要的哲学专业词典与百科全书,以及具有代表性的语言学、修辞学和哲学专著三个方面来看对隐喻意义进行界定的实例。

1）一些权威性英语词典对隐喻的定义

《牛津英语词典》（*Oxford English Dictionary*）的定义为：

一种言语修辞格，其中一个名称或描述性术语被转换于某个对象，该对象不同于此名称或描述性术语所正当适用的对象，但二者存在类似性。

《韦伯斯特英语词典》（*The Webster English Dictionary*）的定义为：

一种言语修辞格，这种修辞格通过说似乎一事物是另一事物，把一事物比作另一不同的事物；一种暗含的比较，在这种比较中，一个在通常意义上或首要地用于一事物的语词或短语被用于另一事物。

《朗文当代英语辞典》（*Longman Dictionary of Contemporary English*）的定义为：

通过与另一具有相似性质的事物进行比较而描述某事物的一种方式，但不用"像""似"等语词。

《麦克米伦高阶英语词典》（*Macmillan English Dictionary for Advanced Learners*）的定义为：

一个意指某一事物的语词或短语被用于指称另一事物，其目的在于强调二者之间的相似特性。

维基百科（Wikipedia）的定义为：

一种修辞学比喻，在两个或更多个表面上互不关联的主题之间所进行的一种直接比较。

2）一些重要的哲学专业词典、百科全书对隐喻的定义

《哲学百科全书》的定义为：

"隐喻的"这一术语与"字面的"这一术语相对，用于语词、语词的用法、意义以及句子……根据通常的定义以及词源学，隐喻是一种涉及内涵和外延两方面的意义的转换。隐喻修饰词在一种特殊的语境中获得了一种特殊的意义，

同时被应用于不同于在通常的意义上可以应用于的实体。①

《牛津哲学辞典》的定义为：

隐喻是最重要的一种修辞格，其中有关话题或意旨被一种用于非字面意义描述的语词或句子来指称；在一种典型的隐喻用法中，相关特征的结合成为字面上不合逻辑和荒谬的，但理解并不因此而失效。②

《剑桥哲学辞典》的定义为：

一种言语修辞格或一种比喻修辞……其中，在字面上表示一事物的语词或短语被用来表示另一事物，因此隐含地对这两个事物作出了某种比较。③

《斯坦福哲学百科全书》的定义为：

隐喻是语词在诗学或修辞学意义上一种充满野心的用法，是一种与字面用法相对的修辞格。它比任何其他在传统上被认可的言语辞格吸引了更多的哲学兴趣、引发了更大的哲学争议。

3) 一些具有代表性的语言学、修辞学和哲学专著的隐喻定义

亚里士多德在《诗学》中的定义为：

隐喻字是属于别的事物的字，借来作隐喻，或借属作种，或借种作属，或借种作种，或借用类同字。④

理查兹在《修辞哲学》中的隐喻定义为：

用一种观念的符号来表示另一种观念。

泰伦斯·霍克斯在《隐喻》中的定义为：

它是指一套特殊的语言学程序，通过这种程序，一个对象的诸方面被传送或转换到另一对象，以便使第二个对象似乎可以被说成第一个。隐喻有着各种不同的形式，其中涉及的对象也可变化多端，然而这种转换的一般程序却是完

---

① Edwards P. The Encyclopedia of Philosophy. vol. 5. New York: Macmillan Publishing Co. Inc., 1972: 285.
② Blackburn S. Oxford Dictionary of Philosophy. Oxford: Oxford University Press, 1996: 240.
③ Audi R. The Cambridge Dictionary of Philosophy. 2nd ed. Cambridge: Cambridge University Press, 1999: 562.
④ 亚里士多德. 诗学. 罗念生译. 北京：人民文学出版社，2002: 62.

全相同的。①

肯尼斯·伯克（Kenneth Burke）的定义为：

隐喻是根据另一事物对某事物进行观照的工具。它从"彼物"中抽出"此性"，或从"此物"中抽出"彼性"。②

陈嘉映在《语言哲学》中的定义为：

隐喻就是借用在语言层面上成形的经验对未成形的经验作系统描述。我们的经验在语言层面先由那些具有明确形式化指引的事物得到表达，这些占有先机的结构再引导那些形式化指引较弱的经验逐步成形。③

郭贵春在《科学实在论的方法论辩护》中的定义为：

从狭义上来讲，隐喻指的是语言中某些语词的特殊用法，往往是事物 x 的名称用以指称 y 事物；从广义上来讲，隐喻则可以指概念化以及再概念化的过程本身。④

可见，从不同的角度和侧面出发，对隐喻定义强调的方面也会有所不同。但是，非常明显的是，任何一种定义方式都难以完整地展现出隐喻含义的整个序列。这是由隐喻的复杂性所决定的。不过我们仍然能够比较清晰地看到，在所有上述定义中，对隐喻的理解和阐述都与其古希腊语中的词源，即其最原始的基本含义"转换"紧密相关。相比较而言，郭贵春教授将隐喻意义做狭义和广义的区分更加贴合当代隐喻理论深入发展的实际。也就是说，从狭义上来看，隐喻表现为一种语言学表达式，内含着指称的变异和意义的转换；从广义上来看，隐喻表现为一种具有基础性的认知范型和思维方式，内含着一种特殊的概念化过程。可见，隐喻包蕴着多层次的复杂含义。事实上，许多当代哲学家都十分深刻而清醒地认识到了隐喻定义的复杂性和繁难性。例如，法国哲学家德里达在《白色神话》中指出，对于隐喻，无论作出何种定义，其本质都是一种循环定义："在每一种对于隐喻的修辞学定义中，所包含的不仅仅是一种哲学立场，而且包含一种诸如此类的哲学在其中形成的概念网络。在这个网络

---

① 泰伦斯·霍克斯.隐喻.高丙中译.北京：昆仑出版社，1992：1.
② 转引自 Radman Z. Metaphors: Figures of Mind. Dordrecht, Boston: Kluwer Academic Publishers, 1997: 117.
③ 陈嘉映.语言哲学.北京：北京大学出版社，2003：378.
④ 郭贵春.科学实在论的方法论辩护.北京：科学出版社，2004：176.

中,每根线都增加一圈。如果这个概念不太可能是从这里派生的,我们就说出了一种隐喻。被定义者包含在定义的定义者中。"①

著名哲学家利科对此表示赞同。他认为,不以隐喻的方式谈论隐喻事实上是不可能的;因此,对于隐喻的任何定义都必然是循环的。德里达和利科在这里所表达的观念实际上是对亚里士多德观念的批判。作为历史上第一个对隐喻进行系统性研究的哲学家,亚里士多德旗帜鲜明地反对在定义中使用隐喻。他认为,由于任何隐喻性表达法都是晦暗不明的,所以隐喻是不适合进行论证的,自然也不应当在给出任何定义的过程中使用隐喻或隐喻性的表达法。但是,亚里士多德有意无意地忽视了隐喻词源所包含的"转换"概念本身就是一种隐喻。

当然,概念定义的隐喻性更深刻的原因在于人类思维过程本身所具有的隐喻性,即人类无法完全而彻底地摆脱概念思维的隐喻基础。这就在于,"如果隐喻创造语言,我们只能隐喻地说话。隐喻的定义只能是循环往复的。如果规定隐喻的'字面'出路的一种语言理论存在于先,如果隐喻是这种理论的丑闻或是对这种规则系统的侵犯,那么理论的元语言为了给这种还未构成的东西下定义就应提到某种东西。而语言的'外延'理论可以指出语言被错误使用的、但似乎也说出一些东西的情况,但解释是什么东西和为什么颇感尴尬。结果便产生了这种类型的同语反复的定义:'每当语言的使用者感到有些东西像隐喻一样不能解释时,便使用隐喻。'"② 例如,戴维森在《隐喻的意谓》一开篇即写道:隐喻是语言的梦幻作品。鉴于隐喻定义的复杂性和难度,有些哲学词典在对隐喻词条的解释中没有给出一种正式的、明确的定义。在1995年出版的《牛津哲学指南》中,该书隐喻词条的作者放弃了定义的企图而采取了一种阐释的策略,即以一些典型隐喻案例和经典哲学家的相关论述帮助读者去理解隐喻的内涵。这无疑是一种非常聪明的选择策略,但这种回避多少包含着一些理智上无能为力的无奈。

二、隐喻的研究史

隐喻研究是从古希腊就已经肇始的一种古老传统,几乎与哲学研究相伴而生。这一传统在伟大的亚里士多德手中成形,其后经历了罗马时代修辞学兴盛的辉煌历史时期,在中世纪的漫漫黑暗中和其他学科的创造性研究一起被神学的狂热所掩盖,在近代科学及哲学的崛起中被忽视并被边缘化,只能附属于诗

---

① Derrida J. White Mythology. Moore F C T(trans.). New Literary History,1974,6(1):30.
② 翁贝尔托·埃科. 符号学与语言哲学. 王天清译. 天津:百花文艺出版社,2006:171.

歌文学的研究,直到20世纪被重新发现并提上多个学科包括语言学、符号学、科学哲学、心理学以至认知科学的研究日程。

1. 西方隐喻研究史

1) 古希腊和古罗马时期

在西方人文主义教育传统中,从古希腊和古罗马开始,语法与修辞就一直处于核心地位。其中,隐喻是受重视程度最高的一种语言修辞现象。西方学术界一般公认,在历史上首开隐喻研究之先河的人物是亚里士多德。亚里士多德的老师柏拉图虽然也谈论过隐喻,但主要是持一种否定的态度,认为哲学家应当抵制隐喻,而且柏拉图并没有比较系统地对隐喻问题进行过专门论述。亚里士多德在《修辞学》及《诗学》中以专门的篇幅详细探讨了隐喻问题,成为这一研究的滥觞,其隐喻思想很快被奉为经典,基本上统治了整个古典修辞学时期,对当代隐喻理论也具有不可磨灭的深刻影响。在这个意义上,我们可以恰当地把亚里士多德称为"隐喻研究之父"。

亚里士多德指出,隐喻是一种极为重要的修辞现象,对于隐喻的富有创造性的使用标志着一种特殊的理智能力,一个人如果能够对隐喻运用自如,那么就意味着他在智性上达到了极高的程度:"无疑最伟大的事情是成为隐喻的主人。它是一件不能从其他人那里学来的东西;并且它也是一种天才的标志,因为一种好的隐喻包含了一种对不相似物中的相似性的富有直觉的洞察力。"从亚里士多德开始,隐喻逐渐成为哲学研究的一个主题。事实上,它几乎比所有其他修辞格都更多地受到后世语言学家、修辞学家和哲学家们的关注与讨论。

古罗马学者西塞罗(Cicero)在其《雄辩术分析》中指出,对于任何人来讲,都必须学会有效地、有表达力地对言词加以运用,只有这样才能够使被描述的事物栩栩如生地呈现在其他人面前。这就要求所描述的事物必须具有丰满并且能够引起他人共鸣的修辞特征,这些修辞特征甚至将会增强事物本身所具有的重要性。西塞罗强调,在所有的修辞特征中,最有效的是隐喻的特征,隐喻是达到上述目的最为有效的手段。

另一位古罗马修辞学家昆体良(Quintilian)也在《修辞原理》中指出,在论证过程中进行修辞的最佳途径是正确地使用隐喻的各种习惯用法。对于隐喻的本质,昆体良作了以下分析:人类的绝大多数思想观念直接来源于感官印象,其中来自视觉的印象最为显著,所有这些感官印象作为被人类贮存在记忆中的形象或"观念"而存在；隐喻就是善于在心灵中创造出从未见过的，而只是在想象中关联起来的事物的图象。发明或应用隐喻既是人类心灵所内在地、本质地具有的，又是一般人可以通过适当的培训而获得的一种自然的能力或禀赋。总之，隐喻有助于创造出一种强有力的"幻想"或"想象力"，这是一种把见过的或者记住的事物的图象进行组合、连接，从而形成复合图象，并在心灵中产生种种影响的能力。尽管在昆体良看来，隐喻能力的效果本质上是负面的和消极的，甚至可谓是"心灵的一种恶行"，一种纯粹的白日做梦的能力，但他同时强调，对于一个杰出的修辞学家而言，这种隐喻能力又是不可或缺的。①

2）中世纪时期

在中世纪时期，隐喻在哲学上的重要性地位进一步被削弱。当时的哲学家警告世人，千万不要被隐喻所代表的花言巧语所迷惑而误入歧途。由于中世纪修辞学的研究范围仅限于纯粹的风格学，所以，曾经作为修辞学最重要组成元素的隐喻仅仅被理解为表达语言风格的一种工具，而不具有任何实质性的哲学意义。对隐喻更为严肃的批评来自当时的学术界将内心世界或精神世界与修辞现象绝对对立起来的基本观念。哲学家们认为，语词是用来表达内心真实状况的外在符号，但语词有可能被误用或滥用，即通过一种旨在取悦于感官的语言修辞风格来掩盖可能存在的错误。在这种意义上，隐喻与人类心智的堕落被联系到一起。

3）文艺复兴时期

到文艺复兴时期，亚里士多德所开创的偏重隐喻修辞意义的观念仍然在隐喻研究中占据着压倒性的主流地位。该时期的主流隐喻思想家认为，隐喻与所有其他修辞格一样，是对于言语的修饰，因此，绝不能也不应当超越言语修辞格的地位；隐喻是比喻表达法的一种特例，与其他的比喻形式一样，它们对于话语的认知意义并无贡献，只是赋予话语以色彩、生动性、情感效果等。在这种意义上，隐喻极为典型地代表了文艺复兴的精神特质。

16世纪的英国修辞学家托马斯·威尔逊（Thomas Wilson）于1554年出版了《修辞艺术》一书。他认为，隐喻是演讲术的核心：如果能够创造出适当的隐喻并在演讲中加以灵活运用，那么，演讲就会丰富多彩，给听者留下深刻而

---

① 昆廷·斯金纳.霍布斯哲学思想中的理性和修辞.王加丰，郑崧译.上海：华东师范大学出版社，2005：200.

难以磨灭的印象；相反，如果不擅长利用隐喻方法对言语的意义进行变形、更改和转化，那么，任何人都不可能仅仅靠研究内容的重要性深刻地影响听者。德国大诗人雪莱基于更为深刻的思考去推崇隐喻的地位。他的观念事实上已经超越了历史时代的局限：人类语言和思维从根本上讲是隐喻的，这集中体现在诗歌艺术形式之中；隐喻表示的是以前没有被理解的事物的关系被保持在对它们的现实理解中，直到描述它们的语词成为表示思想的各个部分或各个种类的符号，而不是成为内在观念的图画。被誉为"修辞学的林奈"的方塔尼尔在其代表作《话语的形象化表达》中也认为，隐喻的实质就在于"在表达观念、思想或感情时，话语或多或少脱离了已成为简单的普通表达式的东西"。方塔尼尔指出，传统修辞学仅仅关注"单一语词"的形式，造成了严重的局限性。他以极其开阔的视阈将修辞学划分为五种基本类型，即表达式的修辞格、句法结构的修辞格、口头表达的修辞格、风格的修辞格以及思想的修辞格。这大大拓宽了隐喻修辞研究的可能路径。基于这样一种认识，方塔尼尔注意到，"隐喻源于我们周围的一切东西，源于所有现实的东西与想象的东西，源于心智的或精神的存在物以及物理的存在物"，因此，"隐喻可以适用于思想的所有对象"[①]。可见，文艺复兴时期同时也是隐喻的复兴时期。中世纪冷寂的隐喻研究伴随着文学艺术的高涨似乎恢复到了古罗马时代的兴盛状况。

4）近代哲学研究阶段

文艺复兴之后，近代哲学的蓬勃兴起和科学思想的发轫形成了对文学艺术思潮的强有力的冲击，两者之间产生了某种对立。在这种对立中，前者对后者造成压迫，从而对于隐喻研究产生了意义重大的影响，即对哲学和科学理性的过度推崇造成了对被视为文学专利的隐喻的贬斥。这一时期重要的哲学家，包括培根、霍布斯、洛克和莱布尼茨等均对隐喻持反对态度（尽管他们都提出了一些具有代表性的隐喻：培根的"四假象"、霍布斯的"人是狼"、洛克的"白板"以及莱布尼茨的"单子"）。他们一方面承认，隐喻的使用是任何人包括哲学家都难以绝对摈弃的，也意识到哲学家们有时利用隐喻来交流其思想也是有理由的；但是，他们又在另一方面提醒哲学家，应当在哲学运思的过程中尽量地清除隐喻用法。

在《论学术的进展》中，培根认为，隐喻现象是妨碍哲学和科学进步的一种弊大于利的语言现象。这种现象是言语在使用过程中强加给人们的虚幻的东

---

① 转引自保罗·利科. 活的隐喻. 汪堂家译. 上海：上海译文出版社，2004：79.

西，它所表示的是某种假象。这种假象往往来自理智平庸者一厢情愿的幻想或相对薄弱的理解能力的构造。但是，作为一种极其普遍的语言现象，隐喻具有强大的渗透能力，人们往往不自觉地倾向于使用它。即使是那些自觉地以理智控制言语、试图尽量避免使用隐喻的"最聪明"的人，也会发现无法将隐喻从自己的言语中彻底地清除出去。因此，隐喻造成了对人类正确理解能力的妨害以及有效判断的混淆与歪曲。在这种情况下，避免隐喻危害所可能采取的唯一解决途径在于，仿效数学家的做法，在所有较为严格的哲学和科学论述中首先明确地澄清所使用的关键性言语和措辞的含义，从而消除隐喻的负面影响，杜绝其有害的歧义性。一个有志于理智探索的人如果不对隐喻采取足够的警惕，就会纠缠于语词的歧义性而无法取得真正清晰的思维成果。

霍布斯也是旗帜鲜明地反对隐喻的。在《利维坦》中，霍布斯指出，语言有四种滥用，其中的第二种就是在隐喻的意义上使用语词：随意地超越语词的常规意义，从而不可避免地给别人造成误导。在霍布斯看来，隐喻按照其本性是不能作为适用于任何严格推理的基础的，如果要避免有争议的哲学论证，应当遵循的唯一正确的方法就是精确定义论证中的每一个语词，排除所有可能存在的模糊性，这首先要求清除隐喻用法。通向真正的哲学和科学的唯一道路就在于严格定义的方法，显然，对于隐喻这种特殊的语言现象是不可能也不必要给出一个完满的定义的。因此，霍布斯在这里事实上已经将隐喻排斥在了哲学和科学的领域之外。他明确地指出，"人类的心灵之光就是清晰的语词，但首先要用严格的定义去检验，清除它的含混含义……反之，隐喻、无意义和含糊不清的语词则像是鬼火，根据这种语词推理就等于在无数的谬论中迷走，其结局就是争斗、叛乱或屈辱"[①]。大致来讲，霍布斯的隐喻思想可以归结为三个要点：首先，是字面真实论或本义真实论，即人类概念系统的组成从根本上说只有朴素的语言或者说字面的语言才能够胜任，这是用来精确表达意义和阐明真理的唯一合法的工具；其次，隐喻是对词语真实意义的偏离，因此极易导致误解和欺骗；最后，隐喻的意义是对隐喻字面意义的解释，如果存在一种所谓隐喻真理或隐喻真值的话，它所包含的内容也不过就是字面意义的曲折表达。

洛克持有与霍布斯基本相同的主张。在《人类理解论》中，洛克指出，对于那些真正追求真理的人们而言，隐喻都意味着一种华丽然而松懈的推论，这种推论缺乏现实的、坚实的根基，是蒙蔽哲学论证明晰性的罪魁祸首。一方

---

① 霍布斯.利维坦.黎思复，黎廷弼译.北京：商务印书馆，1995：34.

面，隐喻尽管是具有活力的，但永远只是对于表象的表征，追求隐喻的效果将严重地破坏哲学的基础；另一方面，隐喻扰乱了人们的正常视线，使人们无法看到事物的本质，基于隐喻的推论掩盖了真正值得重视的观念。总之，以隐喻用法为代表的语言雄辩术不是为了别的什么目的，只不过是为了迂回曲折地导出错误的观念或者为错误的观念进行辩护，这个过程的本质就是与理智相对立的激情的滥用，最后的结果是误导人们的思维，从而遮蔽可能得出的正确判断，最后导致哲学的堕落。

德国哲学家莱布尼茨也认为隐喻是一种语言的滥用。他在《人类理智新论》第十章"论语词的滥用"第五小节中指出，隐喻作为一种典型的语言滥用，不仅在一般人们的日常交往中，而且在哲学家群体的学术语言使用中都是极为普遍的现象。但是，对于中世纪所认为的隐喻具有"恶"的性质的观点，莱布尼茨持反对态度。

与上述培根等隐喻贬抑派不同，近代也出现了一些积极肯定隐喻地位及其重要意义和研究价值的哲学家。卢梭在其《人类知识起源论》中对隐喻问题进行了专门论述。他指出，通过人类精神发展史的考察可以知道，无论在什么样的历史时代，知识领域的探索者们并不是在无根基的情况下从事其研究，而都是致力于从最遥远的事物中汲取源泉。这就在于，人们通过探究生物的一些最奇特的属性，从中取得深奥和巧妙的隐喻；这样，寓言便逐步演变成为隐喻，最后变为领悟和理解内化在人类的知识结构之中。卢梭还有一个著名的观念，即认为原始人类之所以发明语言，其最初动因出自情感的表达和宣泄的需要，而这种最初的表达方式必然是隐喻性的。因此，隐喻性的、形象化的语言是最早产生的语言，相比较而言，所谓语词的本义或字面义反而是之后才被发现并固定下来的。也就是说，只有当原始的隐喻语言经过实际使用过程的选择和淘汰，其意义逐渐凝固之后，才被人们认为是事物的本义，是对事物实际状况的真实描述。这具体表现为，语言出现的初期人们只能说出富有诗意的语言，直到很晚才出现推理的迹象。可见，在卢梭看来，从语言发生学的历史角度考察，隐喻意义是先于字面意义的。或者说，一种先于隐喻的原义事实上是不曾存在过的，它仅仅是隐喻的踪迹淡化之后人们在头脑中的一种构想。

另一位比较深入地考察隐喻现象的是意大利思想家维柯。他在《新科学》中认为，人类语言和文字起源的基本原则在于：原始人类族群由于智性结构所造成的本性上的必然，都是依赖于诗性文字即隐喻进行相互交流的。从这种意义上来说，原始语言就是隐喻语言，而所有的原始人都是诗人。原始人所使用的诗性的隐喻语言构成其所有想象力的结构原型，也就是说，原始人类把同类中的一切物种或特殊事例都转化为想象的类型。基于这种观念，维柯指出，隐喻是人类心灵所固有的一个特点：人类对于遥远的、结构复杂的未知事物，总是不自觉地、习惯性地根据熟知的、近在手边的事物去进行理解并且给出判断。维柯甚至非常大胆地提出了一个重要的假定：古希腊以来一直被视为主要作为一种修辞学发明的隐喻，实质上是原始人类所固有的诗性逻辑必然的表现方式，具有完全内在的结构性与功能性特征；随着人类心智的进一步发展，原始人类凭借这种隐喻能力创造出复杂而丰富的语言和意义系统，既能表示抽象形式，又能包括各个分种的类，最重要的是还可以把各部分联系到一起。这就在于，"人类的最初创建者都致力于感性主题，他们用这种主题把个体或物种的可以说是具体的特征、属性或关系结合在一起，从而创造出它们诗性的类"[①]。维柯的发现对雪莱所提出的基本观念进行了澄清，不容置疑地推翻了传统语言学家和哲学家的错误观念：认为本义的散文语言才是正式语言，而隐喻的诗歌语言是非正式的附属性语言，因此，散文语言先于诗歌语言，字面语言先于隐喻语言。

其后，德国哲学家尼采作为著名的隐喻大师，不仅在其思想表述中大量使用隐喻，还在《古修辞学描述》中专门研究过隐喻问题。尼采首先考察了人们之所以使用隐喻的原因："于特定的情形，语言被迫使用隐喻，因为缺少同义词，在其他场合，则仿佛运用精美，惬人意；隐喻显得是个自由生发的艺术创造物，平常的意义则呈现为本有的词语，在我们能够将隐喻和较早且通常已被使用过的表述相比之际，这番情形尤为如此。"[②]在此基础上，尼采认为，隐喻是语言最为基本的原理，而一般所谓的字面言谈则只不过是隐喻的一种凝固的积淀。不仅如此，他还进一步地、具有开创性地将哲学所追求的终极目标"真理"或"真"纳入了隐喻所涵盖的范围：真理不是什么神秘的东西，它是由隐喻转化而来的；隐喻经过长期的实际运用，在一定的历史时期终于转化为固定的、规范的并且有约束力的语言结构。只是因为人类遗忘了这种隐喻过程，才错误地制造出了一种关于真理的幻象。隐喻在历史中被语言共同体无数次地使用，最后丧失原初感受性力量的过程正如被反复使用过的硬币：其表面被不断磨损，最后字迹磨灭无法辨认，于是仅仅被当成了一块普通金属。

---

① 维柯.新科学.朱光潜译.北京：商务印书馆，1989：252.
② 尼采.古修辞学描述.屠友祥译.上海：上海人民出版社，2001：46-47.

2. 中国隐喻研究史

与西方源远流长的隐喻研究传统相比，我国历史上的隐喻研究相对落后。由于不曾出现过西方意义上的独立的修辞学学科，我国早期甚至不曾出现过隐喻这一专门概念。在古典文献中出现的"辟""譬""比""依"等语词都是泛指一般意义上的"比喻"，而非专指"隐喻"。先秦时期，在荀子的著作中出现了"喻"这个字："譬称以喻之，分别以明之。"据考证，这是汉语中出现最早的"喻"的概念。"隐喻"这个词直至南宋时期才出现在陈骙的著作《文则》中。陈骙提出了十种不同的"取喻之法"，隐喻是其中的第二种："二曰隐喻，其文虽晦，义则可寻。"但是，陈骙所使用的"隐喻"一词的意义与西方所使用的"metaphor"的意义是存在差别的，实际上相当于西方意义上的"借喻"。他的十种"取喻之法"中的第七种"简喻"实际上才是真正的"隐喻"："七曰简喻，其文虽略，其意甚明。"陈骙所举出的"简喻"的例子是《左传》中的"名，德之舆也"以及《杨子》中的"仁，宅也"。宋代以降直至20世纪前夕，我国的隐喻理论研究几乎处于一种完全停滞的状态，没有获得任何意义重大的进展。①

三、隐喻研究的现状

在20世纪人类哲学运动中的语言学、解释学及修辞学三大转向的背景下，隐喻研究的地位前所未有地突显出来。隐喻首先作为一种特殊的语言现象受到当代语言分析方法论家的密切关注。许多具有代表性的英美哲学家，从马克斯·布莱克、戴维森、塞尔，到库恩、奎因、罗蒂，都对隐喻问题作出过专门的论述；众多影响巨大的欧陆哲学家，包括卡西尔、伽达默尔、利科、德里达、巴特等，也都对隐喻进行了专题研究。直到21世纪的今天，隐喻研究方兴未艾，仍然在不断升温，相关成果也不断涌现，可谓学术界一个引人瞩目的焦点。

1. 西方研究现状

20世纪隐喻研究的第一次热潮始于30年代，以1936年著名哲学家理查兹《修辞哲学》的出版为标志。在该书中，理查兹创造性地提出了隐喻互动理

---

① 胡壮麟.认知隐喻学.北京：北京大学出版社，2004：207-210.

论,将隐喻研究从单纯修辞学的层面提升到了哲学的高度。理查兹也是最早将思维的隐喻性明确揭示出来的思想家之一。他指出,"思想是隐喻的,是通过比较而运作的,语言的隐喻正是渊源于此"[①]。1939年,法国学者赫德维希·康拉德(Hedwig Konrad)在巴黎出版《隐喻研究》,引起欧洲思想界的巨大反响,被誉为20年中阐述隐喻主题的最好著作之一(该书于1959年再版)。康拉德认为,不能基于一种狭隘的语言学视角去研究隐喻,应当从语言学走向逻辑学,在巩固语词优先地位的基础上把隐喻理论整体性地纳入一种命名理论研究的范围。这实质上是指出了命名在隐喻运作机制中的优先性地位,主要是把隐喻作为一种命名形式来加以考虑的。

20世纪60年代,又一部隐喻研究的杰作问世,这就是美国著名分析哲学家马克斯·布莱克(Max Black)于1962发表的经典论著《模型与隐喻:对语言和哲学的研究》。该书对理查兹的隐喻互动理论进行了拓展和深化,开启了当代哲学隐喻学研究的崭新序幕。在这些重要论著的基础上,20世纪70年代西方隐喻研究达到了第一个前所未有的高峰期。1971年,塞布尔斯(W. A. Shibles)编撰出版了《隐喻:评注书目及历史》一书,收录了大约4000项隐喻书目。70年代中期,保罗·格赖斯(Paul Grice)提出了对话理论,对隐喻语用学的研究起到了极大的推进作用。1975年,著名的法国哲学家保罗·利科出版了专著《活的隐喻》,该书是利科1971年在加拿大多伦多大学比较文学系所开设的讨论班的讲稿汇纂。《活的隐喻》将隐喻研究从语词层面提升到话语层面,并且从诗学、修辞学、语词与话语语义学、指称理论等多个角度对隐喻进行了综合性的研究,开创了多学科隐喻研究的先河,成为20世纪隐喻研究领域一部里程碑式的著作。70年代后期,分析哲学家戴维森和塞尔先后发表了著名论文《隐喻的含意》及《隐喻》,后收入由马蒂尼奇(A. P. Martinich)主编、牛津大学出版社出版的《语言哲学》中,激起较大反响。1978年,美国芝加哥大学和加利福尼亚大学戴维斯分校分别召开了国际性的跨学科隐喻研究学术研讨会。

进入20世纪80年代,隐喻研究的热潮仍然在继续升温,世界范围内隐喻研究的相关文献大量出版,几乎达到了汗牛充栋的程度。1980年,霍尼克(R. P. Honek)编辑出版了题为"认知与比喻性语言"的论文集,该书由1978年加利福尼亚大学戴维斯分校隐喻研讨会与会者提交的论文汇纂而成。同年,加利

---

① Richards I A. The Philosophy of Rhetoric. Oxford: Oxford University Press, 1936: 90.

福尼亚大学伯克利分校认知科学家乔治·莱考夫（George Lakoff）与马克·约翰逊（Mark Johnson）合著的《我们赖以生存的隐喻》出版。此书从认知语言学角度考察隐喻，得出了许多新颖的见解，现已成为一部引证率极高的隐喻研究经典著作。1982 年，霍夫曼（Hoffman）与史密斯（Smith）编辑的隐喻研究专业杂志《隐喻研究通讯》出版问世。四年后，刊物更名为"隐喻与象征活动"，现名为"隐喻与象征"，每年作季刊发行。在这一时期，德里达发表了《白色神话》一文，认为隐喻是哲学不可或缺的核心元素。1985 年，让·诺潘（Jean Noppen）与范·皮埃尔（van Pierre）继塞布尔斯之后编辑了一部新的隐喻书目《隐喻：1970 年后出版物书目》，收集了 20 世纪 70 年代以后出版的隐喻研究著作共 4317 种。① 同年，厄尔·迈克康马克（Earl MacCormac）出版了《隐喻的认知理论》一书。1986 年，英国杜伦大学哲学教授戴维·库珀（David Cooper）出版了专著《隐喻》。该书从语言哲学的角度对隐喻的意义以及"真"的问题进行了极为细致的梳理和研究。

20 世纪 90 年代，隐喻研究开始与计算机科学、人工智能研究紧密结合。1990 年，诺潘与皮埃尔编辑的《隐喻 II：分类出版书目》问世，增收隐喻研究相关论著数千种。同年，詹姆斯·马丁（James Martin）出版了《隐喻解释的计算模型》一书。1991 年，美国纽约州立大学哲学系主持"哲学、计算机与系统科学项目"的负责人艾林·康奈尔·威（Eileen Cornell Way）出版了专著《知识表征与隐喻》。1992 年，美国波士顿大学计算机科学系教授比平·英德加（Bipin Indurkhya）的专著《隐喻与认知：一种互动论观点》出版。1999 年 4 月，英国爱丁堡大学召开了"隐喻、人工智能与认知"国际学术研讨会。

进入 21 世纪，隐喻研究继续向纵深发展。这一时期一个突出特点是隐喻研究的国际交流显著加强，国际性、跨学科学术研讨会的举办规模和频率在不断增加。2000 年 6 月 30 日至 7 月 2 日，日本召开了"跨学科隐喻研究研讨会"。同年，美国麻省理工学院出版社出版了约瑟夫·斯特恩（Josef Stern）的著作《语境中的隐喻》。2001 年 7 月 2 日至 7 月 6 日，西班牙北部海港城市希洪（Gijon）举办了"隐喻新面貌"学术研讨会。同年，美国威廉帕特森大学（William Paterson University）教授埃里克·查尔斯·斯坦哈特（Eric Charles Steinhart）所著的《隐喻的逻辑：可能世界的相似部分》出版，较为全面地对隐喻与逻辑的关系进行了阐述。频繁的国际学术交流活动使一些学术会议逐步

---

① 张沛. 隐喻的生命. 北京：北京大学出版社，2004：引言，2.

固定化，其中影响最大并且定期举办的国际性隐喻研究专门会议当属"隐喻研究与应用国际会议"。该会议与隐喻研究的国际性专门刊物《隐喻与象征》建立了长期合作关系，在世界范围的隐喻研究领域具有较强的影响力。该会议已成功举办五届：第一届于1996年在英国约克召开，出版论文集《隐喻研究与应用》；第二届于次年在丹麦哥本哈根召开；第三届于1999年在荷兰提尔堡（Tilburg）召开；第四届于2001年4月在突尼斯召开，会议主题为"隐喻、认知与文化"；第五届于2003年在巴黎召开。在该届会议上，共有来自不同国家和地区、分别属于不同学科的专家学者宣读论文70余篇。这些论文的主题多种多样，包括隐喻的界定与分类、隐喻的处理与理解、隐喻的功能、隐喻的用法与表达、概念隐喻、"首要隐喻"、隐喻的模型与结构等各个方面。2004年4月，在西班牙城市格拉纳达（Granada）召开了"心智、语言与隐喻"国际学术研讨会，共有来自美国、英国、加拿大、意大利、中国台湾等国家和地区的数十位学者与会，提交论文数十篇。2006年9月，瑞典斯德哥尔摩大学举办了"隐喻节"，不同学科的学者会聚一堂，宣读并交流了他们的隐喻研究成果。2010年，"牛津认知语言学手册"系列丛书推出了约瑟夫·格雷迪（Joseph Grady）所著的《隐喻》分册。

2. 国内研究现状

20世纪二三十年代，中国的隐喻研究在极度落后于西方的情况下开始起步。1923年，我国第一部研究修辞格的专著《修辞格》出版，作者唐钺。该书提出了"显比"与"隐比"的区分，事实上就是明喻与隐喻的区分；还提出了"隐比的凝定"，事实上就是死隐喻的概念。[①] 1932年，著名学者陈望道的《修辞学发凡》出版，成为我国隐喻研究的奠基性著作。陈望道认识到了人类思维所固有的隐喻性，这就在于：人类在思想中发现某事物同另外的事物存在着特定方面的类似之处，因此，在语言中自然而然地将这种思维外化，表现为用另外的事物来比拟所思考的对象。陈望道把比喻称为"譬喻"，而"譬喻"又包括了"隐喻"和"明喻"两种类型。他对比喻的基本结构也进行了分析，指出任何比喻都内在地蕴涵着三个基本元素，即"正文"（比喻本体或目标域）、"譬喻"（比喻喻体或来源域）以及起连接作用的"譬喻语词"（比喻词）；"隐喻"有"详式"和"略式"之分："详式"即比喻词"是"在场，"略式"即比喻词

---

① 胡壮麟. 认知隐喻学. 北京：北京大学出版社，2004：215.

不在场。陈望道的研究方法和研究成果使中国隐喻研究开始与国际接轨，正式走上了现代化的道路。

20世纪90年代到21世纪初，伴随着中西学术交流的加强，西方如火如荼的隐喻研究开始对国内学界造成影响和冲击。目前，已经有越来越多的学者开始投身于这一领域，有关隐喻专题的学术论文和论著，包括博士、硕士研究生学位论文数量在不断增加。1993年，耿占春的《隐喻》出版，主要从诗学和语言学角度对隐喻问题进行了探讨；同年，李幼蒸在《理论符号学导论》中专门讨论了隐喻的哲学语义学问题；2000年9月，束定芳的《隐喻学研究》出版；2001年，我国首届认知语言学大会在上海外国语大学召开，会上共宣读论文50余篇，其中近一半论文以"隐喻"为主题，充分说明隐喻研究已经占据了我国认知语言学研究的半壁江山；同年，范文芳的《语法隐喻理论研究》出版；2004年2月，北京大学教授、著名语言学家胡壮麟出版了专著《认知隐喻学》，考察了隐喻与认知的关系；同年，张沛《隐喻的生命》出版。除在隐喻元理论方面的探索之外，我国对西方隐喻研究经典著作的译介工作也在逐渐展开：1992年，泰伦斯·霍克斯的《隐喻》由高丙中翻译，北京昆仑出版社出版；2004年7月，复旦大学汪堂家所翻译的法国哲学家保罗·利科的名著《活的隐喻》由上海译文出版社出版。

总体来看，我国隐喻研究的现状呈现出稳步上升的态势。但是，与西方相比，仍处于学习、引进的起步阶段，主要工作是介绍和评价性的，缺乏原创性；更值得注意的一点是，关注隐喻研究的学者大多集中在高等院校或科研机构的外国语言文学专业，跨学科、多学科的综合研究亟待加强。其中，哲学层面的隐喻研究相对而言较为薄弱，而科学哲学层面的科学隐喻研究更是基本上处于有待填补的空白状态。

四、科学隐喻的凸显

20世纪后半叶以来，随着西方哲学语言学、解释学、修辞学三大转向的不断深入推进，尤其是在后现代主义哲学潜移默化的影响之下，科学哲学的整体发展态势也鲜明地表现出与这些思想潮流发展趋向相一致的时代特征。其中，对于科学隐喻（scientific metaphor）的敏锐关注无疑是20世纪科学哲学研究中出现的一种具有重要意义的新元素和新景观。针对这一现象，美国著名逻辑哲学家苏珊·哈克（Susan Haack）指出，在当今时代，几乎所有的隐喻著述者都赞同：隐喻不仅在"长篇宏论和公众演讲"中，不仅在文学写作中，而且在关涉到"纯粹真理和真正知识"的领域都具有一种合法性地位。"事实上，许多人走得如此之远，以致宣称隐喻不仅发挥一种合法性的或有益的功能，而且在理论性探究的过程中具有本质性的作用。"[①]

所谓"科学隐喻的凸显"即在科学隐喻存在性的被揭示、其功能与意义日渐彰显的基础上，相关研究被正式提上科学哲学的议事日程及这一专门领域的形成过程。这一过程的历史事实就在于，隐喻研究经过 2000 余年的蓬勃开展和整体推进，最终在 20 世纪自觉而主动地触及了科学及其哲学的领域。这是隐喻研究所进入的最后一块思想文化领地，之前它已经先后在诗学、文学、语言学、修辞学、古典文献学等学科的主要论域占据了一席之地，其后又强劲地渗透到文艺学、宗教学、历史学、政治学、法学、经济学、社会学等几乎所有人文社会科学的研究领域，最后终于自然而又必然地进入了科学及其哲学研究的范围。

1. 科学隐喻：从遮蔽到凸显

科学隐喻是与原始科学相伴而生的。但是，科学隐喻却在人类思想史上几乎被遮蔽了 2000 余年，迟至 20 世纪才开始正式地作为一个研究对象进入人类哲学反思的领域。这里面有着深刻的历史原因，是西方哲学传统与科学传统双重影响的产物。

在哲学传统方面，自柏拉图以来，西方哲学传统的主流一直把隐喻当作一个可疑的甚至是危险的敌人。亚里士多德等的隐喻研究并没有从根本上扭转这种观念。这种忽视甚至歧视、反对隐喻的哲学传统的一个基础性前提建立在"真理"与"隐喻"绝对化的二元对立中：科学真理是一种严格与"现实"或"实在"的相符或契合；而隐喻则是一种虚浮、夸饰的东西，是一种危险的诱惑物，极易将使用者导向与真理之路相偏离的歧路，使用隐喻在本质上是逃避现实、否定真理。这种观念早在苏格拉底与智者学派的对立中就已经萌生出其最初的根芽，其后，真理与隐喻之间水火不容的对立愈演愈烈，直至在康德以后的启蒙哲学中发展为科学与艺术之间截然对立的象征。事实上，从柏拉图主义到实证主义，对于隐喻都持有一种化约论的观点：只有素朴的自然语言或字

[①] Haack S. Dry truth and real knowledge// Hintikka J. Aspects of Metaphor. Dordrecht，Boston：Kluwer Academic Publishers，1994：3.

面语言才具有描述和再现实在的基本功能，科学语言更是必须在一种严格的意义上对实在进行精确的刻画；因此，在最低限度内承认一个隐喻的前提就在于它是否能够转译为字面语言，否则这个隐喻就是无效或无意义的。

与此相对，文艺复兴以来的浪漫主义传统则抱有一种扩张论的观点：隐喻是一种奇异而神秘的语言现象，具有某种不可捉摸、异乎寻常的力量，这种力量最终可表现为对于单纯语言形式的超越。浪漫主义者认为，隐喻与人类思维最有价值的能力（即想象力）是本质地相关的，想象力是人类不断突破自身知识局限的源泉，而隐喻则是想象力最为集中的表现，是人类创造性和超越性的一种显著的标志。可见，对于柏拉图主义和实证主义而言，隐喻仅仅具有附属性的意义和价值；而对于浪漫主义而言，情形则正好相反。这是由于：前者认为，语言的目的在于再现外在于人类的隐藏的实在；而后者则认为，语言的目的在于表现内在于人类的那种隐藏的实在。①

浪漫主义的隐喻观虽然积极肯定隐喻的意义和价值，但在客观上将隐喻专属于从而局限于人文艺术领域，实际上进一步深化了隐喻与科学之间的对立。20世纪初期起，维也纳学派所开创的逻辑实证主义推动了"语言学转向"风潮在西方哲学界的蓬勃兴起，最后终于导致作为现代西方哲学研究两大基本范式之一的分析哲学的全面兴盛。分析哲学以英美形式主义或逻辑主义为依托，推崇概念的确定性、语言表达的明晰性以及意义的可证实性，不断要求强化语言的逻辑功能。在这样一种理智氛围中，隐喻的哲学地位自然是边缘化的，而科学隐喻的合法性地位自然是不可能被承认的。

在科学传统方面，整个古代世界的数学和自然科学刚刚处于萌芽状态，就被统摄到哲学和神学的整体范围中，其发展受到了极为严重的束缚，无法取得独立的机会。随着近代启蒙运动的影响，数学和自然科学开始挣脱哲学和神学的束缚而以不可阻挡之势蓬勃兴起。这一时期，数学所代表的形式化的符号语言系统在不断地走向成熟，由于其简单性、精确性、严谨性而被崇奉为自然科学所必须采用的规范性语言，构成科学语言的经典范式。在这种整体趋向的发展中，逐渐形成了一种单一的、严格的、逻辑的、无歧义的科学真理观：真理仅仅关涉一种严格的基于字面的语言，是绝对与隐喻性语言水火不容的。这种科学真理范式因此对于以隐喻为代表的所有语言修辞形式都加以严格排斥，只有单义的、稳定的字面语言被科学家认为能够对科学现象作出客观而准确的描

---

① 理查德·罗蒂.偶然、反讽与团结.徐文瑞译.北京：商务印书馆，2003：31.

述。这里的根本原因在于，在当时的人们尤其是科学家们看来，字面语言是无歧义因而是无争议的，而隐喻语言是充满歧义因而是充满争议的，将一种有争议的元素引入客观的科学显然是非理性的；真正的科学知识必然要求：把任何一种科学理论的建构及其语言和论证系统建立在绝对准确、可靠、简洁的数学和字面语言描述的基础之上。

毫无疑问，这样的一种基本认识和努力方向确实极大地推动了科学的发展，但也因此塑造出一种极端的、过于强大的科学理性主义思潮。在这种情况下，数学与自然科学的势力开始膨胀，科学语言超越其他一切语言成为一种最强势的语言，以其理性的和可证实性的力量对于其他的语言形态形成压迫；科学实践的经验和知识也顺理成章地超越其他领域的经验和知识构成一种典范。"所有的知识与真实世界之间的关系是根据表征知识的命题方式来讨论的，科学语言与概念的意义由它所表征的世界来确定，它们不仅在本质上具有固有的字义，而且语言本身的字面意义就是使用词语的标准。语言的意义不仅与语言的用法无关，而且被认为是客观地对应于世界的各个方面的。科学的话语总是关于自然界的现象、内在结构和原因的话语。"[①] 在这种情况下，隐喻被科学界严重地边缘化，科学隐喻研究当然不可能获得其存在的土壤和空气。

但是，任何问题总是存在两个方面。事实上，从西方哲学史中第一位隐喻的反对者柏拉图开始，隐喻与真理之间的对立就是存在问题的。柏拉图的许多重要的哲学思想是通过隐喻的方法加以表述的，他的一些重要的哲学理念本身就是以隐喻的形态存在的。可见，柏拉图所开创的认为隐喻与真理绝对对立的观念从一开始就是站不住脚的。长期以来，隐喻一直被科学和哲学所排斥，这种排斥反映出一种传统的思维惯性，即人们一方面不愿放弃数学与自然科学作为一种严格的、客观的知识那种特异性和独立性的地位；另一方面对于隐喻本质的理解还不够深刻和全面，或者根本就不愿意正视隐喻在科学和哲学中的实存性。但是，随着认知科学对隐喻研究的不断深入以及科学修辞学的推进，科学隐喻逐渐从科学概念的发明、科学理论的建构、科学活动的交流过程中得到了越来越清晰的"显影"。这就在于，科学隐喻从一开始就是伴随着科学事业的出现而出现，伴随着科学史的发展而发展的，只不过其地位和意义直到20世纪才被人类理智所捕捉到，并作为一个具有重要意义的研究对象加以讨论。正如《牛津哲学指南》所指出的那样：随着隐喻研究的不断深入，"在近来的几十年，

[①] 成素梅，郭贵春.语境实在论.科学技术与辩证法，2004，(3)：60.

哲学家们同样更清楚地意识到了隐喻在科学……中所发挥的功能问题"[1]。

当然，科学隐喻的凸显或科学隐喻研究的转向的背后有其深刻的思想基础和知识前提，其中最重要的因素是，20世纪以来，认知科学取得了革命性的进展，出现了一大批新成果，提出了一系列新观点。认知科学家们通过大量的实验性研究揭示了一直被遮蔽的两个事实：其一，概念推理极大地依赖于身体；其二，以隐喻为代表的思维过程是概念推理的基本出处。具体言之，首先，概念推理产生于人类的知觉经验和神经结构，"结构"这个概念本身就是以图形模式和运动模式为特征的；其次，精神和思维的意义不是通过无意义的符号，而是通过人类身体的具体经验而获得的；总之，由身体经验形成的"原型隐喻"在人类的认知和概念化过程中起着不可替代的结构性、基础性作用。在这样一种观念的基础上，认知语言学逐渐形成了一种新的隐喻理论。这就在于：广义的隐喻包括了隐喻、类比和其他形象性语言结构，是语言和思维的最基本的、无所不在的成分，人类的概念系统和推理模式不可避免地由此构成。因此，无论哲学语言和思维，还是科学语言与思维，都离不开隐喻，离不开隐喻所投射的身体经验。概念性隐喻的发现，表明哲学理性逻辑从来都是具体的、隐喻的、形象的。[2] 认知科学所揭示的上述内容在科学隐喻中获得了最集中、最充分的体现。

以此为基础和推动力，对于科学和隐喻关系的传统偏见开始逐渐地被一种客观的、现实的、开放的视野所取代。首先，科学哲学的发展使得人们开始对科学所具有的那种超然独立的地位产生质疑。人们发现，科学本质上是人类所从事的一种活动或事业，它与人类所从事的其他领域的活动或事业并没有本质的不同，只有相对区分的意义；因而，科学理论也并不是一种零度修辞的、绝对客观中立的语言，而是与日常语言有着千丝万缕的联系、科学中事实上存在着大量的隐喻。这种对于科学的认识上的深化反映了人类对于科学本质反思的时代性进步。其次，人们对于隐喻地位、功能和意义的再认识与再评价获得了质的飞跃。经过自亚里士多德以来2000余年的反复探讨，人们逐渐认识到，隐喻是一种客观存在的语言现象，这种现象如此广泛而普遍地存在于一切语言系统中，深刻地显示着它在人类思维结构的深处有其存在的根本原因；隐喻绝不仅仅是一种修辞学的发明，它昭示着人类有待发现的许多非常重要的、深层

---

[1] Honderich T. The Oxford Companion to Philosophy. Oxford, New York: Oxford University Press, 1995: 555.
[2] 王瀚东. 哲学意义上的认知语言学隐喻理论. 武汉大学学报（人文科学版），2002，(6)：678-682.

次的概念与思维意蕴。这两方面的原因是科学隐喻研究在20世纪开始得以凸显的两个根本原因。在以上两大因素的合力推动下，科学隐喻在科学史中贯彻始终的使用逐渐被一些敏锐的科学家和哲学家所意识到，对科学隐喻的专门研究也终于在20世纪初期出现其滥觞。

2. 科学隐喻研究的滥觞

1912年8月30日出版的《科学》杂志发表了《科学中的隐喻》一文，作者是加拿大达尔豪西大学（Dalhousie University）的弗莱舍·哈里斯（D. Fraser Harris）。作为最早的专门针对科学隐喻进行研究的文献之一，该文以化学、生理学和生物学为例，极富说服力地指出了科学隐喻的现实存在性、表现、功能及其意义。作者在论文一开篇即开宗明义地指出，"在科学史中存在着诸多实例：在这些事例中，一个起初通过某种隐喻表达法进行表征的概念，伴随着时间的进程变成了一种具体的存在。绝大多数科学学科都包含着这样的例子；起初与一门科学相伴而生的概念通常是最为模糊含混的，是关于某一类事物的原则性的、特征或潜在性的概念，而最终该门科学揭示出一种实体、一种物质的种类，这是可感触并且可度量的：这时原初的概念就变得拟人化了"[①]。

哈里斯在该文中考察的第一个例子是无机化学中的隐喻，他是以科学史中的丰富材料为依据着手进行自己的研究工作的。哈里斯指出，当法国化学家拉瓦锡在对于我们今天称之为氧的物质的特性进行研究的时候，并不是有如神助地突然获得了一个绝妙的主意就把氧分离出来，从而紧接着推进到对于这种新的化学产物的性质的研究。事实上，氧发现的历史事实与此相去甚远。1774年，拉瓦锡发现了一种新的气体，不久将其命名为"酸素"（principle of acids）或"酸性素"（the acidifying principle）。他写道，"我将通过'酸素'这个名称，或者正如某些人所更加倾向于使用的希腊文中具有同样意义的'oxygine principle'这个名称去指示一种当其处于化合态或稳固态时去燃素的气体，一种极不寻常的可供呼吸的气体"。这种有待进一步考察的未知的物质作为一种"素"，是某种一旦在空气中煅烧或燃烧时就会与金属相化合的东西。对拉瓦锡而言，这种气体本质地与酸性相关，因此可称为"oxygine principle"。后来，这一名称演变为更为我们所熟悉的"oxygen"的形式，从词源学的意义上来看其隐喻来源更加显而易见。这种在1777年还是仅仅作为某种"素"而存在的东西，在100多年

[①] Harris D F. The metaphor in science. Science，1912，36（922）：263-269.

之后就成了一种可见并且可触的实体，即液态的、呈钢青色的氧气。从"素"到现实性物质的历史意味着拉瓦锡的"酸素"隐喻变成了实存性的东西。①

除化学隐喻之外，哈里斯还详细地考察了生物学、生理学、医学等诸多科学学科中的隐喻案例。他认为，英国生理学家威廉·哈维（William Harvey）在研究血液运动过程中所提出的"圆周循环运动"的隐喻是科学史中最富于成效的科学隐喻经典案例。哈维精心挑选的隐喻"圆周循环运动"最终成了生理学语言的核心构成要素，"血液循环"作为一种隐喻推理在1660年即获得了实验的证实。此外，"内分泌""反射动作""神经冲动"等也属于比较典型的科学隐喻。①哈里斯主要是在科学概念发明的意义上来考察科学隐喻的存在性及其功能的。他指出，成功的科学隐喻所具有的一种整体性特征就在于：由主观性走向客观性，由不可见性走向可见性，由纯概念性走向实存性，由猜想性走向可证实性。

自从1912年《科学中的隐喻》一文问世以来，科学隐喻的研究持续得到广泛的关注和深入的推进。科学隐喻在科学中的合法性地位和重要意义正在得到科学哲学界的普遍承认，同时也在相当数量的科学家群体中引起越来越一致的共鸣。以至于到了20世纪六七十年代，隐喻研究的整体态势非常明显地呈现出一种向科学隐喻"转向"的特征。这种隐喻研究的"科学转向"或"科学隐喻转向"的突出表现就在于，传统隐喻研究对于诗学、文学、哲学隐喻的关注程度逐渐降低，更多地将视线焦点投向了科学隐喻这一有待开发的"处女地"。所谓科学隐喻的转向主要包括三个方面的含义：首先，这种转向表现为隐喻理论研究对科学隐喻案例的广泛关注及其分析，即针对科学隐喻的专门研究的兴起和繁荣；其次，这种转向表现为科学隐喻合法性地位的确立和巩固，对于科学隐喻的传统认知经历了实质性的突破；最后，这种转向表现为在科学哲学的研究中，对于科学隐喻的分析正在逐渐地成为一种新的研究范式。

3. 科学隐喻研究的兴盛

在20世纪后半叶以来科学隐喻研究的开展过程中，科学哲学界乃至科学家群体对于科学隐喻的认识可以说发生了根本性的变化。这种"科学隐喻转向"所直接导致的关于科学隐喻的本体论、认识论、方法论问题的研究引起了西方几乎所有知名的科学哲学家的探索热情，随之而来的就是大量有关科学隐喻的专著和论文陆续问世。1966年，英国剑桥大学的科学哲学家玛丽·海

---

① Harris D F. The Metaphor in Science. Science, 1912, 36 (922): 263-269.

西出版了《科学中的模型与类比》,该书最后一章是关于科学隐喻的研究。玛丽·海西的科学隐喻研究被誉为"这一领域最早的综合性探讨之一"[①]。1974年,莱热戴尔(W. H. Leatherdale)的《科学中类比、模型和隐喻的功能》出版。1976年,麦克康马克(MacCormac)出版了《科学与宗教中的隐喻与神话》。1977年,"隐喻与思想"学术研讨会在美国伊利诺伊大学召开,与会者提交的论文结集为《隐喻与思想》,于1979年由剑桥大学出版社出版(该书在学术界产生了较大影响,于1993年再版)。在这部隐喻专题的论文集中,有两篇关于科学隐喻的文章特别引人注目,这就是理查德·波义德(Richard Boyd)的《隐喻与理论转换》和托马斯·库恩(Thomas Kuhn)作为对理查德·波义德文章回应的《科学中的隐喻》。

玛丽·海西和理查德·波义德等是西方学术界最早正式使用"科学隐喻"(scientific metaphor)一词的哲学家。"科学隐喻"一词在经典科学哲学学术论文中的使用,标志着传统上一直专属于语言学和文学(尤其是诗学和修辞学)研究领域的隐喻的科学向度正式进入了科学哲学的研究视阈之内。"科学隐喻"这一提法也较之早先"科学中的隐喻"更为鲜明,更具有专属性和特指性。1982年,时任美国明尼苏达大学物理学副教授的罗杰·琼斯(Roger S. Jones)出版了《作为隐喻的物理学》一书。1984年,丹尼尔·罗斯巴特(Daniel Rothbart)在美国《科学哲学》杂志发表了题为"隐喻语义学与科学结构"的文章。同年,吉哈特(M. Gerhart)和罗素(A. M. Russell)合著的《隐喻过程:科学与宗教理解的创造》出版。1997年,丹尼尔·罗斯巴特的《科学知识发展的说明:隐喻、模型与意义》出版。1999年,汉纳·普拉车夫斯卡(Hanna Pulaczewska)的《物理学中的隐喻视角:案例研究》出版。2000年,哈林(F. Hallyn)编辑的《各门科学中的隐喻与类比》出版。2003年,美国伊利诺伊大学科学家西奥多·布朗(Theodore L. Brown)所著的《制造真理:科学中的隐喻》出版。据美国鲍灵格林州立大学(Bowling Green State University)哲学系教授迈克尔·布雷德(Michael Bradie)统计,即使按保守的数字估计,20世纪60年代以来出版的与科学隐喻相关的文献也多达800余种。[②]

[①] Johnson-Sheehan R D. Metaphor in the rhetoric of scientific discourse// Battalio J T. Essays in the Study of Scientific Discourse. Stamford: Ablex Publishing Corporation, 1998: 173.

[②] 迈克尔·布雷德. 科学中的模型与隐喻:隐喻性的转向. 王善博译. 山东大学学报(人文社会科学版), 2006, (3): 92-99.

4. 科学隐喻合法性地位的确立和巩固

随着科学隐喻研究的蓬勃展开和深入发展，科学隐喻的合法性地位不断得到确立和巩固。人类对于科学隐喻的传统观念经历了革命性的跨越。这就表现在，在科学隐喻转向的整体语境中，一种新的、为越来越多的科学哲学家和科学家所认可的科学隐喻观逐渐形成了：科学隐喻是隐喻的一种特殊形态，具有一般隐喻的语言学特征，但是，因其所处载体和所指称对象的特殊性，又与文学隐喻、哲学隐喻、宗教隐喻有着显著的区别。

首先，从本质上来讲，科学隐喻是以一定语形构造为载体、在特殊的语用语境中生成的一种语义映射。正是在特定科学理论语境中语形构造、语义映射、语用选择的统一，决定了相关科学隐喻的生成及其本质意义。科学隐喻的有意义的实现是通过相关科学理论语境的选择性和规定性所保证的，其中不仅包含了隐喻术语的指称对象、谓词外延和函项的功能选择，而且还生动地展示出了语词的浅层语境与深层语境、形式语境与意义语境之间的跳跃与变换。因此，一种有效的隐喻分析不能脱离特定的科学理论语境的基底而进行。这样，朝向一种语境论的科学隐喻观就成为当代科学隐喻研究有前途的趋向。一方面，一个新的科学隐喻的创造不仅是特定科学理论语境的产物，也使原来的语境获得了某种新的含义，从而体现出一种再语境化的功能；另一方面，随着科学理论语境的发展和变化，原来的科学隐喻也会逐渐失去其新义，而转化为语词的字面意义和普通意义被内化在科学语言系统之中，成为一个死的隐喻。通过对科学隐喻的语形、语义、语用的分析考察，能够更准确地认识相关科学理论语境的特征，更清晰地描画其流变发展的轨迹，从而更深刻地把握科学隐喻的本质。科学隐喻作为一种形式上似乎极为简单但内涵却极为复杂的一种特殊的语言与思维现象，在不同的科学理论语境中、在不同的科学实践语境中往往扮演着不同的角色，因此其类型也是丰富的、多种多样的。但是，所有的科学隐喻的类型都可以在一种语境化的结构上加以理解，即科学隐喻在语形、语义、语用的层次均有所体现，或者说，科学隐喻的结构就是语形、语义、语用结构的整体和统一体。

其次，作为一种特殊隐喻形态的科学隐喻可以将传统理论概念体系中的各种成分和要素加以整合，即通过再概念化和理论间的链接与转换，不断提出新的科学研究方向，创造出新的科学理论元素。在这种意义上，科学隐喻是通过理解语境的传递，由已知到未知、由旧的理论知识通达新的理论知识的桥梁和媒介。这就是说,科学理论的发展从一定意义上来讲是由科学隐喻历时地"再语境化"所推动的。"再语境化"的过程就是新旧科学隐喻交替嬗变的过程。对于这一点,库恩在其《科学中的隐喻》一文中明确地指出:科学隐喻在建立科学语言与客观世界之间的联系中发挥着一种基础性的作用;然而,这种联系不是单一的、线性的,也不是一一对应的,科学理论的发展蕴涵着相关科学隐喻的转换,后者是通过附属于自然术语的相似性框架的对应部分的转换而获得实现的。就在这种不间断地"给予"新的联系的过程中,隐喻富有成效地推动了科学理论的发展。①

总之,科学真理的探求必然以科学理论语言为载体,而科学理论语言存在的地方,科学隐喻必然是存在的。科学理论语言尽管不同于日常语言,尽管在很大意义上是一种形式化的语言,但是,它并不是去隐喻的。事实上,科学理论的历史演进和科学知识系统的不断积累离开科学语言的复杂性、偶然性和流动性的基础是不可能的。科学语言的丰富和发展在极为重要的意义上依赖于它与日常意义之间的互动交流,而这种互动交流在很大程度上是通过隐喻而获得实现的。这就在于,前科学的话语以及非科学的话语通过科学隐喻的方式为科学理论提供了一种原型语言;但与此同时,那些前科学的话语以及非科学的话语又被科学隐喻所丰富了的科学语言在一定的程度上所改变和影响:"当日常语言的资本通过隐喻被投资到科学中之后,这些语词带着它们的科学关联的增长了的利息又返回到日常语言之中。"②

很明显,科学语言如果仅仅局限于其自身范围之内,很难获得形式和意义更新的动力,它的演化、发展和丰富是在与日常语言、文学语言、哲学语言等其他语言系统的对话和交流中获得实现的。科学理论的历史演变本质是由越来越成熟有效的科学隐喻所构成的历史,而不是传统观念所认为的那样一种对客观世界的实在状况不断进行逼近、描摹得越来越细致的历史。从这样的视角来看,所谓科学革命就可以合理地视为对于自然的一种隐喻式的重新描述,而不是一种对于自然内在本性的真正的洞识。对于一个特殊问题的不同观点是由各个学科所持有的一般隐喻而引起的,对于一个问题共享不同的隐喻表征能够为创造性思维开辟更为开放的可能性。一种正确的对于科学隐喻功能的理解来源于对于科学隐喻概念本性以及科学本质的理解。

---

① Kuhn T. Metaphor in science// Ortony A. Metaphor and Thought. Cambridge: Cambridge University Press, 1993: 539.
② Leatherdale W H. The Role of Analogy, Model and Metaphor in Science. New York: Elsevier, 1974: 242.

在一门科学发展的过程中，从其最初的理论构想到作为成熟知识体系的完善发展，科学隐喻都发挥着核心的作用。这种作用不仅表现于科学家最初的创造性冲动，同时也表现在对于实验数据的解释以及科学说明的形式化表达中，还表现在科学家共同体内部、科学共同体与社会公众之间的交流过程中。[①] 科学隐喻的本质极为鲜明地呈现出这样的特点：从根本上来说，科学隐喻的发明和应用出于科学家共同体认知、交流、建构相关理论的需要；是基于实现对客观实在世界某种特征猜测、探察和描述的目的，而从一种相对中立的认知标准出发去捕获特定的、尚未被完全揭示的关于客观实在的知识。

5. 隐喻分析成为科学哲学研究的新范式

隐喻研究尤其是科学隐喻的研究从一个重要的方面启迪了科学哲学的新进展，是对于科学语言学、科学修辞学、科学解释学极为重要的补充，隐喻分析方法正在逐渐成为当代科学哲学研究的一种新范式。当代科学哲学的发展在客观上需要超越传统的纯粹以归纳逻辑为方法的思想体系，要求建立一种能够容纳各种不同的科学方法的、立体网状结构的理论系统。这就要求科学哲学的未来研究不能不朝着立体的、整体的、综合的方法发展，只有这样才能够体现出科学哲学在21世纪发展所应当具有的时代特征。隐喻分析顺应了这种潮流，或者说，这种时代特征随着科学隐喻的凸显和科学隐喻研究的转向体现得更加明显。

这就在于，科学隐喻不仅跳出了科学理论形式语言的逻辑预设，更加注重科学论述的语境，给战略性的心理定向以广阔的语言创造的可能空间，从而在相当大的程度上促使科学哲学更进一步地排除了在理性与非理性、语言的形式结构与心理的意向结构、逻辑的证明力与论述的说明力、静态的规范标准与动态的交流评价之间的僵化界限，削弱单纯本体论的独断性，更加强调心理重建与语言重建的统一。总之，随着科学隐喻研究的深入，科学哲学的理论域面必将得到进一步的拓展，隐喻分析的广泛开展也必将使得语境论、整体论、社会文化分析思想在科学哲学全部领域得到渗透和强化，使得人们对于科学理性的理解和认识更为全面、深刻。

---

① Brown T L. Making Truth: Metaphor in Science. Urbana：University of Illinois Press，2003：x.

第一章 科学隐喻的本质

本章首先考察了科学隐喻的实存性问题，对于数学隐喻、物理学隐喻、化学隐喻及生物学隐喻的一些典型案例进行了介绍和分析，证明了科学隐喻在科学理论的陈述中是非常普遍地、深刻地存在着的；其次，从科学隐喻的产生、内涵、基本类型、运作机制等方面对科学隐喻的本质进行了较为全面的阐述，指出科学隐喻本质上是科学共同体所运用的一种理性、对话性的认识论与方法论工具；最后，比较分析了科学隐喻与科学类比、科学模型之间的区别与联系，指出后两者实际上都具有隐喻性。

第一节 科学隐喻的案例

作为一种在语言系统中普遍地、根本性地存在着的现象，隐喻在科学理论的陈述中也有着非常明显的体现。通过对科学史的考察会发现，科学文本中散布着大量的隐喻性的概念和表达法。"试图在科学话语中避免隐喻的使用是不可能的。科学中的隐喻一些比较明显的例子包括威廉·哈维的'心是一个泵'或托马斯·扬的'光是一种波'等陈述；一些不那么明显的例子包括哥白尼的

'宇宙是以太阳为中心的'或达尔文的'自然选择'或甚至爱因斯坦的'时空是相对的'。不仅如此，新的科学术语，诸如'重力'、'双螺旋'或'以太风'都是首先作为隐喻为了填补新概念产生时的语义裂隙而出现的。"[1]事实上，近代科学的起源就是聚焦在对科学隐喻的论争之上的：其结果是哥白尼的地球绕日运行的圆周运动隐喻脱颖而出，成为一种最强有力的宇宙图景解释模式，对近代科学产生了重大而深远的影响。随着相关研究的深入和学术交流的不断增强，科学家们正在逐渐取得共识：科学隐喻对于科学实践活动，包括科学概念的形成和发展、科学理论的构造和陈述及科学理论的交流和竞争等，均具有一种无法替代的重要作用。本节对以数学为代表的思维科学和以物理学、化学、生物学为代表的实验自然科学中一些典型科学隐喻的案例进行了介绍性的考察。

一、数学隐喻

数学作为一门严密的思维科学，一般被认为是彻底地非隐喻或去隐喻化的。但是，这是一种常见的误解。实际上，在数学著作中，隐喻的例子比比皆是。数学隐喻往往是伴随着从一个特殊的数学部门到另一个部门进行结构翻译的过程而出现的。布莱克在《模型与隐喻》中指出，每一种科学都必须始于隐喻而终于代数学；如果没有隐喻的话，数学的产生是不可能的。这实质上意味着，数学像其他门类的科学一样，其起源与隐喻是有密切关联的，只不过在此基础上发展起来的最终的符号化与形式化体系掩盖了其基本概念原初的隐喻性质。这种掩盖是通过将最初的隐喻概念赋予一种在特定的数学理论语境中逻辑自洽的形式化描述而实现的。

尽管许多数学概念的隐喻来源已经被后来的形式化描述取而代之，但是，在数学理论的陈述中仍然可以非常明显地找到这些隐喻概念和表达的踪迹。事实上，目前通行的大多数数学教科书并没有完全排除隐喻定义。这当然包含着教学法方面的考虑因素在内，但最根本的原因仍然在于概念隐喻的基础性和不可回避性。以20世纪80年代中期美国出版的一本数学教科书《分析几何的微积分学》为例，在对连续性进行定义的时候，这本经典的教科书先后使用了隐喻定义和 ε-δ 定义。首先，该书给出的就是隐喻定义：一个连续性过程就

---

[1] Johnson-Sheehan R D. Metaphor in the rhetoric of scientific discourse// Battalio J T. Essays in the Study of Scientific Discourse. Stamford：Ablex Publishing Corporation，1998：168.

是一个在进行中没有间隔、中断或者突然改变的过程，因此，如果一个函数 $y=f(x)$ 表现出类似的行为，即如果在 x 中发生的一个微小变化同时造成相应的 $f(x)$ 的值的一个微小变化，那么就可以认为这个函数是连续的。在此基础上，作者又给出了一种严格的形式化的 ε-δ 定义。[1]

例如，在国内一本经典的泛函分析教材中写道："$\Phi(R^n)$ 上的函数称为速降函数，其任意阶导数在无穷远处比任何负幂次下降得都快。"[2] 这里，对于"速降函数"的命名以及对于其"在无穷远处比任何负幂次下降得都快"的特征描述，显然都是隐喻的。又如，在一本偏微分方程的专著《偏微分方程的 L^2 理论》中，我们可以发现这样的典型表述："本节定理的证明体现了研究 Sobolev 空间的基本技巧：利用单位分解把区域'分片'；利用变量替换把边界展平；利用跟光滑子的卷积把函数'磨光'；利用乘截断函数把支集'截断'。以上可分别简称为局部化、平直化、光滑化、紧支化。"[3] 这里所谓的"分片""展平""磨光""截断"也是极为显著的隐喻用法。

另外一本偏微分方程专著《二阶椭圆型方程与椭圆型方程组》介绍 Schauder 理论的磨光核时有以下表述："用磨光核可以提供一个 Hölder 模的等价范数，这个范数可以用磨光函数的微商表示出来，因此可以把椭圆型方程解的 Hölder 模估计简化为导数的估计。"[4] 在这里，"磨光核"和"磨光函数"的概念都是隐喻：它们都是从"mollify"这个词演化而来的，而"mollify"的本义是"平息""使强度、坚硬度减轻""使柔软""调和"等。"磨光核"和"磨光函数"的本质含义在于对某些不光滑函数进行光滑化以及逼近和估计的处理。因此，"磨光核"和"磨光函数"的概念从来源上看是隐喻性的，但是，在整个偏微分方程的理论系统中，它也是通过严格的数学方式加以定义的。[5]

在偏微分方程的理论体系中，对于"磨光核"或"磨光函数"进行一种严格的数学定义是绝对必要的。这是由于，一种新的理论创设如果要成为科学知识理论体系中核心性的组成部分，必须经过一种标准化、理论化的程序。表现在科学隐喻中就是需要用形式化的公式结构对其进行重构：如果一个科学隐喻无法顺利地经过这种程序而融入科学理论体系之中，那么，它的意义就会随

---

[1] Simmons G F. Calculus with Analytic Geometry. New York: McGraw Hill, 1985: 58.
[2] 张恭庆，林源渠. 泛函分析讲义. 上册. 北京：北京大学出版社，1997: 179.
[3] 王耀东. 偏微分方程的 L^2 理论. 北京：北京大学出版社，1989: 24.
[4] 陈亚浙，吴兰成. 二阶椭圆型方程与椭圆型方程组. 北京：科学出版社，1997: 21.
[5] 磨光核和磨光函数的严格数学定义见陈亚浙，吴兰成. 二阶椭圆型方程与椭圆型方程组. 北京：科学出版社，1997: 21-22，此处不再赘述。

着最初引入问题的解决而消亡；如果它顺利地通过了这种标准化和理论化的程序，就能够作为科学理论的真正组成元素发挥作用。伴随着这种严格定义的给出，"磨光核"或"磨光函数"的概念似乎具有了双重本质：从概念起源的意义上讲，它来源于"mollify"，因此具有隐喻的本质；从概念正式确立的意义上讲，它又在特定的理论系统中获得了极为严格的数学定义，因此被赋予了在这一理论系统中的特殊的本质。从数学定义来看，它似乎已经完全清除了"mollify"原始意义的残留，起码从符号形式上看不到一丝一毫隐喻概念的痕迹。但是，严格数学定义的描述并不意味着一个全新的、与其概念来源断绝了全部意义关联的概念，我们不能因为后一种在特定的数学理论系统中所确立的本质而否认甚至抹杀前一种概念源始意义上的隐喻本质。"隐喻是语言的生长点。一种粗略的概览就显示出有多少心灵的语言在本源上是隐喻的。当然，这些隐喻死去了，并且丧失了它们的隐喻力，但是它们的出身血统依然是很明显的。"[①] 事实上，"磨光核"或"磨光函数"的隐喻意义只是表面上在其数学定义中消失了，实质上仍然投射在理论描述和解释的思维框架中，在这种意义上，它仍然是隐性地"在场"的。

数学中包含更多、意义也更为重要的是一些基础性的概念隐喻。例如：①集合论的隐喻。集合论建立在相互联系的两种经验的基础之上：首先是将对象分类为概念容器；其次是比较这两个分类中对象的数目。这一隐喻的来源域使用了一个容器的图式，该图式规定了一个具有内部、界限与外部的有限制的空间区域。当我们在概念上将对象聚合在一起的时候，就是往对象上添加一个单一的容器图式，由此对象被概念化为在界限之内并且与图式的内部相重叠。也就是说，集合被概念化为容器图式，集合中的元素则被概念化为容器图式中的对象。②函数的隐喻。函数的隐喻可以从两个方面加以理解：首先，一个函数是一个机器；其次，一个函数是具有定向连接的对象的聚集。机器隐喻的内涵是：函数的定义域是可接受的输入对象的聚合；函数的值域是输出对象的聚合；函数的运算是从输入对象的每一个聚合得出一个唯一的输出对象。可见，演算法或计算程序的概念是基于一种机器隐喻的。具有定向连接的对象的聚集隐喻的内涵是：函数的定义域和值域是对象的聚集；函数是从定义域的对象到值域的对象唯一路径的聚集；函数的运算是定义域对象到值域对象通过某种中介的传送。③康托尔（Cantor）的隐喻。康托尔的隐喻的内涵是："等数性即

[①] Honderich T. The Oxford Companion to Philosophy. Oxford, New York: Oxford University Press, 1995: 555.

是等量性。"这就是说，拥有相同数量元素的一般概念即等数性是根据能够被置入一一对应的概念在隐喻的意义上被概念化的。④笛卡儿平面的隐喻。笛卡儿平面是算术与几何的一种混合，其中算术是通过数轴的概念根据几何进行概念化的。这里显然包含着算术是几何的隐喻：数是线上的点；零是起点；量或值是从起点到定点的距离；大于要么是在平面垂直线上高于、要么是在水平线上右于。笛卡儿平面的隐喻将欧几里得几何学所表述的内容映射到算术中，将算术与几何两个数学部门紧密地连接了起来。①

二、物理学隐喻

物理学隐喻集中表现在经典物理学的一系列基本概念上，包括原子隐喻、热的隐喻、力的隐喻及光的隐喻等。此外，物理学中的典型隐喻还包括"时空弯曲"的隐喻、量子力学中的"容器"和"方向"隐喻等。

1. 原子隐喻

原子是物理学中最为重要的基础性概念之一，原子理论从起源到发展都包含着隐喻思想的推动。从原子理论的演化史中，"我们能够从中学到的东西就是：不存在一种唯一正确的、客观的、字面意义的原子图象。我们可能获得的每一种图象都是对于在特殊的实验中所汇聚的数据进行隐喻性解释的结果"②。原子作为人类思想史中最为古老的科学概念之一，早在古希腊自然哲学中就已经出现。当时的自然哲学家完全是基于日常经验所形成的一般性概念作出原子隐喻的假设。原子处于永不停息的运动之中的观念可能来源于对于昆虫飞舞现象的经验，也可能来源于尘埃在空气中飞舞的经验；原子的不变性或永恒性的观念来源于诸如岩石等物质的物理性质不易改变的经验；众多原子组成一个对象、不同的原子形式具有不同的形状、大小等，显然也是基于日常生活的经验概括而得出的。

原子概念一旦形成，虚空的概念也就成为必要的了：如果不存在这样一种活动空间，原子就不可能自由地运动，也就不可能彼此相遇或发生碰撞。19

---

① Lakoff G, Núñez R. Conceptual metaphor in mathematics// Koenig J-P. Discourse and Cognition Bridging the Gap. Stamford：CSLI Publications, 1998：227-232.
② Brown T L. Making Truth: Metaphor in Science. Urbana：University of Illinois Press, 2003：94.

世纪，汤姆森（J. J. Thomson）创造了一种"李子布丁"的原子隐喻：正电荷是布丁，电子则是在布丁中镶嵌或点缀着的李子。到 20 世纪初期，汤姆森所构想的"李子布丁"的原子隐喻逐渐取得了中心地位。

2. 热的隐喻

经典物理学中"热"（heat）的概念也是一种典型的隐喻建构。在 17 世纪，英国著名哲学家和科学家弗兰西斯·培根对物理学的基本概念"热"所做的描述为："热是一种扩张的行动，不分布于物体的整体，只存在于其小部分，同时又互为制衡、互斥、被击回，因而物体会有一种不同的运动，永远在颤抖中挣扎、被回音所刺激，因而从这些颤抖、挣扎、回声中能冒出火及热的威猛。"很显然，这里的"扩张""制衡""互斥""被击回"以至所谓的"在颤抖中挣扎""被回音所刺激""冒出火及热的威猛"等均是隐喻的表达法。在早期的物理学文献中，"热"被称为"热质"（caloric），被认为是一种能够使热量产生、贮存和传输的有高度弹性、到处存在、无重量的流体。法国物理学家萨地·卡诺特（Sadi Carnot）在其发表于 1824 年的关于热的学术论文中使用了这一隐喻，把热视为一种具有和水相类似的流动性特征的流体。①

3. 力的隐喻

力的概念作为经典力学的基础，是一个最广泛地被承认的拟人观隐喻的实例。这种拟人观在物理学的概念和理论层次均发挥着特殊的作用。力的概念是从日常语言中进入物理学术语的词汇表之中的，其本义表示通过身体性的动作产生推动、拉动效果的一种能力，这种能力对环境产生影响或造成改变。从身体紧张的直接经验抽象出力的概念有一段很长的历史，力的概念作为身体紧张经验的隐喻在人类早期文明中已经被广泛地应用了，诸如"自然力""神力"等观念即是显著体现。在早期的现代物理科学中，力的概念仍然保持了相当程度的生机论和意志论的内涵。

在现代科学的开端，力的概念所包含的泛灵论的、精神性的性质在波兰天文学家哥白尼对于重力的论述中被非常清晰地揭示了出来。哥白尼写道，重力就是"一种确定无疑的自然的嗜欲，由神圣的天意给予世界的部分……通过再

---

① Brown T L. Making Truth: Metaphor in Science. Urbana：University of Illinois Press，2003：128-131.

统一为一个球体的形状使得它们能够被恢复到其统一和完整之中"。开普勒也指出,"如果用'力'这个词替换灵魂这个词,就获得了一条原理,关于火星的论著的天体物理学是基于这条原理的……从前我相信,行星运动的原因是灵魂……但是,当我发现这些运动的原因随着与太阳距离的远近而改变,我就得出结论认为,这种力是某种有形的东西,如果这种表述不是非常准确,那么,至少是在某种意义上是如此……"①

4. 光的隐喻

牛顿在《光学》中认为,光线是从发光的物质中放射出来的非常微小并且有形体的东西。由此,他发展出一种光的微粒理论。通过牛顿的视角,光的现象就可以根据科学家们典型地与粒子联系起来的术语进行描述。在牛顿看来,光的粒子与其他物体发生相互作用,从而使得光的粒子流发生弯曲,这种弯曲正如重力使得物体发生弯曲一样。这样,牛顿就成功地解释了光的折射现象。光线在不同的方向上表现出不同特性的偏振现象的产生是因为光的粒子正如磁体具有两极性一样具有两面性,当粒子的面或极在光线中是彼此呈直线排列的时候,偏振光就产生了。牛顿指出,"正如石头落入水中使水体产生波动运动,所有微粒的互相作用的运动也在空气中激起振动;因此,光线通过撞击任何一种能够折射或反射的表面,就会在这种折射或反射的媒介或物质中激起振动"②。由此可见,光是微粒这一科学隐喻在牛顿对光进行概念化和话语表达的过程中起到了基础性的、不可替代的作用。③

大约一个世纪之后,英国物理学家托马斯·扬(Thomas Young)创立了新的光的科学隐喻,从而使牛顿所创立的光的微粒隐喻受到了理论上的严峻挑战。托马斯·扬的隐喻是"光是弹性介质的一种波动",这一隐喻的提出标志着光的波动理论的产生,为人们对光现象的观照提供了另一种不同的视角。托马斯·扬认为,光是一种通过以太穿行的波,是一种充满着空虚的空间的、几乎不可探测的物质。正如波通过水或空气的介质进行传播一样,光是在以太中进行传播的波;正如空气和水中的波具有波长、频率和振幅一样,光也具有同样的性质。这样,"光是一种波"的科学隐喻将托马

---

① Pulaczewska H. Aspects of Metaphor in Physics. Tübingen: Niemeyer, 1999: 141-144.
② Newton I. Opticks. New York: Dover, 1952: 280.
③ Johnson-Sheehan R D. Metaphor in the rhetoric of scientific discourse// Battalio J T. Essays in the Study of Scientific Discourse. Stamford: Ablex Publishing Corporation, 1998: 171.

斯·扬及其追随者引导到一种不同于光的微粒理论，而是基于波的理论上去了。1801年，托马斯·扬在英国皇家学会做了关于一种新的光学理论的学术报告。这一报告基于"光是一种波"的科学隐喻提出了一些重要的科学假设：一种能够传播光的以太遍布于整个宇宙，这种介质稀薄且富有弹性；当一个物体开始发光，在这种以太中就会有波动被激起；对于不同色彩的感知依赖于光在视网膜中所激起波动的不同频率。[①]托马斯·扬用光的干涉现象的演示确证了他所提出的波动隐喻的正确性，并据此提出光波是一种横波，从而对偏振现象给出了一个完满的解释，极大地推动了物理学的发展。

三、化学隐喻

在化学中，最为典型的科学隐喻就是分子隐喻。这就在于，人类对于分子领域的探索、描述和理解，不可避免地依赖于根据肉眼可见的领域中对象的结构和过程特征所形成的隐喻。

1. 分子隐喻

分子隐喻首先是一种结构隐喻。简而言之，分子结构的隐喻即把分子结构理解和描述为平面的或立体的特殊组成模式或模型。由于微观世界超出了直接观察的领域，沃森（Watson）和克里克（Crick）使用基于宏观世界中三维对象的分析进行推理，以求获得对于微观世界中对象的结构与属性的理解。因此，他们所建构的DNA双螺旋结构模型本质上是一种隐喻模型。弗雷德里克·凯库勒（Frederick Kekule）作为当时最杰出的有机化学家之一，将甲烷的分子结构表征为一种平面图式。这种隐喻表征的基本意图在于传达一种实验性事实，即一个甲烷分子是由四个氢原子附着在一个碳原子之上所组成的，并且碳原子是四价的。这也就是说，凯库勒假定四个氢原子是分别单独地与碳原子相联结，而不是彼此之间相互联结这样一种结构形态。凯库勒对于甲烷分子结构的隐喻表征及其模型被当时的化学界所认可。但凯库勒这种对分子的表征是一种二维结构，很明显，这样一种二维结构的分子隐喻模型无法完全地呈现出化学分子的真实形态结构，也无法以令人满意地解释和描述已经通过实验确立的某些数据和结论。因此，化学的进一步发展迫切地需要从直接的实验性证据

---

① Wood A. Thomas Young: Natural Philosopher. Cambridge：Cambridge University Press，1954：160.

出发进行一种具有想象力和创造性的发明，迫切需要新的结构性隐喻的提出。

后来，范特·霍夫（Van't Hoff）和勒贝尔（Lebel）提出了一种新的隐喻分析框架：在化学史上，分子首次被构想为一种具有三维结构的对象。范特·霍夫和勒贝尔的观点所造成的巨大影响来源于他们所提出的科学隐喻的特殊性：附着于一个处于核心位置的四价碳原子的四个氢原子分布在一个四面体的各个顶角之上。范特·霍夫和勒贝尔的这种科学隐喻所包含的基本元素是，分子典型地具有一种三维结构，这种结构具有稳定性；分子的属性与其三维结构密切相关。[①] 范特·霍夫和勒贝尔的隐喻对于四面体结构的碳模型的建构，已经远远超出了启发性意义的范畴，而具有更为重要和深远的意义：它直接地推动了立体化学（stereo-chemistry）整体领域的发展，构成了根据分子三维结构理解物质属性这一重要科学理念中具有关键性意义的元素。[②] 分子模型表征了一种从宏观和中观领域到微观领域的结构映射，这种结构映射的基本路径是从图示的二维或三维模型表征的领域到来自X射线衍射以及其他实验观察数据所描述和证实的不可见的微观领域。之所以认为这种过程本质上是一种隐喻构造的理由就在于：来自X射线衍射以及其他实验观察数据所支持的领域本身并不具有任何可直接观察的二维或三维图示的特征。

事实上，分子结构隐喻强调了结构方面，而有意地忽略或隐藏了与结构不存在直接关联的其他方面，因此，分子结构隐喻是一种典型的科学简化形式。当然，如果在科学隐喻的构造中被隐藏和忽略的方面与被强调和突出的方面存在比较密切的关联性，那么，这样一种科学隐喻转换所造成的简化就是有问题的，将会不可避免地导致某种错误的结论。在化学科学尤其是在其重要分支分子化学中，分子隐喻被非常普遍地使用，以致其隐喻性逐渐淡出人们的视野，似乎成为对于分子领域对象的字面性描述。当然，这些被人们认为是字面描述的内容事实上并不是字面性的，而是隐喻性的。也就是说，在分子隐喻中，科学家们并不是直接地使用基于实验观察的经验数据或进行了一些工具性扩展的经验数据，这些数据并不能在任何一种直接性的意义上揭示分子范畴对象的任何结构性特征。事实上，科学家们进行理论建构的基础在于那些根据隐喻意义进行解释的原始数据。一般来说，从特定的二维或三维模型到分子结构的映射过程并不是一种直接的隐喻映射过程，只有通过对实验观察所收集的数据进行解释的科学隐喻的中介，这些数据才能够与特定的模型联系起来。

---

① Brown T L. Making Truth: Metaphor in Science. Urbana：University of Illinois Press，2003：106.
② Brown T L. Making Truth: Metaphor in Science. Urbana：University of Illinois Press，2003：120.

2. 分子监护人隐喻

1978年,《自然》杂志发表了一篇题为"核小体是通过一种连接组蛋白并将其转化为 DNA 的酸性蛋白质聚合起来的"的论文。作者在文章的结论部分写道,"组蛋白通过一种在聚合过程中发挥'催化'作用的酸性因素被组合进核小体前体的复合物中。我们已经非常成功地提纯的蛋白质将组蛋白连接起来并且把它们转化为 DNA 以形成核小体……我们所提纯的蛋白质的功能是一种'分子监护人'(molecular chaperones),即阻止组蛋白与 DNA 之间错误的离子反应。因此,通过连接组蛋白并且中和其所带的正电荷,核小体聚合蛋白质就能够阻止非特定的离子反应,同时又允许被选定的反应发生"[1]。在这段文字中,关键性的理论重心就在于"分子监护人"这一概念的引入。在英语语言和文化中,"监护人"(chaperones)这一语词的本义指在社交场所陪伴未婚少女的年长女伴,或青年社交聚会时在场监护的年长者、青少年的行为监督人。[2]"监护人"这一概念的引入,使得相关理论陈述中"连接""转化""中和""阻止"及"允许"等语词的隐喻用法极为贴切地描述并解释了实验观察对象的基本特征。在分子理论中,监护人隐喻所发挥的作用是极为重要的,并获得了非常广泛的使用。1987年,《自然》杂志发表了一篇题为"作为分子监护人的蛋白质"的学术论文。在该文中,作者认为,"分子监护人"这一概念能够在更一般的意义上用于描述一组蛋白质,这些蛋白质的功能在于确保特定的其他蛋白质的折叠,以及其他蛋白质聚合为更大、更复杂结构的过程正确地进行。[3] 从本质上来看,分子监护人隐喻源于社会领域的相关观念向分子成分功能范畴的意义映射。

四、生物学隐喻

生物学作为在 20 世纪得到迅猛发展的一门科学,其中所包含的科学隐喻突出地体现在细胞和蛋白质的相关理论中。美国伊利诺伊大学化学系教授西奥

---

[1] Laskey R A, Honda B M, Mill A D, et al. Nucleosomes are assembled by an acidic protein which binds histones and transfers them to DNA. Nature,1978,275:416-420.
[2] 国内生物化学界大多数将"chaperones"译为"伴娘",如北京师范大学出版社出版的一本研究生教材《生物化学》所采用的即是此种翻译方法。我们认为,这种译法实际上是不太准确的。这是因为在汉语中"伴娘"一词一般并不包含或强调"监护"的意义,所以无法充分传达出"chaperones"所包含的"监督、控制"等含义。
[3] Ellis J. Proteins as molecular chaperones. Nature,1987,328:378-379.

多·布朗指出,当今的生物学比科学中的任何其他领域都更为有力地揭示出在科学推理与交流过程中科学隐喻所发挥的本质性功能。[1]

1. 细胞隐喻

"细胞"(cell)这个词本身就是一个隐喻语词,其本义为小室。当代细胞理论中存在着一种目的论的隐喻框架。这种框架本身并未传达此类观念的经验观察被赋予一定的意义并且和细胞的结构与功能关联起来。也就是说,特定的经验观察根据一种具有非常明显的目的论意义的隐喻被科学家进行解释和说明。这种目的论隐喻的本质在于,细胞的特定组成成分被认为与某种特殊的、有目的的细胞运作、机制和功能具有密切的关联性。

细胞隐喻所包含着的另一个重要的子隐喻是渠道隐喻。在生物学教科书中,我们往往会看到这样的句子:"细胞膜包含着一些渠道(channels),对于氢离子和其他正离子来说,这些渠道具有可通过性。"在生物学史中,研究细胞中离子浓度的科学家发现,那些带电荷、具有水溶性的离子可以进入细胞或从中逸出。这实质上意味着,这些离子可以穿越细胞膜。虽然这种穿越过程通常是比较缓慢的,但是在特定条件下则大大加快。在这种情形中,科学家们选择了"渠道"这个语词作为一种隐喻性意象去表征这样一种转移所由以发生的假定的路径。当然,"渠道"隐喻的最初发明者也可以选择其他的语词,如"隧道"(tunnel)或"走廊"(corridor);或者也可以选择一种不同的路径模型,如离子以某种方式被包裹在分子包(molecular packaging)中并像一个小包裹一样被转运出去。在日常生活世界中,渠道的属性尤其是它与水的密切的意义关联,很明显地在首次发现时最为贴切地符合离子传递被揭示的事实,因此,科学家最终选择了意义更为贴切的"渠道"隐喻。

听到这些隐喻的人在对观察对象进行概念化的过程中,被引导沿着一种特定的路径进行思索。渠道具有许多种不同的属性,这些属性作为隐喻的来源域与作为隐喻目标域的细胞的微观世界及其周围环境存在着一种一一对应的映射关系,即渠道作为来源域与观察现象作为目标域存在一一对应的映射关系。例如,"两个水体之间的狭窄通道"对应于"细胞内外离子的移动","渠道壁的建立"对应于"细胞壁的形成","渠道的广度与深度限制可能通

---

[1] Brown T L. Making Truth: Metaphor in Science. Urbana: University of Illinois Press, 2003: 159.

过的船体大小"对应于"对于离子大小和转换具有选择性","渠道可能会有锁或门"对应于"离子通道可能被特定的化学制剂所阻塞",等等。①

2. 蛋白质隐喻

1999年,《科学》杂志发表了一篇题为"转译后的质量控制:可折叠、再折叠、降解的蛋白质"的论文,提出了"蛋白质治疗类选法"(protein triage)的隐喻概念。在该文中,作者指出,"词典将治疗类选法定义为'分类并且分配对于病人的治疗'。在我们所讨论的情形中,病人就是细胞的蛋白质。治疗类选法的第一个层次必须是确定受到损伤并需要治疗的蛋白质……一旦受损的蛋白质被确定,就必须作出第二个层次的决定:这个病人能否被救治?监护人或监护人成分……应当有第一个机会去修正错误折叠的蛋白质。结构上的损伤无法被修复的毫无希望的情形需要被降解"②。

在这里,作者将受损蛋白质的修复隐喻为通过医疗设施对病人进行救治的过程。起源于"细胞是一座工厂"这一支配性隐喻所包含的质量控制观念为"蛋白质处理是治疗类选"这一更为专门化的隐喻创造了条件。这两种隐喻都是从社会领域向细胞和分子领域的意义映射。在每一种隐喻情形中,对于观察数据的解释都受到所使用的隐喻的影响。蛋白质隐喻所包含的一个重要子隐喻是蛋白折叠(protein folding)的隐喻。所谓"折叠"(folding),就是从非积极态(inactive state)向天然态(native state)的转化过程,或者说是从一种展开的变性(denatured)态到天然态的转化过程。折叠之所以被视为一个适当的科学隐喻,是由于结构上的研究显示,蛋白质的各个部分被带入近距离的接触以便从最初所呈现的扩展链中产生出一种紧凑的球状物质。此外,蛋白质链中氨基酸的特性和次序决定天然态的唯一或几乎唯一的最终的三维结构。这个隐喻通常由以下陈述表达:决定三维天然态结构所需要的全部信息都包含在氨基酸的线形序列之中。

在蛋白质折叠的情形中,与结构和特征所关联的隐喻事实上来自我们对于语言的理解,即"蛋白质中氨基酸的次序和特性是一种语言"③。在隐喻的意

---

① Brown T L. Making Truth: Metaphor in Science. Urbana:University of Illinois Press, 2003:20.
② Wickner S, Maurizi M R, Gottesman S. Post-translational quality control: Folding, refolding, and degrading proteins. Science, 1999, 286: 1888-1893.
③ Brown T L. Making Truth: Metaphor in Science. Urbana:University of Illinois Press, 2003:124-125.

义上，蛋白质折叠的过程类似于一个弹球滚过陡坡地形，随机地尝试不同的路径，直到在陡坡的底部停止运动静止下来的过程。蛋白质正是通过与此相类似的方式尝试许多种不同的组合排列方式，直到形成一种稳定的形式结构。近年来，蛋白质折叠的模型仍然在继续使用地形隐喻，只不过这种隐喻更多地基于球形而非水平的视角。①

可见，科学隐喻在几乎所有主要的科学门类中都是极为普遍地存在着的。通过对于这些数学与自然科学中典型隐喻的分析考察，我们发现，在这里既有作为普通修辞学现象的科学隐喻，也有作为科学理论建构的核心概念的科学概念隐喻，同时还有作为科学假想或推理的科学隐喻思维活动。它们作为科学隐喻活生生的例证，不可辩驳地证明了科学隐喻的现实存在性。

第二节　科学隐喻的本质②

自从柏拉图提议应当在哲学中抛弃隐喻以来，经过培根、霍布斯、洛克、莱布尼茨，直到逻辑经验主义，西方思想界逐渐形成了一种贬抑并抵制隐喻作为一种理性元素的潮流。隐喻长期被理性主义传统视为非理性的科学理性的对立物和潜在威胁，从而被严格排斥在哲学和科学的研究领域之外，所谓科学隐喻在某些科学家的眼中无疑是一种极为荒唐的表达法。逻辑经验主义的代表人物卡尔纳普在《通过语言的逻辑分析清除形而上学》中认为，"形而上学的无意义的词根源在于这一事实：一个有意义的词通过用于形而上学的隐喻便被剥去了它的意义"③。但是，随着当代科学隐喻研究的进展，科学隐喻的真正本质逐渐凸显出来。在认知科学所提供的越来越多的事实证据面前，对于隐喻以至科学隐喻的传统偏见正在逐步瓦解。作为对逻辑经验主义隐喻观的反动，戴维森指出，科学隐喻的本质就在于其作为一种合理的科学方法论工具的意义；哈贝马斯也指出，科学隐喻的本

---

① Brown T L. Making Truth: Metaphor in Science. Urbana：University of Illinois Press，2003：139-141.
② 本节部分内容以"科学隐喻的本质"为题，发表于《科学技术与辩证法》2005年第3期。
③ 洪谦. 逻辑经验主义. 上卷. 北京：商务印书馆，1982：25.

质在于：科学理论所使用的特殊语言是以隐喻转义所构成的再生力量作为其动力学源泉的。

一、科学隐喻的产生

科学史上的大量材料已经证实，科学隐喻在科学理论文本中的广泛存在是一个不争的事实。但是，科学隐喻何以产生，仍然是有待于进一步讨论的问题。我们认为，科学隐喻是伴随着科学的出现而出现的，最初的科学形态都具有极为鲜明的隐喻性特征。换言之，最初的科学形态更多的是通过科学隐喻的形态表现出来的。科学隐喻的产生大致可分为被动选择和主动建构两种情形。被动选择是人类在科学活动中由于语言表达和思维能力的限制不得不应用隐喻；主动建构是科学家有意识地发明隐喻，使得抽象事物具体化、复杂事物简单化，从而更好地理解和把握所考察事物的性质与特征。[①]

1. 科学隐喻产生的根本原因

科学隐喻的产生有一个重要的条件，这就是在某个科学领域中所发现的新的事实性因素。这种新的事实性因素的发现可能会改变科学家对该科学领域的原有看法，从而改变该领域原先适用的基本概念系统。这时，科学家可以将既有的概念系统进行适当调整以描述这些新的事实。在这样做的过程中，原先概念系统中语词的意义必然在某种程度上有所改变。简而言之，科学隐喻之所以产生的根本动因就在于满足相关科学理论建构、丰富和发展的需要。

对于科学隐喻的产生原因问题，达尔文在其划时代的名著《物种起源》第四章以"自然选择"这一隐喻为例进行了分析。达尔文指出，从字面意义上来讲，"自然选择"这一用语毫无疑问是不确切的，但是，这种字面上的不确切并非是不合理或不现实的。尽管从严格字面的意义上我们不能说一种酸"选择"了它"愿意化合"的某种盐基，但是在化学史上，化学家所谈论的这种不同元素之间"有选择的亲和力"却是化学理论的重要语言资源。基于同样的原因，把自然选择说成是一种"动力"或"神力"正如物理学家声称万有引力"控制"着行星的运行一样自然。也就是说，"自然选择"这一术语的隐喻含义

---

① 郭贵春，贺天平. 科学隐喻："超逻辑形式"的科学凝集. 哲学研究，2005，(7)：93-100.

并不是模糊而无法捕捉的,相反,任何一个具备一定知识背景和理解力的人都知道这一隐喻言说所包含的特殊意义,而不会被其字面意义所束缚。退一步讲,仅仅是为了科学理论的简单性考虑,隐喻语言也是必要的。因此,反对科学隐喻的论点在科学活动的具体实践中是不足为训的。[①]

著名哲学家罗蒂在其成名作《哲学与自然之镜》中,从另外的角度对科学隐喻的产生问题作出了精辟论述。罗蒂指出,重要的、革命的物理学和形而上学永远无法彻底洗去某种文学性的特征,这就在于,科学和哲学一样面临着不断引入新术语和排挤当前流行的语言游戏的境况。在科学中,我们可能会时时面临必须说出一个初看起来是假的、却具有特殊说明力和劝导力的隐喻语句的处境。尽管这类语句在其刚被使用时"仅只是隐喻",但使用结果却是"成功的",其意义在于,我们发现它们如此不可抗拒,以至于企图使它们成为信念,成为一种"确实真理"的候选者。为此我们通过由新的、令人惊异的隐喻所提供的语词,去重新描述某一部分现实。

例如,当哥白尼说"地球绕太阳转动"时,这些语句看来必然仅只是某种特殊的"说话方式"而已;同样,"能量能变为物质"这类语句在初次被说出时似乎也是不真实的,但后来却被广泛接受。[②]这使我们极为自然地联想到古希腊哲学家克塞诺芬尼的名言:最后的真理无非是由猜测结成之网。为了避免用一种普遍接受的方式观察熟悉的事物,科学家必须不断地作出有意识的努力,时时转换视角,用一种新的眼光观察研究对象、实验数据或经验内容。要想做到这一点,最佳办法是学会应用隐喻。科学发现中所谓出自各种思想偶然结合的直觉,实际上往往指的是科学家将表面上并无联系的现象或各种数据、信息,自觉或不自觉地通过隐喻的方法结合在一起,从而形成了一种新的、富有意义的关系。在这种意义上,隐喻方法不仅是一种科学假说形式、一种行之有效的科学试错法,而且也在某种程度上体现了不明推论式推理的精髓。

2. 科学隐喻产生的形式表现

一方面,从历时性的角度看,科学隐喻往往产生于一门学科创始的初期。科学隐喻的产生在一种特殊的科学理论所使用的科学语言的初创阶段体现得最为明显。在一种科学理论的初创阶段,其所使用的语言有相当部分直接来自日

---

① Darwin C. The Origins of Species. New York: Collier, 1962: 216.
② 理查德·罗蒂. 哲学与自然之镜. 李幼蒸译. 北京: 商务印书馆, 2003: 470.

常语言或其他学科中已经成熟而被广泛使用的语言。科学隐喻的产生就在于如何在这种语言的来源和所要应用于的新的学科领域之间进行意义的对接。这种意义的对接不仅要适当保持隐喻的本义,而且还要使其意义扩展到一个新的层次,以满足新学科概念应用的需要。这正如维柯所指出的,"一切表达物理和抽象心灵的运用之间的类似的隐喻一定是从各种哲学正在形成的时期开始,证据就是在每种语言里精妙艺术和深奥科学所需用的词,都起源于村俗语言"①。因此,在各门科学的文献中,越是早期的文献包含的科学隐喻越丰富,其概念使用和理论表述所体现出的隐喻特征越是明显。

例如,19世纪对电磁学做出卓越贡献的丹麦物理学家汉斯·克里斯琴·厄司特(Hans Christian Oersted)对电的描述为:"电的冲撞只在物体的有磁部分有功效。所有不带磁的物体似乎都能被这种电的冲撞所穿透,而带磁的物体,或它们的磁粒子,能抵抗这种电冲撞的输送。因此,它们能被这些相争的力所冲动。"这里的"冲撞""穿透""抵抗""相争""冲动"无疑都是明显的隐喻表达法。又如,发现核子α衰变原理、并且预测了宇宙射线存在的乌克兰裔美国物理学家乔治·加莫夫(George Gamow)把X射线描述为许多种不可见光的混合体:"当运动中的电子被(靶)止住时,它以很短波长的电磁波吐出能量,像一枚枪弹射在钢甲上所发出的声音一样。"这种光在德国被称为"制动辐射"或"煞车辐射"与加莫夫的隐喻描述显然有着直接性的关联。

据科学史的有关考证,"夸克"(quark)也是从爱尔兰著名现代派作家詹姆斯·乔伊斯的小说《芬尼根守夜》中借用而来的物理学隐喻概念。在这部小说中,"quark"原本代表的是一种海鸟的鸣叫声,而这个词在德文中的原义为"乳酪"②。美国物理学家盖尔曼(GellMann)曾自述自己于1963年为已知粒子组成部分的一种假想粒子命名的过程。当时他苦苦思索不得其名,后来偶然在《芬尼根守夜》中读到"Three Quarks for Muster Mask"这句话。由于假想中的粒子也是三个一组,因此极为自然地将其命名为"夸克"③。在物理学概念的生成与发展史中,在浩如烟海的物理学理论典籍中,这样的物理学隐喻的例子不胜枚举。

在化学与生物学的创始阶段,科学隐喻的用法在理论陈述中同样是非常明显和丰富的。自然科学大师牛顿对于化学反应的描述为我们提供了非常具有代表性的范例:"关于某种最微妙、弥漫及隐藏于所有整体物质中的精灵,我们

---

① 维柯.新科学.朱光潜译.北京:商务印书馆,1989:200.
② 柯尔.物理与头脑相遇的地方.丘宏义译.长春:长春出版社,2003:5.
③ 郭贵春,贺天平.科学隐喻:"超逻辑形式"的科学凝集.哲学研究,2005,(7):93-100.

应当说，有某些力及作用，它们能使物体振起精神，使粒子在近距离中互相吸引，如果邻接，则能紧密地结合……而可能还有别种能在小到无法观测的距离中作用的……及能在长距离起作用的带电物体，以及能斥开及吸引邻近的物体；能发出光、反射光、折射光、调节光，及使物体加热；所有的感觉都能被触发、受激，及……沿着神经的固体线丝传播。"显然，在这位科学巨人的行文中，诸如"精灵""振起精神""吸引""结合""斥开""触发""受激"等都是非常典型的隐喻语言，而这些隐喻由于具有特殊的理论意向和现实指称，尽管还比较粗糙和原始，但已经不再是一般意义的隐喻描述，而成了真正的、直接为一定的理论目的服务的科学隐喻。

再如，苏格兰植物学家布朗首先注意到悬浮在水中的植物孢子（芽孢）做一种迅速的、无规则的运动，他把这种现象称为"塔朗特舞"（tarantella）。塔朗特舞是一种意大利地方舞蹈，原指一种神经方面歇斯底里性或癫狂性的舞蹈症，曾经被认为是由一种名为"tarantella"的蜘蛛所咬而引起的。虽然现在我们把布朗称之为"tarantella"的现象用他的名字命名为"布朗运动"，但不应忘记这种运动当初的隐喻命名。

另一方面，从共时性的角度看，科学隐喻的产生在新兴学科中表现得最为显著。计算机科学是在20世纪后半期才开始迅猛发展的一个新的科学部门。在计算机科学中，隐喻术语的大量使用是有其原因的。这主要在于，计算机科学是一门新兴科学，迫切需要大量概念术语以满足建构理论的需要。在这种情况下，用隐喻的方法发明和引进术语，就成为最为经济有效的选择。在日常语言中，计算机通称为"电脑"，从其构词法来看，字面意义就是"计算者""在计算的人"，因此，"电脑"这个词本身就是隐喻。在当代认知科学的研究中，人脑是通过计算机来进行隐喻的，将心灵概念化为计算机的隐喻非常明显地在历史上起源于电子计算机的发展，相反地，在计算机科学的发展进程中卓有成效的神经网络与遗传算法是建立在来自生物科学领域的隐喻之上的。[①]可见，计算机与人脑是互为隐喻的。

计算机科学中存在着不胜枚举的丰富隐喻。"计算机科学领域中有着所有学科中最为丰富多彩的语言。你走进一间安全严密、温度精确控制在20摄氏度的房间，并在里面发现了病毒、特洛伊木马、蠕虫、臭虫、逻辑炸弹、崩

---

① Brown T L. Making Truth: Metaphor in Science. Urbana：University of Illinois Press，2003：185.

溃、论坛口水战、双绞线转换头、还有致命错误……在其他领域中，你能遇得到这些吗？"①事实上，在计算机科学中，无论是硬件领域还是软件领域，离开隐喻而谈论其专门术语是不可能的。中国科学技术名词审定委员会委员、《现代术语学引论》作者冯志伟指出，隐喻是计算机科学术语命名的一种极为重要的途径。例如，计算机科学中的"防火墙"就是使用隐喻命名的术语，其始源域指建筑物中用于防止火灾的墙，目标域指置于因特网和用户设备之间的一种安全设施，其意义在于通过识别和筛选阻止外部未被授权的或具有潜在破坏性的访问；"病毒"这一术语的始源域是比病菌更小的病原体，而其目标域则是一种有害的、起破坏作用的计算机程序；"树"这个术语的始源域是木本植物的通称，其目标域则是计算机算法中表示结点之间分枝关系的一种非线性的结构。②

在计算机科学中，诸如此类通过隐喻命名的术语还有很多。例如，"堆栈"（stack）指一种通常被称为"先进后出"或"后进先出"的数据结构，意味着最后一个放入堆栈中的数据对象总是被最先拿出来。堆栈所定义的操作中最重要的是"推加"与"移出"："推加"操作是在堆栈的顶部加入一个元素；"移出"操作则是在堆栈顶部移去一个元素。此外，还有所谓的堆栈"溢出"，即不顾堆栈中分配的局部数据块大小，向该数据块写入了过多的数据，导致数据越界，结果覆盖了老的堆栈数据。又如，"bootstrap"在英文中的原义为"解靴带""提靴带"，指一种由皮、布或人造原料制成的套环，缝在靴子的边上或后顶部，以助于穿靴。这个词被引入计算机科学之后，指一种引导程序或引导指令，即用来建立某种路径的辅助程序，同时也指一种自持过程，即一种自产生或自持续的过程。

二、科学隐喻的内涵

科学隐喻概念的正式提出，是20世纪六七十年代之后的事情。科学隐喻的特质在于，它是以科学实践活动尤其是科学理论文本为直接依托的一种特殊的隐喻类型。科学隐喻这种用法的针对性是在它与文学隐喻、哲学隐喻的对比中突显出来的，它的基本内涵本质地在于其科学指向性的特质。

---

① 史蒂夫·迈克康奈尔.代码大全.第2版.金戈等译.北京：电子工业出版社，2006：9.
② 冯志伟.术语命名中的隐喻.科技术语研究，2006，(3)：19-20.

1. "科学隐喻"的提法

如果把科学共同体所使用的、具有重要的科学认识论和方法论意义的那种隐喻方便地称为"科学隐喻"的话，首先有必要对与其相关的一组英文语词作出某种区分。在英文中，表示"科学隐喻"或类似概念的语词大致有 scientific metaphor、metaphor in science，以及 metaphor of science 或 metaphor for science。由于这里所提到的 metaphor of science 和 metaphor for science 指一种"科学（本身）的隐喻"或"对于科学（本身）的隐喻"，所以不在本书的讨论范围之内或至少不是本书讨论的重点。本书中所讨论的"科学隐喻"是针对科学文本、科学理论、科学话语、科学活动和科学交流中所使用的隐喻语言、表达，以及隐喻概念、隐喻思维方式和思考方法而言的。

当然，在 scientific metaphor 和 metaphor in science 之间也存在着一些细微的差别。从字面上来看，scientific metaphor 指一种"科学的隐喻"，强调这种隐喻的特殊属性；metaphor in science 指"科学中的隐喻"，强调这种隐喻所处的特殊载体。本书中"科学隐喻"的外延同时涵盖了这两个层面的内容，但更强调一种 scientific metaphor 的意义。在具体的学术论著中，有许多科学哲学家使用"科学中的隐喻"这一提法，包括奎因、马丁（J. Martin）和罗姆·哈瑞（Rom Harré）等。但是，"科学隐喻"（scientific metaphor）的提法也是十分常见的。例如，罗伯特·霍夫曼（Robert Hoffman）在《科学中的隐喻》中使用了"科学隐喻"这样的表达；汉纳·普拉车夫斯卡也在其《物理学中的隐喻视角：案例研究》中提出了"科学的隐喻"与"非科学的隐喻"的区分；玛丽·海西在1980年出版的著作《科学哲学中的革命与重建》中，在第二部分"客观性与真理"的"隐喻的说明功能"这一节中，以及1986年出版的《实在的建构》一书中也多次使用了"科学隐喻"的提法，并且对"科学隐喻"与"文学隐喻"和"诗学隐喻"作出了区分；美国伊利诺伊大学科学家西奥多·布朗在其2003年出版的著作《制造真理：科学中的隐喻》一书中，也大量地使用了"科学隐喻"的表达形式。

此外，许多科学家、科学哲学家也在使用"科学隐喻"的表述，如丹尼尔·罗斯巴特在《隐喻语义学与科学结构》中、理查德·约翰逊-希汉（Richard D. Johnson-Sheehan）在《科学话语修辞学中的隐喻》中、杰拉德·霍尔顿（Gerald Holton）在《科学与教育中的隐喻》中、埃里昂诺拉·莫图齐（Eleonora Montuschi）在《谈论科学中的隐喻有什么问题？》中、罗杰·琼斯在《作为隐喻的物理学》中、理查德·波义德在《隐喻与理论转换》中、莫罗·比尔兹利（Monroe Beardsley）在其为《哲学百科全书》所撰写的"隐喻"词条中等。可见，"科学隐喻"的用法已经获得了越来越多的科学哲学家的认可，是在实践中被普遍使用的，具有约定俗成的意义。

2. 科学隐喻、文学隐喻与哲学隐喻

首先，文学隐喻与哲学隐喻的特质是有所不同的。史蒂芬·派珀（Stephen Pepper）在《哲学中的隐喻》中指出，尽管人们比较普遍地承认，文学隐喻与哲学隐喻之间的界限是相当含糊的，但是，我们依然可以在一定程度上对二者作出一种有意义的区分，这就在于：文学隐喻主要具有一种美学意义和功能，而哲学隐喻在首要的意义上是说明性的，这种说明功能在于促进概念的清晰化，同时有助于对于哲学思维模式、哲学主题的论域或问题，甚至一整套哲学体系的理解或洞察。[①]

科学隐喻概念的提出，是与日常语言中的隐喻以及文学和哲学隐喻的提法相对而言的。一方面，科学隐喻与文学隐喻存在密切的关联。"隐喻在文学上的应用与隐喻在科学中的认知应用之间存在着一个连续统。如果是这样，那么某些或甚至多数的文学性隐喻是非认知的这一事实并不意味着所有隐喻都是如此。在文学应用与科学应用之间存在一个连续统这一事实，也给予了我们把这些科学中的应用称为'隐喻'的权利。实际上，我建议把所有的隐喻联结在一起的共同线索是把某种主题作为一种透镜来使用（如果我可以使用布莱克的术语），以便从一个新的视角去观察、鉴别、理解另外一个主题。"[②]另一方面，科学隐喻与文学隐喻又存在比较显著的区别。虽然科学隐喻在发明和运作的过程中并不特别地受到形式逻辑矛盾律的约束，其真值标准也并非是在严格的意义上能够形式化的，但是，科学隐喻的真值标准比起文学隐喻的情形还是相当清晰的。[③]

科学隐喻的解释和说明更多地有赖于逻辑工具，尤其是与以可能世界语义学为代表的当代语义逻辑关联紧密。此外，以分类层次和部分－整体层次理论

[①] Pepper S. Metaphor in philosophy. The Journal of Mind and Behavior, 1982, 3 (3): 197.
[②] 迈克尔·布雷德. 科学中的模型与隐喻：隐喻性的转向. 王善博译. 山东大学学报（人文社会科学版），2006,（3）: 92-99.
[③] Hesse M. Models and Analogies in Science. Notre Dame: University of Notre Dame Press, 1966: 169.

为主要内容的类型层级理论对科学隐喻的解释也具有非常有效的说明力。这也就是说，与文学隐喻相比较，科学隐喻更关注隐喻真理或隐喻真值，也从不回避自身的可检验性和可错性问题。事实上，任何科学隐喻都具有可修正的知识动力学特征，它不是僵死的，而是不断演化和发展的。正如利科所指出的，哲学家使用的各种隐喻与诗人使用的隐喻尽管十分相似，但这两种隐喻不会混淆不清。① 同样，科学隐喻也是非常明显地区别于文学隐喻和哲学隐喻的，这不仅体现在使用中，也体现在性质上。如前文所言，科学隐喻与后两者之间的区别在于它的"科学性"，即从性质上来讲它主要是"科学的"（scientific），而不是"文学的"（literary）或"哲学的"（philosophical）。文学隐喻往往描述一种高度主观化的特殊语境，其根本目的在于彻底摆脱传统而追求超越常规的新颖性和奇异性，缺乏与客观实在世界的自觉关联与适应，其特点是显著的意义弥散性和个体化的情感性。与此相反，科学隐喻的创设和应用主要是出于科学家群体认知、交流、建构相关理论的需要，它不是为了表达科学家情感宣泄或审美的追求，而是为实现对客观实在世界性质与特征猜测、探察和描述的目的。

如果把文学隐喻与科学隐喻作为彼此对立的两极，那么，哲学隐喻是处在两者之间的一种中间性的隐喻。在科学活动的实践过程中，当科学家共同体中的某个成员在酝酿一个新观点时，其思维可能具有一种发散式联想的形式，这一过程与文学隐喻的创造过程具有一些相似之处。不同的是，文学隐喻总是试图在文学观念历史的发展中保持其神秘性，而科学隐喻则总是试图在科学观念的历史发展中澄清其意义。也就是说，在科学中，"有必要更细致地更本义地发展隐喻的意义，而在诗歌中隐喻可保持相对的内隐性"②。

3. 科学隐喻的特质

科学隐喻的特质具体体现在日常语言和概念向科学语言和概念的系统移植中。从语言系统的表面形式来看，科学语言系统中的诸多元素在日常语言系统中都存在相对应的元素。语言发展的历史表明，后者往往是前者的来源，并通过隐喻的方式进入其系统。这一过程的结果就是日常概念通过科学隐喻进入科学语言系统成为科学概念。因此，从本质上来说，这些科学概念并非一种与日常概念完全无关的全新概念，而是后者在经过某种改造和变化后的重新适用。

---

① 保罗·利科. 活的隐喻. 汪堂家译. 上海：上海译文出版社，2004：434.
② 胡壮麟. 认知隐喻学. 北京：北京大学出版社，2004：106.

只是在科学理论获得独立发展之后,在不断的理论建构过程中,它们最后的理论意义才在形式上脱离了原有的日常概念意义。但是,原有的日常概念意义仍然构成了对于此类作为科学隐喻的科学概念的理论理解的一种必要的阶梯。例如,只有在日常概念意义上对力的理解才是达到对物理学意义上力的理解的必要前提,这种一般性的理解构成自然概念到理论概念之间的桥梁,由此才能够顺利地理解物理学中更加严格地定义的、含义更为狭窄和特殊的关于力的概念的表述。

日常语言系统中的元素在引入科学语言系统之后,由于语境条件的变化,其意义也必然发生某种程度的改变。这种意义改变往往具有某种系统性,这是由于它必须服从于特定理论的需要,与理论的其他元素相协调一致,使理论自身保持自洽;这种意义改变的形式往往也有一种符号化、形式化的倾向,这也使得其原有的意义更加精确,具有更细致、丰富并且更加容易量化、更易把握的内涵。当然,这种意义的转变过程是伴随相关理论的发展而逐步演进的,但总体上系统性和形式化的倾向则是相对稳定的。自然语言向科学语言的渗透作为人类语言系统得以发展演化的一种重要途径,在于适应自然理解的需要;理论概念的创生和演化则在于适应理论发展的需要。这种语言的移植和转化工作主要是由科学家群体所从事和完成的:科学家的概念改造工作是高度自觉的,整体科学理论对科学概念有着更明确的约束。科学概念的定义虽然也存在一定的偶然性,但是其偶然性比起自然语言概念在程度上大大降低。①

当然,科学概念并不是自然概念经过隐喻的形式化那么简单,也不是自然概念的一种自然主义的渗透和延伸。从总体上来看,这一过程表现出科学家共同体强有力的限制性影响,或者说是在特定的科学理论筹划的前提下进行的一种具有整体性的系统改造工程。在伽利略所构建的科学体系中,作为重要理论概念的"力""阻力""运动""速度""加速度"等都是从日常语言中抽取出来的。但是,伽利略在把这些概念纳入其理论体系的同时,对它们进行了重新定义。这种重新定义的本质就在于,对于其原有意义加以"悬置",赋予它们以精确的数学意义,也就是致力于以这样一种方式来定义它们,以便使它们能够与数学家群体已经熟悉的线、角、曲线、图形等定义保持形式、逻辑和意义上的一致。② 这就意味着,近代科学的历史实质上是把关于光、声、力、化学过程及其他概念的模糊的隐喻思想转变为数量关系的历史。③

牛顿在《自然哲学的数学原理》中表达出了类似的观念。《自然哲学的数

---

① 陈嘉映.日常概念与科学概念.江苏社会科学,2006,(1):7-16.
② 伯特.近代物理科学的形而上学基础.徐向东译.北京:北京大学出版社,2003:70.
③ 克莱因.西方文化中的数学.张祖贵译.上海:复旦大学出版社,2004:186.

学原理》中定义之八的解说中牵涉到"吸引""推斥""(趋向于中心的)倾向"这些来源于日常概念的语词,对此,牛顿强调,"我在使用时不加区分,因为我对这些力不从物理上而只从数学上加以考虑;所以,读者不要望文生义,以为我要划分作用的种类和方式,说明其物理原因或理由,或者当我说到吸引力中心或者谈到吸引力的时候,以为我要在真实和物理的意义上把力归因于某个中心(它只不过是数学点而已)"①。牛顿指出,他使用"引力"这个词来讨论向心力,是由于"这些命题只被看作是纯数学的,所以,我把物理考虑置于一旁,用所熟悉的表达方式,使我要说的更易于为数学读者理解"②。在将日常语言系统中的元素隐喻地引入科学语言系统中之后,之所以要对该隐喻元素进行必要的改造,就是为了从其原来的日常语言隐喻、文学隐喻或哲学隐喻中去除其日常通俗性、文学延异性或哲学思辨性。这种去除是通过形式化的方式达到的,为原来的隐喻形态赋予科学性,将之改造为科学隐喻。

科学隐喻内化在科学理论中的过程也就是一种主体间性建构的过程。是否能最终获得科学共同体的接受和承认,是一个科学隐喻能否取得成功的关键。在这种意义上,科学隐喻体现了科学家共同体对理论认知或预测的某种一致的倾向性,是科学家共同体集体智慧和洞察力的产物。因此,从本质上来说,科学隐喻是一种科学共同体内部理性的、对话性的认识论和方法论工具。在自然科学的发展史上,科学隐喻是"由科学共同体所集体约定并广泛认同的,具有确定的稳定性和一致性,而不是瞬间的、暂时的和权宜的东西。更主要的是,它具有重要的方法论的功能,而且常常是自然地、非强制地、潜在地、微妙地发挥着它的功能;同时,隐喻作为一种思维工具,是科学共同体成员为了求解难题,突破理论发展的概念瓶颈的一种集体约定的结晶,它不仅促进了科学共同体主体间性的统一,同时通过新的理论假设的提出引导了新的科学预测,推动了科学假设的创立和发展"③。

总之,科学隐喻内涵的展开与说明是科学探究任务的一个重要组成部分,其最核心的功能就在于促生某种"未来研究战略"。科学隐喻的应用,是为了从中立的认知标准出发去捕获某种尚未被完全揭示的关于客观实在的知识。正是在这种意义上,可以说科学隐喻"确实不单纯是天才的事情,它依据于固定的传统,并时常具有一种特定的可说明的意义,而这种意义甚至并不与由概念

---

① 伊萨克·牛顿.自然哲学之数学原理/宇宙体系.王克迪译.武汉:武汉出版社,1992:6.
② 伊萨克·牛顿.自然哲学之数学原理/宇宙体系.王克迪译.武汉:武汉出版社,1992:171.
③ 郭贵春.科学隐喻的方法论意义.中国社会科学,2004,(2):92.

而来的合乎知性的理解相矛盾"[①]。

4. 科学隐喻的类型

根据不同的标准，可以对科学隐喻作出不同的分类，通常有以下几种分类法。①根据表征功能所做的划分：本体论隐喻与空间隐喻。前者允许我们指称某种特定的测量对象，从而扩张人们的经验，并据以构成理论表征的基础，如夸克、基因等就属于此种隐喻；后者提供了特定的语言，用这种语言可以表征物理特性的关联和变化，如将"状态"看作是"容器"。②根据来源域的特征所做的划分，如生机论隐喻、语境论隐喻。③根据接受域，即不同学科或同一学科不同分支所做的分类，如数学隐喻、物理学隐喻、化学隐喻、计算机科学隐喻，物理学中的光学隐喻、经典力学隐喻、波动力学隐喻、量子理论隐喻等，本书第一章第一节"科学隐喻的案例"就是依据学科标准所进行的划分。④依据科学隐喻所发挥的不同功能以及所具有不同意义进行划分，如表述性隐喻与理论建构隐喻。当然，一个科学隐喻的意义往往不是单一的，而是多元的，依据不同的标准，可以将其划分为不同类型。也就是说，各种不同的隐喻类型往往可以归属于同一个科学隐喻。因此，这里所做的类型划分只具有相对的意义，它们内在地统一于科学隐喻应用的实践环节之中。

基于以上分析，我们把科学隐喻尝试性地定义为：科学隐喻是科学家群体在理论构思的过程中所发明，并具体表现于科学理论陈述的文本中，为一定的科学共同体所交流、理解、接受、改造甚或否弃的包括了思维层面、概念层面和语言层面的特殊的隐喻形态；科学隐喻区别于其他隐喻的主要特征在于它是在科学实践活动的语境中提出的，是直接为科学实践活动的目的而服务的。可见，我们对于科学隐喻的理解是广义的。科学隐喻并不仅仅指科学理论陈述文本中所展现出来的、获得了语言学的外在形式的隐喻，更主要的是指科学家在发明和展开理论的时候在概念和思维层面上所运用的隐喻方法。

三、科学隐喻的运作机制

科学隐喻的运作机制以其独具的开放性为基本依托，其本质则在于隐喻映

---

① 加达默尔.真理与方法：哲学诠释学的基本特征.洪汉鼎译.上海：上海译文出版社，2004：102.

射过程在特定科学理论语境中的展开和实现，其目的在于表达出为我们具体知晓的、作为特定语义载体的概念语词和具有更大的意义或重要性、但较少为我们所知晓的作为语义要旨的概念语词之间的相似性。由于任何科学隐喻必须通过特定概念语词的方式才能够得以成立，所以它预设了一种作为媒介的图象或概念，当用一个合适的概念语词进行指示的时候，这些图象或概念就能够被很容易地理解。这实质上意味着，科学隐喻的起始运作必定依赖于某种字面概念语词意义的基础，是以后者为基底和平台的。①

美国认知语言学家莱考夫和约翰逊提出了科学隐喻运作机制的三个基础性假定：心灵是内在地涉身的；思想在一般意义上是无意识的；抽象概念绝大多数是隐喻的。这就意味着，在对世界进行推理以及解释观察对象的过程中，科学家在很大程度上依赖于隐喻概念。由于认知结果来自心智建构，所以，哲学家安德鲁·奥特尼（Andrew Ortony）将之称为一种"建构主义"。从概念隐喻理论的视角来看，这种对于世界表征的心智建构建立在涉身推理和经验格式塔的基础之上，所建构的理解元素来自日常生活。科学隐喻运作机制的起点在于：科学中存在许多不同种类的问题，这些问题始源于不同的科学学科，因此属于不同的科学文化，并且在不同的度量层次上应用于自然，在这种过程中，采用不同的科学隐喻对于以一种"科学的"方式所观察到的世界的推理和交流是一种至关重要的组成要素。②

科学史中的许多案例都表明，理论科学在用以表征某些特殊概念的词汇方面不断地产生过危机。这就在于，科学的目的是为了描述客观实在的事物，而许多客观实在事物超越于所有可能的观察，因此就有必要发明出一些可以用于描述这些存在物的语词。此时，科学家不得不求助于科学隐喻。在这种情形中，科学隐喻的使用就具有一种自然而又必然的意义。诚然，在最终的意义上，科学家想要建立的是一种专门的、细节完备的、尽可能精确的理论，但是，在发展这样一种理论的过程中，具有某种程度的含混性的概念可能是极有帮助的有效资源。由于科学隐喻是开放的、非特定的，因此非常适宜地引导了这种特定的专门化和填补细节的过程。

科学隐喻在起初可能是不合理的，但它确实将研究者引导到未经探索的路径上。在任何意义上，隐喻将引导性和新异性的有机结合确实使它在科学研究

---

① Wheelwright P. Metaphor and Reality. Bloomington：Indiana University Press, 1962：73.
② Brown T L. Making Truth: Metaphor in Science. Urbana：University of Illinois Press, 2003：188.

的早期的摸索性阶段极为有效。① 科学隐喻的来源是从多种多样的人类经验领域中被挑选、改造、导出并且利用的，从而被应用于不同的科学理论语境之中。科学隐喻的运行并不是单向度的，而是双向的：既有从世界到理论的方向，又有从理论到世界的方向。在不同的科学语境中，它所运行的方向也是不同的：在科学发现的语境中，它的运行方向是从世界到理论；在科学证实的语境中，它的运行方向是从理论到世界。

法国修辞学家方塔尼尔根据内涵的不同将隐喻的运行划分为五种基本类型：将一个有生命的东西的专有名词用于另一个有生命的东西的转用过程；将无生命的物理的东西的专有名词用于纯精神性的或抽象的无生命的东西的转用过程；将无生命的东西的专有名词用于有生命的东西的转用过程；以有生命的东西喻无生命的东西的物理性转用过程；以有生命的东西喻无生命的东西的精神性转用过程。这五种隐喻运作的类型如果做进一步的概括的话，又可以划分为两大基本类型：物理性的转用过程，即对两个有生命或无生命的物理对象进行比较的隐喻；精神性的转用过程，即将某种抽象的、形而上学性质的或精神层面的东西与某种物理的东西进行比较。②

事实上，科学隐喻的运作机制就是不同的语义场之间跨概念领域的一种映射机制，这种映射具有不对称性及局部性特征。每一个隐喻映射都内在地包含着隐喻的来源域实体与目标域实体之间的某种本体论的对应，这种本体论对应表现为一个固定的集合。当那些固定的对应被激活时，隐喻映射就能够将来源域的推论模式投射到目标域的推论模式上去。这种投射遵循一种不变性原理，即隐喻来源域的图象图式结构以一种与内在的目标域结构相一致的方式被投射到目标域上去。这种隐喻映射并不是任意的，而是基于身体以及人类的日常经验和知识。一个概念系统包含着难以计数的常规隐喻映射，这些映射构成一个具有高度结构性的概念系统的亚系统，无论是概念映射还是图象图式映射，均遵循不变性原理。③

在一种显而易见的宏观层次上，科学隐喻作为一种概念置换的程序而起作用，这种概念置换又可以分为四个不同阶段：调换、解释、修正及阐明。第一个阶段意味着概念切换到一种新的语境条件中，与此同时在新旧语境之间确立

---

① Haack S. Dry Truth and real knowledge// Hintikka J. Aspects of Metaphor. Dordrecht, Boston: Kluwer Academic Publishers, 1994: 15-16.
② 转引自保罗·利科. 活的隐喻. 汪堂家译. 上海: 上海译文出版社, 2004: 79-80.
③ Lakoff G. The contemporary theory of metaphor. http://www.wam.umd.edu/~israel/lakoff-ConTheorMetaphor.pdf [2006-12-28].

起一种可比较的关联性。调换与第二阶段即解释阶段是不可分割的，这包含着一个概念从旧的语境向新的语境条件的某个特定方面的分派。调换和解释都从属于一种事先已经存在的概念可接受性的结构，对于这种结构的部分进行抗拒的结果是置换过程中的一种调整，这种调整可以被称为修正。修正意味着相互之间的适应，它可以根据不同的语境条件采取多种多样的形式。最后，当这个概念非常妥帖地显示自身被新的语境所吸纳，就可以认为它已经被阐明了。这种阐明并不是一个已经完结的过程，实际上概念仍然在语境之间保持运动。①

在亚里士多德看来，隐喻的运行内容包括以下四种基本类型：从"属"到"种"的映射；从"种"到"属"的映射；从"种"到"种"的映射；类同字之间相互借用的映射。与此类比，科学隐喻运行的内容大致包括：从具体事物到抽象概念的抽象化映射；从无生命事物到有生命事物的有机化映射；从宏观世界到微观世界的缩小化映射；从微观世界到宏观世界的放大化映射；从一般对象领域到机器领域的机械化映射；从日常语言到专业化术语的技术化映射；从想象领域到现实性领域的推理化映射。②在所有这些类型的映射过程中，毫无例外地都包含着科学抽象的内容。当然，科学隐喻的运行不同于简单的抽象，但却基础性地包含着抽象。抽象是科学隐喻运行的一个隐含的思想内容。"通过抽象，语词为了涵盖一般意义而舍弃了对个别对象的指称关系，一般意义则为在概念的相反意义上的隐喻抽象确定方向。

从这种意义上讲，我们可以谈论隐喻的普遍化。因此与所有其他名词相比，隐喻化的名词与表示属性的名词更为相似。"③需要注意的是，隐喻的普遍化并不意味着它是作为逻辑上"种"的符号而存在的。由于隐喻抽象成为表示一般属性的载体的名称，所以它能够适用于具有表达出来的一般性质的所有对象。也就是说，隐喻的普遍化应当通过具体化得以补偿。

科学隐喻运作的结果在于：首先，科学隐喻构成科学语言与科学概念的要素，遍布于科学理论的陈述之中。其次，科学隐喻构成科学观察语言的理论负载。在已有的科学实践中，寻找一种没有理论负载的、完全摆脱了隐喻影响的纯粹观察语言已经被证明是一种不可能的任务。维特根斯坦在其后期著作中所提出的家族相似观念，从一个重要的方面否定了传统科学理论观念中观察语言

---

① Montuschi E. What is wrong with talking of metaphors in science// Radman Z. From a Metaphorical Point of View. New York: Walter de Gruyter, 1995：317-318.
② 李小博. 科学修辞学研究. 山西大学博士学位论文，2004.
③ 保罗·利科. 活的隐喻. 汪堂家译. 上海：上海译文出版社，2004：145.

与其所指之间存在一种无歧义的、一一对应的映射关系的论点。最后，科学隐喻构成相关科学范式的核心内容。科学隐喻塑造出关键性的概念用于定义科学研究的不同领域。事实上，科学隐喻就是托马斯·库恩所谓的范式所包含内容的核心元素：一个科学范式至少包含一个理论的、概念的内核，这一内核基于一个或更多的科学隐喻的基础之上。因此，科学隐喻在运行过程中更多地表现为一种载体，通过这种载体，来源于某一学科的观念和模型被转换到另一学科，"被转换的词项成为表示现有属性的最适当符号，换言之，成了主要属性的指代者"①。

这也就是说，在特定的科学隐喻被成功地应用于科学实践活动之后，原本互不关联的两种科学概念、对象或现象通过"是"的连接，突然被构想为具有某种一致的共通性。"是"把之前未被察觉到的科学思想之间所暗含的相似性以一种令人印象深刻的方式展现出来，其结果就是使得与每个概念对象相联系的知识和信念体系，与另一个知识和信念体系产生相互影响、交汇和融合，从而带来了一种创造性的科学理论知识的扩展。②

第三节　科学隐喻的关联③

科学隐喻与科学模型、科学类比具有紧密关联，它们作为重要的科学认识论和方法论工具，在科学实践活动中有着极为广泛的应用和难以替代的重要意义。随着当代认知科学和科学哲学的研究不断向纵深发展，科学隐喻、类比与模型在科学理论的建构与发展、教育与交流、论证与解释中所具有的独特功能不断被揭示出来。在此基础上，澄清它们之间所存在的关联与区别，显然构成了科学哲学相关研究领域进一步系统化和细致化的一项必要工作。

---

① Brown T L. Making Truth: Metaphor in Science. Urbana：University of Illinois Press，2003：185.
② 卡林·诺尔－塞蒂纳. 制造知识：建构主义与科学的与境性. 王善博等译. 上海：东方出版社，2001：94.
③ 本节内容以"家族相似：科学类比与科学模型的隐喻思维特征"为题发表于《科学技术哲学研究》2009 年第 4 期。

一、科学隐喻与科学类比

科学隐喻与科学类比之间的关系在科学哲学家中颇有争议，主要是关于这两种科学思维工具哪种更具有基础性地位的问题。有的科学哲学家认为，科学隐喻更为根本，因此是科学类比的基础，如李醒民等；还有的科学哲学家则持相反意见，如玛丽·海西认为，科学隐喻是基于某种事先已经存在的相似性的，因此，类比比隐喻具有更为基础性的地位。本书赞同前一种观点，理由如下所述。

1. 科学类比的意义与特征

"类比"一词来源于古希腊语，本义为"比例"。类比的目的在于指出两个不同对象或不同领域之间关系的相似性，具体来说就是，A与B之间的关系正如C与D之间的关系。从历史上来看，人类对于类比推理的使用远比利用抽象概念进行的纯粹形式化推理早得多，在古希腊的自然哲学家当中，通过类比方法对事物进行解释说明的现象已经十分普遍。例如，西方哲学之父泰勒士最早用一个类比描述了他所理解的宇宙图景：大地漂浮在水上，正如一片木头漂浮在水上一样。《牛津哲学词典》指出，简单来说，类比就是对某物类似于另一物的一种考虑。由于语词的类比扩展方式就是一个语词对于类似事物的涵盖，因此，类比推理的本质特征在于：既然事物在某些方面是相互类似的，那么，它们可能在其他方面也是相互类似的。在哲学史上，著名的对于他人心智存在的论证就是一种典型的类比论证：如果A像B一样行动，而B在做X行动时具有Y精神状态，那么通过类比可知，A在做X行动时可能同样具有Y精神状态。[①]

从纯粹形式的意义上来看，类比所指的是两个不同领域中特定个体对象之间的关系是同一的，或者至少是可比较的，这种结构上的同一无须质料上的同一。也就是说，不同领域中的个体对象无须具有完全相同的特征。例如，电子和行星的运动都取决于某种吸引力，这是它们之所以分别环绕原子核和太阳运动的原因。显然，这两种作用力产生的原因不尽相同，即分别产生于静电作用和重力作用。但是，尽管电子和行星在成分、特征和属性方面都存在着巨大的

---

① Blackburn S. Oxford Dictionary of Philosophy. Oxford: Oxford University Press, 1996: 14.

差别，两者之间的关系在环绕特定的中心运动方面却是可比较的。

科学理论的陈述中，包含着许多不同类型的类比推理和说明。从本质上来说，类比是一个映射的选择结构，它映射了知识的背景域到目标域的转换。类比的说明首先应当在类比的两个基本要素即目标对象域和背景来源域之间进行区分。对象域是科学家试图加以解决或解释的概念或问题，而来源域则是科学家用来理解对象或者是向理论受众解释对象的、借自另一领域的概念或"片断知识"。类比的过程即是将来源域的特征描绘为对象域的特征的典型的隐喻思想的应用。通过这种隐喻性的类比描述，就有可能发现对象的新特征。

例如，当卢瑟福试图理解原子的结构时，他创造性地提出了著名的"卢瑟福类比"：把太阳系作为来源域，这相当于隐喻的喻体；把原子作为对象域，这相当于隐喻的本体；把行星绕太阳旋转的观念用来描述原子，这相当于隐喻映射，从而论证电子绕原子核旋转。不言而喻，这一类比的提出直接导致了人类知识的重建，促发了重大的科学发现。由此可以明显地看出，科学类比这种由于对当前问题缺乏直接答案，而有意或无意地从一个领域汲取知识用到另一个领域、填充相关知识空白的情形，正是科学家们自觉或不自觉地应用隐喻思维的结果。类比的来源域相当于隐喻喻体，目标域相当于隐喻本体，类比过程则相当于隐喻映射过程。正如隐喻映射有其基础，即喻体与本体的某种"开放的"相似性，类比也建立在同样的基础之上。新的理论和假说是通过与相关或具有某种程度相似性的领域进行类比而产生的，这一"相关领域"乃是一个科学类比得以成功的重要保证。正是在这个意义上，我们可以说类比是以隐喻思维为基础的，或者说"类比仅仅是对隐喻结果的一种描述"，"隐喻产生了类比"。①

在科学理论系统中，科学类比可区分为两个不同层次：一是处理两类情形之间业已存在的相似性；另一种是基于已经存在的相似性预言两种情形之间可能具有的、进一步的相似性。显然，科学类比的这两种不同意义具有不同的认识论地位。主要关涉业已存在的相似性的科学类比是一种简单类比，在认知框架中对应于纯粹的语言学框架。例如，在科学教育的过程中，用"白细胞与细菌作战，正如战士反抗入侵的敌人那样"说明白细胞的功能，或者用"一个原子类似于一个微缩的太阳系"这样的类比解释原子的结构。第二种意义上的科学类比是一种预言性类比。预言性类比有一个前提性的假定，即两个事物或事

---

① Way E C. Knowledge Representation and Metaphor. London: Kluwer Academic Publishers, 1991: 161.

件之间所存在的相似性本身足以确证可能还有其他相似性存在的结论。

正是在这种意义上，科学类比是一种非常有效的科学推理工具，科学史上的许多重大科学成果是通过类比推理的方式而获得的。当科学家试图把解释某一范畴现象的定律用抽象理论进行同一和分类时，往往借助于科学类比作为指导。这就在于，认知主体通过观察发现某些现象和另一范畴的现象之间存在类似性，如果后者在一种成熟的科学理论体系中已经表现为有序的和有组织的，那么，将前者吸纳到相同类型和形式的体系中就成为可能。对此，著名科学家迪昂指出，物理学史表明，对两个不同范畴的现象进行类比，是在科学理论建构过程中发挥作用的所有步骤中最可靠、最富有成效的方法。[①]

2. 科学隐喻与科学类比的区别

首先，与科学隐喻相比较，科学类比更类似于一种明喻。尤其是对于用语言学术语表达的简单科学类比而言，并不需要一种非传统的隐喻解释，而是运用了在理解一个明喻的过程中所运用的那种认知机制。譬如，与"白细胞正如战士反抗入侵的敌人那样与细菌作战"相对应的明喻是"白细胞像战士"。当然，比起明喻所使用的"像"这类联结词，简单类比在形式上显然要更加清楚一些，这种更加清楚的形式使人们更容易达到该类比所实际意向的解释。

其次，从来源域与目标域之间存在的对称性角度来看，科学隐喻显然体现出更多的非对称性特征，而科学类比所蕴涵的往往是更多的对称性。由于科学类比所蕴涵的对称性，在来源域与目标域之间不同方向使用所造成的意义转换基本上是一致的，这就显著地区别于科学隐喻的情形。事实上，从类比、明喻到隐喻，来源域与目标域之间不对称的程度是逐渐加强的，作为简单类比之一种类型的比例类比完全是对称的。比例类比的对称性显著地体现在，"A 之于 B 正如 C 之于 D"中的 B、D 和 A、C 可以分别互换，而整个类比的意义不受任何影响。例如，在生物学领域说"鳃之于鱼正如肺之于人"和说"肺之于人正如鳃之于鱼"的意义是同等的。

再次，从结构上来看，科学隐喻的表现形式远比科学类比的形式多样化。科学隐喻能够同时表示科学对象特征和关系的匹配，甚至在某种程度上违反结构一致性。由于往往包含更为复杂的概念混合，科学隐喻能够把结构映射与转

[①] 转引自李醒民. 隐喻：科学概念变革的助产士. 自然辩证法通讯，2004，(1)：22-28.

喻以及其他类型的意义转换过程统一地结合起来。此外，科学隐喻在通常情况下用于新鲜生动的非字面比较，包含着扩展意义的整体系统，比科学类比具有更多的非常规性。

最后，科学隐喻与科学类比作为科学修辞学工具的实践效能是不同的。在大多数情况中，科学隐喻都是用于表达性、表征性目的，而科学类比则主要用于解释性、述谓性目的。因此，在科学语言中，科学隐喻比科学类比具有更广泛的应用空间。如果说科学类比仅适用于说明、预言的语境，那么，科学隐喻既适用于说明和预言的语境，又适用于表征和表达的语境，也就是说，科学隐喻能够比科学模型"建议"更多的东西。[1]

3. 科学隐喻与科学类比的关联

科学隐喻与科学类比均与所涉及对象域的本义和比附意义的互动关联紧密。科学隐喻是反思性区别能力的一个重要标志，这种区别能力明确地象征着类比用法的使用。科学隐喻最初可能是出人意料的，然而，一旦作为在实践中行之有效的表达法而被确立，它们就会通过科学类比的途径以逻辑形式得以扩张和发展。因此，根据相关科学隐喻，认知主体能够发现并表达不同现象之间深层次的科学类比。从本质上来看，科学隐喻和类比均产生于一种映射的选择结构，包含着相关信息和知识从背景域到目标域的转换，所以，科学隐喻和类比的说明首先应当在其两个基本要素即作为目标的对象域和作为背景的来源域之间进行区分。对象域是科学家试图加以解决或解释的概念或问题，而来源域则是科学家用来理解对象或者是向理论受众解释对象的、借自另一领域的概念或片断性、背景性知识。在科学隐喻和类比所涉及的认知过程中，都是将认知主体比较熟悉的来源域概念应用于相对陌生的目标域现象，都要求一种对概念的非常规解释。由于隐喻转换基于对象属性或关系的相似性，所以，类比关系通常是理解隐喻的一个重要因素。

有学者认为，任何一个富有洞察力的科学隐喻都是那些指出不同领域现象之间类比的隐喻，其解释的有效性往往也是基于与之相关的类比；科学类比所处理的特征相似性、不同领域中的关联与过程，在隐喻的使用中得到了加强。但是，类比在理解隐喻中的重要性并不意味着类比必然在逻辑上先于隐

---

[1] Jones R S. Physics as Metaphor. Minneapolis: University of Minnesota Press, 1982: 51.

喻。事实上，正是隐喻思维首先触发了认知主体对类比的选择和接受。正如马克斯·布莱克所指出的那样，每一个隐喻都可以被认为是引发类比或建构相似性的媒介。①

也有学者认为，隐喻归根结底是一种采取了省略形式或变异形式的类比，甚至认为隐喻的本质就是类比，所有隐喻都可以还原为一个简单类比，而理解一个隐喻无非就是将其转译或转换为直接的字面类比。这就意味着，科学类比在逻辑上是先于隐喻的，在理解一个科学隐喻的过程中，发现其中所包含的类比关系是一个必要条件。这种基于隐喻比较论的观点无疑是把问题简单化了，显然是受到了亚里士多德隐喻观的强烈影响：亚氏所提出的隐喻的四种基本类型中，类比隐喻具有最重要的意义。但是，因此把类比作为隐喻的基础却是一种本末倒置。事实上，类比的本质结构"A 之于 B 正如 C 之于 D"潜在地隐含着 A 和 B 之间的关系与 C 和 D 之间的关系相同——这样一种隐喻判断。

艾柯指出，亚里士多德"后来的隐喻学的传统把比或类推的理论作为隐喻的机制加以解释，其代价是令人沮丧的一系列的同语反复（隐喻是允许我们进行类推认识的那个东西，即是隐喻的东西）"②。由此可见，科学类比中所涉及的两个域之间的映射是隐喻的结果，而认为隐喻实际上是隐藏的类比的观念只不过是隐喻比较论的倒退。事实上，科学类比本身并不产生不同域之间的映射，它仅仅是对科学隐喻结果的一种描述。③

二、科学隐喻与科学模型

科学模型的创设是隐喻在科学家思维中发挥作用的结果。20 世纪 60 年代以降，从隐喻的角度对科学模型进行观照或者说把科学模型视为隐喻逐渐成为一种颇具影响力的理念。这种观念的起源在很大程度上来自马克斯·布莱克的隐喻互动理论，其后在玛丽·海西的著作《科学中的模型与类比》中被进一步强化。此外，罗姆·哈瑞及马克·约翰逊等学者关于科学模型的论著也十分明显地倾向于这种观点。还有一些学者认为，某些科学模型所展现出的特征确实可以恰如其分地称之为隐喻的；但也有一些科学模型是以一种非隐喻的方式进

---

① Bailer-Jones D M. Models, metaphors and analogies//Machamer P, et al. The Blackwell Guide to the Philosophy of Science. Malden：Blackwell Publishers Ltd, 2002：114.
② 翁贝尔托·埃科. 符号学与语言哲学. 王天清译. 天津：百花文艺出版社, 2006：194.
③ Way E C. Knowledge Representation and Metaphor. London：Kluwer Academic Publishers, 1991：162.

行运作的。①

1. 科学模型的意义与特征

科学模型是一种启示性、再描述的工具，它不属于证明逻辑，而属于发现逻辑。模型不仅在科学理论的陈述中极为常用，它本身也可以参与构成科学理论的"硬核"。科学模型的恰当运用有助于揭示理论说明对象的性质和结构关系，因此是一种理解理论、认识真理的有效手段。在科学理论语言中，隐喻与模型是一种深层次的平行关系。各种不同类型的科学模型都可视为其说明对象的隐喻，它们反映了不同层次上的特征映射关系，因而在本质上都是隐喻性的。例如，记号模型包含了对经验环境的一种概念模拟和理念复制，如过氧化氢的分子式"H—O—O—H"及 DNA 的双螺旋结构模型，都是一种隐喻的描述；理论模型同样是由隐喻语言构造的，如用波和粒子的隐喻描述光的理论。不仅如此，科学模型还经常伴随着从技术层面引入的新隐喻的变化而发生变化，如科学史上先后应用的机器、钟表、电话交换机、计算机等模型。随着这些隐喻模型的发展，科学理论也随之发生了相应的转换。

简言之，一个科学模型就是一个凝固的隐喻或一种可控的隐喻②，它提供一种可理解性相对较强的解释，并且这种解释在逻辑上是融贯自洽的，同时也具有理论上的开放性和预言性。在当代，科学模型作为一种重要的科学工具，其意义已经获得普遍公认，是否建立起完善的科学模型被普遍认为是一门学科是否具有科学性、是否成熟的重要标志。《牛津哲学词典》指出，科学模型是使用某一系统对于另一系统所作出的表征，这里所使用的据以作为表征的系统一般更为认知主体所熟悉，其运作原理和机制被假定为类似于所要表征的系统。例如，可以将声波的运动态势用水波加以模型化，或者可以用装有运动的弹子球的容器作为气体分子运动态势的模型。③

科学模型的解释依赖于对所描述对象的概念性简化，其解释焦点集中在现象的某些特殊方面上，而有意识地回避其他方面或至少淡化其影响。也就是说，作为对于一种特定的经验现象的解释，科学模型并不试图涵盖所探讨现象

---

① Bailer-Jones D M. Scientific models as metaphors// Hallyn F. Metaphor and Analogy in the Sciences. Dordrecht, Boston: Kluwer Academic Publishers, 2000, 181.
② Beardsley M C. Metaphor// Edwards P. The Encyclopedia of Philosophy. vol. 5. New York: Macmillan Publishing Co., Inc. The Free Press, 1972: 287.
③ Blackburn S. Oxford Dictionary of Philosophy. Oxford: Oxford University Press, 1996: 246-247.

的所有方面，因此，科学模型仅仅是一种对于所探讨对象的部分的、不完全描述，这种解释性描述的根本目的在于从特定角度推进和深化对于对象的认知。科学模型所关涉的现象不仅包括对象，而且包括过程；它所推进和深化的认知既是知觉上的，又是智力上的。

2. 科学隐喻与科学模型的区别

美国科学家西奥多·布朗指出，"在某些圈子中，把隐喻与模型区别开来被认为十分重要；前一个语词被局限于语言学形式，而模型则是某一种或其他种类的实体。因此，一个人可能会说，模型与它所表征的隐喻代表不同的意义"[①]。首先，科学隐喻与科学模型在科学理论中所发挥的功能有所不同。科学隐喻的重要功能在于弥补科学理论语言中概念词汇表的空缺。电场、电流、黑洞这些常见的科学隐喻表达法由于在科学共同体所公认的意义上得到一种统一解释，因此可以被理解为并不包含一种点对点的严格的一一对应的比较。这类科学隐喻是从科学模型中创造出来的，但并不对原始的科学模型造成本质上的影响。其次，科学隐喻与科学模型所反映的特征映射关系层次不同。这一点具体体现在：如果使用流体的形象对于一种设想中的电能运动进行说明，此时可以认为，对于电的本质的概念，这种流体的形象是作为一个科学模型而发挥其功能的。但是，如果在此基础上进一步作出电流流动速率的表达，此时就是基于流体模型在作出隐喻描述，使用了隐喻语言和概念。[②]正是在这种意义上，有学者认为，在对于经验世界作出描述和交流的科学实践中，科学模型比科学隐喻具有更加重要的意义，居于更为核心的地位。再次，有些科学隐喻由于是从日常语言中直接引入的，往往需要进行模型化才可以纳入科学理论的范围之内。科学的成熟在某种意义上表现为从科学隐喻到科学模型的进化。最后，科学隐喻并不必然地包含一种科学解释，而科学模型则必然包含着科学解释的内容。

3. 科学隐喻与科学模型的关联

科学隐喻和科学模型中均包含有待于被模型化的对象、情态或现象作为目标域，其次存在另一个能够被视为符号结构集合的对象，用以表征或描述目标

[①] Brown T L. Making Truth: Metaphor in Science. Urbana：University of Illinois Press，2003：25.
[②] Soskice J M, Harré R. Metaphor in science// Radman Z. From a Metaphorical Point of View. New York：Walter de Gruyter，1995：302.

域；后一领域是作为来源域而存在的。由于这两个领域之间的关系不可避免地包含着解释的问题，因此，科学隐喻和模型要保证其意义和针对性的实现，必然要求其内涵能够在目标域的语境中得到合理的解释。很明显，这种解释只能基于来源域和目标域之间潜在的结构相似性。此外，科学隐喻和科学模型并不试图涵盖所涉及现象的所有方面，二者都是假设性的和探索性的，都能够根据类型层级理论加以合理的解释。在科学隐喻关键词"是"所构架的认识论桥梁中，两个领域之间结构性的关系被给出，保证了导向目标域中科学模型生成的转换。因此，隐喻语言的用法始终伴随着相关科学模型的产生和完善。这就是说，在科学理论语言系统中，隐喻与模型表现为一种深层次的平行关系：各种不同类型的科学模型，无论其复杂程度多么高，最终都可以还原为其所说明对象的隐喻。

这一点正如库恩在《科学革命的结构》中所指出的，尽管科学模型的类型千差万别，但其所具有的基本功能是类似的，这就在于为科学家研究团体提供"偏爱的"或"可允许的"隐喻，"从而有助于决定什么能被接受为一个解释和一个谜题的解答"，"有助于决定未解决谜题的清单并评估其中每个问题的重要性"[1]。从隐喻的角度观照和理解科学模型之所以从20世纪60年代以来成为一种颇具影响的观点，其主要原因在于：在模型化的过程中采取隐喻战略具有一种明显的认知优势。从一种概括性的角度来看，我们可以认为科学模型是一种经过适当扩展的科学隐喻，"这种扩展的隐喻具有指导所研究系统思维的潜能，为研究建议新的方向"[2]。总之，科学隐喻的相关理论意图整合各种模型，以至于它可以被视为改变我们看待事物和感知世界的方式的模型。[3]

综上所述，科学隐喻、类比和模型之间，既存在显而易见的相同之处，又各具特点，存在差异。由于隐喻映射是在两种被表征的情形之间建立一种结构排列同轴性并且以此投射推理的过程，所以，科学类比和模型都内含着一种隐喻关系，在这种意义上，科学隐喻具有更为基础性的地位。科学隐喻、类比、模型所内在地包含着的相似性概念的内容基于不同的事实、事态、关系或过程，或者是表象的、具体的，或者是抽象的、概念性的。这种相似性可能是不同范畴或领域之间业已存在的，通过一种直觉的洞察所把握；也可能是出于科学家建构特定理论、依据某种指向性非常明确的意向而被创造出来的，其结果

---

[1] 托马斯·库恩. 科学革命的结构. 金吾伦，胡新和译. 北京：北京大学出版社，2003：165.
[2] Brown T L. Making Truth: Metaphor in Science. Urbana：University of Illinois Press, 2003：26.
[3] 保罗·利科. 作为认知、想像及情感的隐喻过程. 曾誉铭译. 江海学刊，2005，(1)：22-27.

对于科学理论的发展是不言而喻的：使得科学理论的整体性建构和关联成为可能。科学隐喻、类比和模型在不同的经验世界或观念世界之间建立对比的或对应的格局，从本体论和认识论层面在二者之间建立起可能连接的方法论通道，由已知的、熟悉的存在和境况顺利地向未知的、陌生的存在和境况过渡，借以达到把握和理解后者的目的。从这样一种相似性的大前提出发，科学类比和模型作为"非逻辑的或非严格逻辑的推理工具"，"不管属于何种类型，也不管出自何时何地，其本质都是比较的、比拟的、比方的、比照的，也是示意的、写意的、寓意的、会意的，一言以蔽之曰隐喻的。因此，把类比和模型囊括在隐喻的大口袋里并没有什么不妥，完全可以把二者视为隐喻的特殊表达手法"[①]。

这也就是说，将科学类比和模型都视为科学隐喻是包含着合理性考虑的。科学隐喻、类比、模型都可以看作一种有策略的科学描述，科学隐喻通常是无意识的直觉达成的洞见，而类比和模型则往往是在此基础上有意识的建构。换言之，科学类比和模型往往是科学隐喻思维的外在表征和最终反映。正是在对于不同层次的特征映射关系进行反映的意义上，科学类比和模型在本质上都具有隐喻性。当然，把科学类比和模型最终还原或归结为科学隐喻无疑也是一种简单化的错误。科学隐喻、类比与模型从不同的角度、依据各自具有的特质，在科学理论中存在并发挥作用。作为在科学实践中富有成效的科学认识论和方法论工具，它们无疑具有无可替代的重要意义，内在地、基础性地包含在科学思维方法以及科学交流活动中。

从科学隐喻到科学类比再到科学模型，体现出从非严格逻辑到严格逻辑的进展，也反映出从无意识的直觉性到意向性突出的主体建构。其中，科学隐喻鲜明地表现出人类思维所本质具有的发散性和创造力，是对于传统归纳逻辑和演绎逻辑的必要补充，构成了科学类比和模型潜在的思维基础。因此，我们认为，科学类比与科学模型都基于一种科学隐喻思维的运作，即根据已经为认知主体所了解和熟悉的简单系统去比附相对而言未知的复杂系统，这突出地展现出人类认知机制的本质属性和基本战略。

---

① 李醒民.隐喻：科学概念变革的助产士.自然辩证法通讯，2004，（1）：22-28.

第二章 科学隐喻的结构

科学隐喻的结构主要体现在以下三个层面：从语言学层面来看，科学隐喻呈现为一种科学语言形态；从概念认知层面来看，科学隐喻呈现为一种科学概念形态；从思维运作层面来看，科学隐喻呈现为一种独特的科学思维和推理形态。科学隐喻的整体结构的意义在于这三个层面的统一。处于概念认知层面的概念隐喻是隐喻语言和隐喻思维的中介：隐喻思维透过隐喻概念构成隐喻语言的内核，隐喻语言则通过其所表征的概念隐喻的组合体现一定的隐喻思维的意向性与特征，它们之间是一种层层深入、互为表里的关系，理解科学隐喻的结构必须要从这三个层面上综合地加以把握。

本章首先分析描述了科学隐喻的语言学结构，指出科学隐喻是以语形构造为基本载体、语义映射为本质、语用选择为生成方式的语境统一体；其次，从概念隐喻和根隐喻两个层次对于科学隐喻的概念认知结构进行了说明；最后，从人类所固有的涉身推理模式和社会文化建制的影响两方面阐述了科学隐喻的思维运作结构。

第一节 科学隐喻的语言学结构

科学隐喻首先是作为科学理论陈述中的一种特殊的语言现象被人们所直观

地认识到的,科学隐喻与科学语言之间有着不可分割的密切联系。即便是概念和思维层次的科学隐喻,最终也必然要体现在科学理论的语言形式之中。因此,探讨科学隐喻、科学语言与科学理论之间的内在关系,就自然地成为考察科学隐喻的语言学结构的必要的切入点。任何一种科学理论知识,都是通过特定的科学语言系统获得其自身存在的物质形式的外壳,从而展现它描述、解释、逼近和把握客观世界规律性的目的的。在这一过程中,科学语言的内在结构及其运动,从形式上制约着科学理论的进步和深化,构成了科学理论发展的重要的动力学因素。

在科学语言系统的生成、演变与交流的过程中,科学隐喻占有极为重要的地位,发挥着一种不可替代的作用。事实上,科学隐喻是作为科学语言动力学最为关键性的因素被突出地显现出来的。"在科学理论的进展中,隐喻的语言学结构总是不可避免地存在着。"[1]正是在这种意义上,科学隐喻的语言学结构的分析构成了一切科学隐喻分析的基础。这里所说的科学隐喻的语言学结构,主要指的是语言系统从表层到深层依次所呈现的语形学、语义学与语用学结构的统一。这就是说,科学隐喻的语言学结构是语形、语义和语用综合作用的系统趋向,而不是一种纯先验的东西,只有语形、语义、语用三个结构层面的统一,才构成科学隐喻完整而全面的语言学结构系统。

一、科学隐喻的语形结构

在一般意义上,科学隐喻包含三个基本组成元素:隐喻本体、隐喻喻体及隐喻连接词"是"。当然,同时包含多对本体和喻体的复合隐喻在科学语言中也是极为普遍地存在着的。复合隐喻可以分解为简单隐喻,一个简单隐喻的基本格式为:"S(本体)是 P(喻体)。"

(1)隐喻本体和喻体。隐喻的本体和喻体是一对修辞学专有名称,本体即被隐喻的事物或对象,喻体即用来隐喻的事物或对象。在不同的哲学论著中,本体和喻体常常被称为"首要主体"和"次要主体"、"目标域"和"来源域"等。一个科学隐喻必然包含本体和喻体两个部分,否则就不称其为隐喻,同时,这两个部分之间是有所关联的,往往存在意义之间的相互作用和影响。理

---

[1] 郭贵春.科学实在论的方法论辩护.北京:科学出版社,2004:176.

查兹指出,"要确定某个语词是否用作隐喻,可以通过确定它是否提供了一个本体和一个喻体,并共同作用产生了一种包容性的意义。如果我们无法分出本体和喻体,就可以暂时认为该语词所使用的是其本义;如果我们能够分辨出至少两种相互作用的意义,就可以说它是隐喻"①。

(2)隐喻连接词"是"。正如所有的哲学问题最后都只能归结为关于"是"的问题一样,"是"虽然形式上仅仅是一个联系动词,但实质上构成一切科学隐喻的活的灵魂。由于对本体和喻体的有效沟通,科学隐喻的核心意义也就集中地体现在这个"是"上。这一点正如法国哲学家保罗·利科所指出的那样:"隐喻的地位及其最为隐秘和根本的处所并不是名称,也不是句子,甚至不是话语,而是'是'这个系动词。这个隐喻的'是'同时既表示'不是'又表示'像'。"②

从逻辑句法的角度来看,科学隐喻的语形结构可以划分为以下几种不同的类型:形式为"A 是 B"的简单同一型;形式为"A 是 F"纯述谓型;形式为"A 是一个 K"的类别述谓型;替换隐喻,通过将一个在字面上不适用的词替换可适用的词而形成;形式为"A 的 B"的名词函项隐喻;形式为"A V s B"的动词函项隐喻(其中 V 是一动词,A 不能字面地施动,或不能字面地受动于 B)。③ 在所有这些形式中,最简单和常见的科学隐喻句法形式就是简单同一型的结构:"S 是 P",所有其他形式都可以理解为这一形式的变形,或最终都可以通过适当的还原化简为这种形式。例如,"光是波"这一标准形式的科学隐喻,通过隐喻连接词"是"在两个不同科学研究对象光与波之间构成一种同一关系,从而创造出科学隐喻的张力结构。

一个最简单的、语形完整的科学隐喻是由一个"本体"S 和一个"喻体"P 两部分构成的。在许多情形中,隐喻本体 S 也可能在语形上缺席(不在场),但此时它仍在逻辑的意义上潜在地蕴涵于相关语境之中。有的学者认为,一个隐喻句中用作隐喻使用的往往只是其中的某些关键词语,这些语词可以称为隐喻的"焦点";其余的语词则是非隐喻地使用的,它们作为某种"镜头"或外围构架起到衬托的作用。例如,在 17 世纪自然哲学和科学界非常盛行的一个著名隐喻"人的身体是一块钟表"中,"钟表"作为隐喻词构成该隐喻句

---

① Richards I A. The Philosophy of Rhetoric. Oxford: Oxford University Press, 1936: 119.
② Ricoeur P. The Rule of Metaphor. Czerny R, McLaughlin K (trans.). London: Routledge, Kegan Paul Ltd., 2003: 7.
③ Steinhart E C. The Logic of Metaphor. London: Kluwer Academic Publishers, 2001: 31-32.

的"焦点",该句其余部分则主要作为一种外部语言学"镜头"或框架结构用以突显"钟表"的隐喻意义。显然,这种外部的语言学"镜头"或框架构成相关隐喻句的内部语境。

特别需要注意的是,所谓"S 是 P"的隐喻结构,不同于那种纯粹分析性的主谓结构,即一个名词性主词跟随意义相同的形容词或修饰词的结构。分析的主谓结构实质上是一种没有任何意义差别的同语反复,即"S 是 S",其中谓词包含在主词的含义范围之内,两者是意义同一的。纯分析性的主谓结构在某种程度上排除了对主词概念的任何其他解释,从而切断了其意义的可能联系与发展。科学隐喻的语形结构与此相反,它通过自身特殊的语形构架为意义开放提供了一种积极有效的可能性。当然,在许多情形中,科学隐喻并不表现为完整的"S 是 P"的形式,而是以其他较为隐蔽的句法形式出现的。例如,在数学理论的陈述中"利用变量替换把边界展平"中的动词"展平"、生理学理论陈述中"(血管是)身体的灌溉渠""(静脉阀是)血液运动的门锁"中的述谓短语就是科学隐喻常见的缩略形式。这种缩略形式往往省略隐喻本体,直接使用隐喻喻体。

瑞士语言学家索绪尔的语言学理论给出了语言符号系统的两组二元对立模式:能指与所指的对立及句段与语群的对立。所谓句段,是语句元素在文本陈述中的邻接或组合,指句子中各语言元素之间的线性连缀关系,即一个语词同其前后可能出现的其他语词的搭配关系,也称结构段关系;所谓语群,是语句元素的选择或代换,指句子的构成元素与其他在句法上可能与之互换的元素之间的关系,即句子中的一个语词可以用另一个属于同一语群的语词进行置换,而不会引起整个结构段不能被接受,也称聚合体关系。其中,语群的代换事实上隐含了一种对于相似性的认知,这是隐喻得以产生的重要途径之一。索绪尔的这种理论是对隐喻语形构造本质的一种深入揭示。

其后,布拉格学派语言学家罗曼·雅可布森(Roman Jacobson)将索绪尔的句段与语群二元模式应用于失语症的研究,发现保留语群代换能力而丧失句段组合能力的失语症患者所使用的语言几乎全部都是隐喻性的,从而为索绪尔的隐喻语形构造理论提供了有力的证明。总之,特定的语形构造是科学隐喻赖以存在和体现的最为基本的语言学载体,任何科学隐喻陈述,无论多么复杂和抽象,最终必然需要通过一定的语形构造而获得实现。在科学理论陈述的大多数案例中,由于科学文本所具有的简捷性的要求,科学隐喻的语形结构一般并不完整地体现出来,而是隐喻喻体的直接使用。但是,即便在这种情况下,"……是……"这一基本的隐喻结构仍然隐含在相关文本陈述的逻辑蕴涵中,也可以在科学家使用这一科学隐喻的思维运作中得到印证。

这就是说,科学隐喻一般性的语形构造往往是隐含在科学理论的陈述之中的。由于语形结构仅仅在句法学层次的意义上反映科学隐喻的外在形态,因此,仅仅通过语形分析是不可能完全揭示出科学隐喻结构的本质特征的。这就意味着,隐喻研究并不是可以"通过将话语语义学还原为词汇实体的符号学来完成的"[1]。尽管语句可以通过语群关系的自由代换构成一种结构性的隐喻关系,但科学隐喻结构问题更为本质的方面显然在于其意义和用法的澄清和说明。因此,科学隐喻的结构研究必须从语形学走向语义学和语用学。这是科学隐喻语言学结构研究的必然要求。

二、科学隐喻的语义结构

既然语形结构只是反映出特定语境中科学隐喻的载体,它本身并不能完全地体现科学隐喻的结构本质,那么,科学隐喻的结构本质究竟何在呢?美国分析哲学家马克斯·布莱克提示,要揭示科学隐喻结构的本质,必须首先进入语义学的领域:"我们把一个句子称为隐喻的例句,是指有关它的意义的某种东西,而不是它的正字法、语言形式或语法形式","用众所周知的方法来区分的话,就应该把隐喻归入语义学的专有名词,而不属于造句法,或任何有关语言的形体方面的研究"[2]。在当代语义学的观照下,由语义互动所引起的语义映射是特定语境中科学隐喻的本质所在。正是两个不同语境中的语义场在同一个句子内部的意义冲突、映射和协调创生出了隐喻意义。当代隐喻语义学进一步认为,隐喻的结构分析进入语义学的层面之后,首先应根据语义学理论对隐喻的本体和喻体概念进行细致的语义分析;其次,识别由喻体到本体语义映射的传递结构;最后,确定这种映射结构所引发的语义嬗变。

1. 科学隐喻的表层语义结构

语义比较论是隐喻语义学最为古老的一种传统形态,首先由亚里士多德在

---

[1] 李幼蒸.理论符号学导论.北京:中国社会科学出版社,1993:343.
[2] 布莱克.隐喻//涂纪亮.当代美国哲学论著选译(第三辑).北京:商务印书馆,1991:92.

其《修辞学》和《诗学》中提出。语义比较论认为，隐喻实质上是一种简写的、缩略的明喻；一个隐喻陈述的结构就在于将两个不同事物之间基础性的类比或相似性展示出来。基于这种观念，亚里士多德认为，隐喻结构分为四种基本类型：类与种的语义比较、种与类的语义比较、种与种的语义比较及类比的语义比较。在亚里士多德看来，隐喻的本质特征在于揭示出两个不同事物间的相似性并将其提起比较，一个隐喻陈述"S 是 P"应当并且只能被分析为：存在某种性质 F 和某种性质 G，使得 S 之为 F 类似于 P 之为 G。

在隐喻语义比较理论的基础上，罗马修辞学家昆体良提出了一种隐喻语义替换理论。该理论认为，隐喻作为一种特殊的修辞现象，其本质不仅仅在于意义的比较，或者说意义的比较只不过是一种前提性的初始条件，隐喻结构中更重要的元素是意义的替换，这种意义的替换在语言中是通过用隐喻词去置换表达同一意义的字面语词而获得实现的。从替换理论的角度来看，在"光是波"这一科学隐喻中，就是用"波"代替了作为字面语言表达法的"具有波长，能够折射……"的描述从而造成隐喻。

替换理论之后出现的隐喻的语义偏离理论是对于前述两种理论的折中与调和。从语义偏离的视角来看，语义比较和语义替换具有相同的理论实质。例如，对于"光是波"这一科学隐喻，语义比较论将其看作是"光"与"波"进行比较、对比从而构成隐喻；语义替换论则将其看作是用"波"替换了"一种在特定介质中传播、具有波长、能够折射的物质"，二者都在逻辑上预设了"波"对"光"的一种明显的语义偏离。基于此，语义偏离论认为，隐喻就其结构和形式而言，是对正常语言规则的一种违反，语义偏离是隐喻语义的基本特征，是对语言字面或普通用法的背离，这一背离引起语义变化，从而造成隐喻。

隐喻的语义比较理论和替换理论对后世的思想界产生了极为深远的影响。但是，由于历史时代的局限，这两种理论都没有也不可能超越修辞学思维的藩篱，都把隐喻视为仅仅关涉语词层面的修辞手段。对此，马克斯·布莱克指出，它们所提出的比较或替换概念在含义上过于模糊，在内容上则显得空洞而苍白；尤其是局限于修辞学的范畴，不免流于粗糙和表面化，不能对隐喻语义的内在机制作出深层的阐释。另一位哲学家保罗·利科为了修正语义偏离理论，提出了语义偏离还原的观念。他首先指出了语义偏离理论的缺陷，认为偏离本身不造成隐喻，只是隐喻的前提；在此基础上对于语义偏离的还原才真正地构成隐喻。因此，一个完整的隐喻过程包含两个相反而互补的方面：首先，隐喻语词的使用与其字面意义相偏离，从而造成某种矛盾性或不适当性；其次，在具体语境中对语义加以还原，从而使偏离减弱，表面上的矛盾性或不适当性被顺利地消解，隐喻由此产生。

这实质上意味着，"隐喻意义不再是字谜或语义冲突，而是字谜的解决，是新语义适当性的提出"①。例如，在"光是波"这个科学隐喻中，隐喻的提出者用一个隐喻语词代替表达同一意义的字面语词所构成的描述；而隐喻的接受者则需要还原这种替换，以"波"这一隐喻词的字面意义为线索，去积极寻求隐喻提出者所意图表达的潜在意义。这一过程类似于以隐喻语句为线索破译密码或猜谜语的过程。在这里，隐喻提出者字面上所提供的"波"的一般意义并不是其意向的意义，他所意向的意义在于整个陈述作为一个函数所包含的意义。因此，隐喻接受者必须应用一种类似反函数还原的思想去推知这个科学隐喻的真正含义。

2. 科学隐喻的深层语义结构

隐喻的意义互动理论是由理查兹首先提出、布莱克加以发展的一种具有代表性的当代隐喻语义理论。当代西方几乎所有最重要的科学隐喻研究者都在不同程度上接受了这种理论，认为它是对于科学隐喻深层语义结构的最佳解释。隐喻意义互动理论的主要内容包括以下几个方面：第一，任何一个隐喻陈述都包含两个基础性成分：作为"首要主体"或"基本主体"的隐喻本体，以及作为"次要主体"或"从属主体"的隐喻喻体。"首要主体"通常是字面概念，"次要主体"通常是隐喻表达，前者通过后者的特征加以界定、审视或描述。第二，这两大主体往往是复杂的"事物的体系"，而不是单纯的"事物"。第三，隐喻之所以形成，是由于对作为"首要主体"的隐喻本体应用了作为"次要主体"的隐喻喻体所特有的"联合蕴涵"的语义体系。第四，这些蕴涵通常由有关从属主体的"常用语"组成，但在适当情况下，也可以由作者所特别强调的"背离习惯"的蕴涵组成。第五，隐喻通过其所蕴涵的有关基本主体的命题对基本主体的特征进行改造和重构，而这些命题在正常情况下或一般语境中是应用于从属主体的。这是一种典型的意义筛选和过滤的过程，次要主体的语义特征被隐含地转换到首要主体中，促成首要主体中概念的语义变化。隐喻陈述正

---
① 李幼蒸.理论符号学导论.北京：中国社会科学出版社，1993：356-357.

是以这样一种方式"选择、强调、限制和组织了首要主体的特征"[①]。第六,由此引发与这些隐喻语词同一家族或同一意义系统中其余语词的意义变化。

根据比较论或替换论的观念,隐喻语义结构包含了四个基本元素:隐喻词(E)、隐喻命题 [F(E)]、隐喻意义(m^1)及字面意义(m)。在这样的视阈中,一个隐喻句可以解释为:作为"焦点"的隐喻词 E 出现在语言框架 F 中,由此,F(E) 形成一个隐喻命题;其中,E 所具有的含义 $m^1(E)$ 与某些同义词 x 的字面意义 $m(x)$ 相同。与此相比,在互动论的视阈中,隐喻语义结构的形态就更为复杂和精细。它必要地牵涉两个新的元素,即 F(E) 的主要主体 S 及附属主体 P。前者即该命题所"实际地"论及的那个事物,后者即当字面地解读 F(E) 时所可能涉及的那个事物;同时,还涉及同 P 相联系的有关蕴涵体系 I,包括由 I 所得出的属性体系 A 对 S 所断定的内容。在 F 语境中,E 的意义取决于语言使用过程中 I 向 A 的转化,即在正常情况下用于喻体 P 的语言被用于本体 S。[②]

互动论的本质特征在于,它认为隐喻是由两个不同概念系统之间的互动作用造成的,隐喻意义的基本单元不是语词或句子,而是一种特殊的"联合蕴涵"的语义体系,这种语义体系即语义场。语义场是指具有一定语义蕴涵的语义系统,呈现为一种二维的结构,既包括语义蕴涵的横向句法组合方面,也包括语义蕴涵的纵向语义层级方面。例如,将"波"这一概念视为一个语义场,在横向的句法层面上它只能与特定的、相关的语词相结合或搭配,而不能与完全不相关的语词相结合或搭配;其纵向的语义层级则蕴涵不同种类的波的概念,如声波、水波、光波等。语义的互动作用必须通过两个不同语义场之间的特征映射而被理解。其中一个语义场的语义特征映射到了另一语义场中,前者可称为源语义场,即"从属主体"的喻体语义场;后者可称为目标语义场,即"主要主体"的本体语义场。隐喻本质上是两个概念语义场之间的互动,互动引起两个语义场的破碎和重组,隐喻就此生成。语义场理论假定,一种语言的词项至少在原则上能够被以特定的方式分割为语义场的集合,语义场之间的不协调性是造成隐喻语义异常的最本质的原因。

语义场概念有助于确定隐喻与非隐喻的区别,其关节点就在于考察两个语义场是完全互相排斥的还是存在一定的横断交叉。若两个语义场之间是互相排斥的,则其互动即引起隐喻意义。例如,在"血管是身体的灌溉渠"这个科学

---

① Ortony A. Metaphor and Thought. Cambridge:Cambridge University Press,1979:29.
② 布莱克. 隐喻 // 涂纪亮. 当代美国哲学论著选译(第三辑). 北京:商务印书馆,1991:105.

隐喻中，喻体"灌溉渠"与本体"血管"在语义上是互不相容的，即它们属于不同的语义场，其并列产生隐喻意义互动"必要的张力"，在相互影响和作用的基础上创生出隐喻意义。这就在于，"灌溉渠"语义场的蕴涵体系隐匿了与"血管"语义场不相关的语义特点，而强调了"滋润"和"营养"等相关语义方面，从而调整了认知主体对于"血管"的知识。也就是说，"灌溉渠"的语义蕴涵选择、过滤和改造了"血管"的语义蕴涵。同时，在这个科学隐喻中，"灌溉渠"自身的语义蕴涵也在"血管"的语义影响下发生了某种细微的变化。在这里，语义场概念类似于某种微观的意义语境，正是句子的这种"内部语境"的意义冲突构成了隐喻的本质。

隐喻互动论所描述和揭示的隐喻本体和喻体两个语义场之间语义映射的实际机制具有特殊重要的意义。这是由于，"任何一种隐喻理论的主要目标之一就在于特征传递过程的机制"[①]。科学隐喻的产生最终可以归结为从喻体语义场到本体语义场的一种语义映射过程，这一过程产生了语义变更的特定形式。但是，这一过程是相当复杂的，要对之进行深入的分析，有必要引入语义常项和语义变项的概念。对一给定的语言共同体中任一有意义的词，至少存在一个一阶属性，此属性又至少包含一个次阶范畴。例如"冰"这个词，"固体"是其一阶属性，此属性又内含次阶范畴"气体、液体、固体"。语义常项指的就是这种一阶属性，即事物概念的本质语义特征；语义变项指次阶范畴，即事物概念本质语义特征所内含的下属范畴变项。语义常项和变项概念的引入，使由喻体语义场向本体语义场的语义映射过程及其机制更加清晰化了。

基于语义常项和语义变项的概念，一个隐喻语义映射过程可能包括以下环节：本体语义场 S^1 引入了喻体语义场 S^2 的一个语义常项 C^2；本体语义场 S^1 的一个语义常项 C^1 被喻体语义场 S^2 的一个语义常项 C^2 替换掉；本体语义场 S^1 引入了喻体语义场 S^2 的一个语义变项 V^2；本体语义场 S^1 的一个语义变项 V^1 被喻体语义场 S^2 的一个语义变项 V^2 替换掉。如果用 P 表示一次隐喻映射的子过程，用"→"表示语义映射的方向，则可将隐喻语义映射过程的不同类型形式化地表述为：语义常项结合或引入映射：$P(S^2 \to S^1: S^1 \cap C^2)$；语义常项替换映射：$P[S^2 \to S^1: (S^1 \cap C^2) \& (S^1 \emptyset C^1)]$；语义变项结合或引入映射：$P(S^2 \to S^1: S^1 \cap V^2)$；语义变项替换映射：$P[S^2 \to S^1: (S^1 \cap V^2) \& (S^1 \emptyset V^1)]$。

---

① Rothbart D. The semantics of metaphor and the structure of science. Philosophy of Science, 1984, (51): 595.

在实际运作中，一次隐喻映射过程可能是包含了所有这四种映射类型的一个系统过程。可见，语义常项和变项的结合或替换映射更为细致地勾画出了隐喻语义变化的具体层次和类型，对揭示隐喻语义映射机制的复杂性和系统性起到了重要作用。①

科学隐喻通过一种特殊的语义互动结构将某种现实的或被赋予的性质变成了一种能够加以把握的意义。这一过程的本质并不在于某种潜在的含义的实现，而在于把这种潜在的含义确立为一系列含义的组成要素；这一过程也并不限于把潜在的含义带入第一级意指，而是运用了一种未被指称的特征。因此，科学隐喻的意义作为语义互动过程的结果，是在不同语义场的交汇处形成的。这实质上意味着，科学隐喻的语义学结构是受两方面的机制所决定的，首先是分类学逻辑所确立的语义学机制，其次是文本自身的语义学规则机制。在这两方面机制的作用下，科学隐喻的意义在语义互动的基础上造成一种语义冲突，导致了原初字面意义的消解，从而使一种新的述谓性意义得以产生。

三、科学隐喻的语用结构

随着哲学语用学转向的不断推进，当代科学隐喻理论在语义学研究的基础上，自然而又必然地走向了语用学的域面。这反映出，科学隐喻不能仅仅停留在语义层面的分析上，而必须在特定的语境中，语用地加以参照。② 其根本原因在于，语义分析最多可以限定隐喻意义的一般性内涵，却无法对其所意味的具体内容和语境条件进行清楚而明确的阐释。科学隐喻在本质上是出于对特定科学理论的语境条件的把握而被建构起来的，这种建构的过程内在地包含着一种科学交流的过程，因此，任何科学隐喻只有通过在具体语用语境中的创造性使用才可生成，其意义的实现实际上是一种语用创造性的显现；只有在特定的语境中进行成功的语言交流，才可以说一个科学隐喻是现实的或获得了实现的，即"活的"隐喻。隐喻语用论由隐喻语义的静态分析转向隐喻生成的动态分析，是对语义论的超越和深化。总之，任何科学隐喻只可能在一种语用语境的领域中加以把握和理解，其真正本质是通过在特定科学理论语境中对于科学

---

① Rothbart D. Explaining the Growth of Scientific Knowledge. Lewiston, New York: The Edwin Mellen Press, 1997: 29-36.
② 郭贵春. 科学修辞学的本质特征. 哲学研究, 2000, (2): 19-26.

语言资源某种灵活的、想象性的使用来达成的。

科学隐喻的语用结构既涉及对于意义二元性的认识，又涉及对于这两种不同意义之同一的主张。一方面，在语用学的意义上，科学隐喻构成了一种言语行为事件，直接对科学实践活动产生影响。"隐喻行为超越了语言，激发了科学中的创造性。"① 毫无疑问，科学隐喻的使用对于字面意义的质、量、方式、过程和关系的准则都提出了挑战。另一方面，科学隐喻也可以视为在一定科学实践活动语境中进行的语言游戏，游戏参加者必须了解和遵循有关的游戏规则。解释一个隐喻就是解释说者如何在"分离"的意义上使用语词或句子；谈论一个语词、一个句子或一种表达的隐喻意义时，实际上是在谈论说者说出这种表达时实际上所含的意义。"隐喻意义总是说者的表述意义"，即"说者通过说出语词、语句以及表达式所意谓的东西"②。在这里，语义内容仅仅决定说者所设定的一系列假设的真值条件；如果该科学隐喻的交流是成功的，则说者的假设必须同时被听者所理解和认可。科学隐喻的字面意义往往只代表说者意义的一部分，并不穷尽说者实际上表达出的全部含义。从接受者的角度看，要理解一个科学隐喻，必须意识到发明者的言说可能是一种间接言语行为，并因此根据某种相关的策略或原则去寻求一种可选择的意义。

这里所谓相关策略或原则主要是指语境原则，也就是说，如果发明者的表述在字面上理解存在明显的问题，接受者就会对其言论寻求一种非字面的隐喻解释。在这样做的时候，他必须根据上述策略或原则估算出隐喻发明者意向含义的可能的值（可能含义）；接下来再次应用语境条件对该可能含义序列进行限制，以决定最符合发明者所意向的含义层次。这实质上是一个指称确定的过程，其中语境条件发挥着决定性作用。隐喻发明者说出一个"S 是 P"的句子，真正意向的却是"S 是 R"。在这种情况下，接受者必须利用自己对 S、P 和 R 的知识并根据具体的语境条件，去发现和把握发明者意欲达到的效果，即必须把握发明者是如何在特定的科学语境中使用语言的。

在特定语境中交流一个隐喻的充分必要条件就在于：首先，必须有某种确定的语形及语义前提，在此基础上接受者可以辨识出发明者的表述不是在字面上被意指的；其次，必须有一组共同原理把 P 词项（包括其意义、真值条件和可能的指谓）与可能的 R 的值联系（联想）起来。塞尔指出，这组原理大致

---

① Jones R S. Physics as Metaphor. Minneapolis：University of Minnesota Press，1982：4.
② Searle J. Metaphor// Martinich A P. The Philosophy of Language. Oxford：Oxford University Press，1985：417.

包括以下内容：P 事物根据定义是 R，R 是 P 的一个突出的限定性特征；P 事物偶然的是 R，R 是 P 的一个突出的或为人熟知的性质；对 P 事物来说 R 并不为真，但 P 却经常被习惯性地说成或被相信是 R；P 事物不是 R，它既不像 R 也不被相信是 R，但是由于"文化与自然的决定作用"或"关于我们情感的事实"，使 P 的言说在一个语言共同体的常识和经验中与 R 的性质相联系；P 事物不像 R 事物，也不被相信为像 R 事物，然而 P 的状态与 R 的状态相像；P 和 R 在意义上相同或相似，但 P 在其运用中因受某种限制而在字面上不适用于 S；最后，在了解了 S 词项的表达式意义及其指称对象性质的基础上把 R 的可能值的范围压缩和限制到其实际范围。可见，无论是科学隐喻的发明者还是接受者，他们对所谓共同策略和原则的应用与选取都必须依赖于特定的科学实践活动的语境条件。换言之，正是科学实践活动的语用语境构成了隐喻创造、理解和交流的条件、制度与规范。离开特定的科学实践活动的语境，发明者不可能创造出一个有深刻洞察力的科学隐喻（这种洞察往往是对相关语境条件的洞察），而接受者也将无法理解此隐喻的真正含义。

正是在这种意义上，艾柯指出，"没有任何隐喻是绝对的封闭的，它的封闭性是语用的封闭性"[①]。这里所谓语用的封闭性，实际上指的就是科学隐喻所处的特殊科学实践活动的语用语境。当然，科学隐喻本质上属于语用范畴并不必然地意味着其语境依赖性构成对语义效能的绝对排斥，毋宁说二者是统一的：科学隐喻的语义学内涵只有在语用语境中才能获得真正的实现；同时，语用语境缺失了语义学基础也是空洞无物的。

科学隐喻的文字性表达式包含着对于表达式应用的语义学规则以及形式上的语境限制条件的违反，这种形式上的错误造成的结果是一个有效指称属于提供域的隐喻表述被应用于接受主体。在实际的应用过程中，如果这种语义学限制被在更大的程度上所违反，那么，这个表达式就必定是在隐喻的意义上被使用的。这也就是说，一个表达式的隐喻应用就是至少排除其意义的核心组成要素之一，而强调某些其他的、边缘性的意义组成要素。许多语言学性质的科学隐喻由于已经被编入词典而定型化，被作为语词的固有意义而习得和接受，因此在人们的日常经验中不再能够感受到其隐喻性质。例如，在英文中，数学的"移项"和遗传学的"转座"[②]都来自本义为"调换、变换"的"tranposition"。

---

① 翁贝尔托·埃科. 符号学与语言哲学. 王天清译. 天津：百花文艺出版社，2006：227.
② 遗传学术语，指把脱氧核糖核酸的一个片断转移到同一个或另外的染色体、质体或细胞的一个新位置上。

可见，语言学隐喻穿透了语言的表层结构而到达了言辞语义学的层次。①

在一套科学语言的词汇表系统中，语言学隐喻又可以分为以下几种主要类型：首先，指称扩展的语言学隐喻。一个已经存在的语词的指称扩展提升了单一的或相互之间具有紧密关联的语义学限制。这是一种意义的再界定，使得相关概念比其原初应用的现象序列更为广阔。例如，在物理学中，温度本来是指称对象的一种可感属性，即与特定度量标准相联系的冷或热。粒子的平均动力学能量对温度的再定义使得这个语词与身体的感受性脱离了关系，因此，在谈论核子的动力学能量时，就可以说"原子核的温度"。温度的最初的基本含义、直接的可感受性，对于这个概念的科学应用而言变得不再相关，而是被纳入一个更为庞大和复杂的关联系统之中，构成了物质动力学理论的一个有机组成部分。其次，内涵转换的语言学隐喻。内涵转换的语言学隐喻指的是语言共同体的成员在隐喻的意义上对一个已经确立的语词进行调换，即从一种典型的设定到非典型的语境。任何一个词汇化了的隐喻，包括对概念进行修正或一般性意义的隐喻扩展，都以这样或那样的方式满足通常被命名为构成用词不当的标准，弥合现有词汇表的裂隙。最后，意象释义的语言学隐喻。意象释义的语言学隐喻是一种风格化的语言学隐喻，有助于强化科学修辞风格，增强相关陈述的亲和性与劝导力，从而达到最终确立科学理论语言陈述的修辞学效力。②

第二节　科学隐喻的概念认知结构

人类所进行的一切认知活动都是以一定的概念为基础的，科学认知活动也不例外。在科学的认知活动中，科学隐喻作为一种基本的概念认知结构发挥着重要而不可替代的作用。科学概念史的研究表明，科学家所从事的科学研究工作本质地蕴涵着一种科学隐喻概念认知的内在机制，也就是说，科学家用来解释其观察对象的科学模型和科学理论在本质上均为一种基于科学隐喻概念认知

---

① Pulaczewska H. Aspects of Metaphor in Physics. Tübingen：Max Niemsyer Verlag Gmblt，1999：61-62.
② Pulaczewska H. Aspects of Metaphor in Physics. Tübingen：Max Niemsyer Verlag Gmblt，1999：63.

的建构。科学隐喻的概念认知结构是隐喻思维的基本组成元素,隐喻思维则是隐喻概念认知结构的整合和统一体。依据科学隐喻概念认知结构的不同层次和深度,可以将其区分为一般概念隐喻层次和根隐喻层次两个方面。

一、概念隐喻的层面

概念隐喻一般指包含两个更为广泛领域的概念并列的隐喻,这种概念并列通过把相关的认知内容从提供域抽取出来而在接受域中触发一种特殊的概念意义的应用。概念隐喻的表现形式往往是隐含的,从根本上来看,概念隐喻首先表现为一种概念现象而非语言学现象。概念隐喻只是在概念现象的本质中,并通过这种概念现象才得以展现为一种语言学形式的表达法。概念隐喻将两个在逻辑分类学意义上或常识观念中相距遥远的经验领域统合、吸收到一起,而这种统合和吸收的结果是提出一个部分共同或部分共用的概念结构,如果这些经验领域在语言中已经被现实化,那么,此时就要提出一个部分共同的语义学网络。概念隐喻是作为一种隐含的象征性关系的来源而发挥其作用的,这也就是说,仅仅在语词和短语等特殊的言辞表述层面上是无法充分理解概念隐喻的本质。通过概念隐喻建立起来的不同经验领域之间的象征性关联为创生一个从潜在性的意义上来看无限的言辞表达法序列提供了可能性的基础。在这种意义上,也可以将之称为扩展隐喻。

当然,在现实的、历史性的语言应用实践过程中,这种可能的、无限的言辞表达法序列中只有特定的一部分能够获得最终的现实性的转化,也就是进入言语系统中并被词典编纂者收集从而获得语言共同体约定俗成的确认。但是,除了这些被实际使用的表达法之外,这个言辞表达法序列的其余部分随时都有可能在不同的语境中被引入言语系统,获得其语言学形式。例如,在物理学中,一个扩展性的概念隐喻的例子就是利用具有事件性的空间的概念来隐喻时间。这个典型的概念隐喻把对于首要意义上空间介词的用法的语义学限制进行提升,从而允许将其应用于对于时间的指称。[①] 概念隐喻对于科学语言的产生和展开有着极为重要的触发和先导作用,同时,许多科学类比和科学模型也都是概念隐喻的非言语性表现形式。

概念隐喻结构的澄清及其影响人类认知系统途径的揭示,是加深对于科学

---

① Pulaczewska H. Aspects of Metaphor in Physics. Tübingen: Max Niemsyer Verlag Gmblt, 1999: 59.

理论的意义和真理性之理解的必要条件之一。当代认知科学指出，人类全部的抽象概念都是由一个或更多的隐喻进行界定的。对于科学隐喻而言，隐喻语言显然只是体现出概念隐喻的轨迹，更为根本性的元素在于科学家根据其他概念领域对科学领域进行再概念化的方式之中。科学隐喻的一般理论正是通过描述这种跨领域的概念映射而给出的。就此而言，科学隐喻本质上就是一种概念化的过程，体现出概念化的结构。当人类谈论抽象概念的时候，几乎总是选择取自某一具体领域的语言。例如，对于心灵问题的探讨就是使用空间模型隐喻非空间对象：在我们的心灵之中（in）、之上（on）或在其角落有某种东西，我们从心灵中提取出事物，事物经过我们的心灵，我们把某物召唤到心灵之中，诸如此类。事实上，人类理解非感受性概念的最主要的方法就是通过具体经验情形进行隐喻。[①] 概念隐喻是一种常规化、固定化了的科学隐喻，它与新颖的科学隐喻是有一定的区别的，这就在于它作为一种已经被广泛约定的、基础性的概念框架在科学理论语言的陈述和科学概念的运作中发挥作用。在这种意义上，科学的概念基础完全是隐喻的。

科学隐喻主要是作为各学科中的概念隐喻而存在并发挥作用的。概念隐喻是横跨语义域、将来源域的推理结构投射到对象域之上的一种概念映射。这种概念映射绝不是任意的，而是可以在经验的意义上进行研究并且作出准确陈述的。概念隐喻之所以并非任意的，是由于它是被人类的日常经验尤其是身体经验所激发的。当代概念隐喻理论的研究显示，在所有人类概念系统中都存在概念隐喻的扩展性常规结构。概念隐喻的映射结构不是孤立的，而是发生在复杂的语义系统中并且以复杂的方式相结合的。和人类概念系统的其余部分一样，常规概念隐喻系统隐而不彰地潜藏在意识层次之下。当科学家有意识地创造出一个新的科学隐喻的时候，往往只是利用了无意识常规隐喻系统的机制。

显然，概念隐喻的基本载体并非语词，而是思想。例如，在数学概念的构造中，存在两种最基本的概念隐喻类型：基础隐喻和连接隐喻。基础隐喻使数学概念建立在日常经验的基础之上，通过形成收集、建构对象或在空间中移动的意象使算术运算被概念化。由于保留了推理的结构，这种概念化过程成功地把日常经验领域中的收集、建构和移动概念映射到算术的抽象领域中，构成一种关于容器、路径、实体、连接等对象的认知图式。基础隐喻正是因此把我们

---

① Rummelhart D. Some problems with the notion of literal meaning// Ortony A. Metaphor and Thought. 2nd ed. Cambridge：Cambridge University Press，1993：71.

了如指掌的日常经验领域的精确的图式结构及推理形式映射到数学领域中。连接隐喻所起的作用在于把数学的某个分支与其他分支之间建立起有效并且有意义的连接。例如，当我们在隐喻的意义上把数理解为一条直线上的点的时候，实际上就是把算术和几何学有机地联系在一起。因此，连接隐喻的本质在于把数学知识中某一领域的特征映射到其他领域。

以算术领域为例，基础隐喻的结构形式表现为以下三个方面：

首先，算术是一种对象的聚合。这个隐喻又包括若干子隐喻：数是具有同一形式的物理对象的聚合；数学工具是对象的聚合者；算术运算是组构对象聚合的行为；算术运算的结果即是对象的聚合；单位一是最小的聚合；数的大小是该聚合的物理大小；一个数所衡量的量是这个聚合的量；相等是对平衡的聚合量的衡量；加法是把不同的聚合放到一起形成更大的聚合；减法是从较大的聚合中抽掉较小的聚合而形成另一个聚合；乘法是对具有相同大小的聚合进行给定次数的重复相加；除法是对一个给定聚合进行分解为更小单位聚合的重复过程；零是一个空的聚合；等等。

其次，算术是一种对象的建构。这个隐喻包括以下子隐喻：数是物理对象；数学工具是对象的建构者；算术运算是建构对象的行为；算术运算的结果是一个建构的对象；单位一是最小的整体对象；数的大小是对象的大小；一个数大小的衡量需要被建构为对象的最小整体对象的聚合；相等是对平衡的对象量的衡量；加法是把不同的对象放到一起形成更大的对象；减法是从较大的对象中抽掉较小的对象而形成另一个对象；乘法是对具有相同大小的对象进行给定次数的重复相加；除法是对一个给定对象进行分解为更小单位对象的重复过程；零是任何对象的空缺；等等。

最后，算术是一种运动。这个隐喻包括以下子隐喻：数是一条路径上的定位；数学工具是这条路径上的运动者；算术运算是在这一路径上运动的行为；算术运算的结果是在这一路径上的定位；零是这一路径的原点或起点；最小的整数一是从原点向前走的一步；数的大小是从原点到定点的轨迹的长度；被一个数所衡量的量是从原点到定点的距离；相等是到相同定点的路线；加一个给定的量是向右或向前移动一段给定的距离；减一个给定的量是向左或向后移动一段给定的距离；乘法是对具有相同大小的量进行给定次数的重复相加；除法是对一段给定长度的路径进行分解为更小路径的重复分割。[①]

---

① Koenig J-P. Discourse and Cognition Bridging the Gap. Stanford：CSLI Publications，1998：222-225.

连接隐喻一般是基础隐喻的变体。例如，把集合论与算术连接起来的连接隐喻"数是集合"就是"算术是对象聚合"这一基础隐喻的技术性变体。又如，数学中关于连续性的隐喻。对于连续性的隐喻描述是理解诸如运动、流变、过程、时间转换及整体性等认知内容的必要方式。这些认知内容是从基于身体经验的图象模式和自然形成的映射到人类概念系统的自然概念扩展的结果，主要建立在来源、路径、目标模式及虚拟运动隐喻的基础之上。因此，数学家们所做的工作是把对于运动、流变、整体性日常理解的推理结构扩展到人类理解的一个特殊领域，即函数和变分的领域。由此产生的概念可以称为自然的连续性。[①] 在数学中，布尔数学逻辑是容器模式的一种扩展，是通过容器逻辑的概念隐喻投射而被认识的。这种概念投射保留了"出""入"及传递性结构的原初推理，而后者最初是经由对于现实容器的物理经验而得到发展的，只是在后来才被无意识地投射到一整套抽象的数学概念上去。

二、根隐喻的层面

根隐喻（root metaphor）[②]实质上是一种深层次的概念隐喻或者说是概念隐喻的元隐喻。这种隐喻包含着对于世界基本结构的理解，因此在某种意义上具有一种世界观的功能，有对"实在"进行解码的基本能力。"根隐喻"本身就是一个十分形象生动的隐喻，最初被称作"绝对隐喻"（absolute metaphor）。后者是德国学者汉斯·布鲁曼伯格（Hans Blumenberg）于20世纪60年代初提出的概念。布鲁曼伯格用这个概念指一种前理论的假定，这种假定在本质上反对任何将其转译为精确的、基于严格定义的科学术语的企图，但与此同时，它又确实无疑地构成相关科学研究的前提性条件。

由于这种隐喻是根据科学实践活动中理论范式的元语境揭示而得到例示的，因此，试图将这些隐喻的确定的、清晰的意义完全地发掘出来是不可能的，能够做到的只是发现它们在特定科学理论话语中的位置，从而作出一种相

---

① Núñez R. Conceptual metaphor and the embodied mind//Hallyn F. Metaphor and Analogy in the Sciences. Dordrecht, Boston: Kluwer Academic Publishers, 2000: 125.
② 对于这一概念，不同的哲学家给予了不同的命名：恩斯特·卡西尔（Ernst Cassirer）将其称为"根源隐喻"（radical metaphor），史蒂芬·派珀将其称为"根隐喻"，威尔伯·厄班（Wilbur M. Urban）将其称为"基本隐喻"（fundamental metaphor），唐纳德·肖恩（Donald A. Schon）将其称为"核心隐喻"（central metaphor），阿尔伯特·曼拉比（Albert Mehrabian）将其称为"工具隐喻"（tool metaphor），厄尔·迈克康马克（Earl R. MacCormac）将其称为"基础隐喻"（basic metaphor），赞德拉夫科·拉德曼（Zdravko Radman）将其称为"关键隐喻"（key metaphor）。

对的、并不确定的意义描述。"绝对隐喻"的功能就是我们将之确定为"元理论",将之描述为建构并且连接一般意义上的知识及特殊的物理学对象的进路所具有的功能。换言之,根隐喻的意义在于确定科学研究目的和可能性的观点,确定能够有理由并且有意义地加以追问的科学问题的种类,简单来说,就是通向科学研究的一种自理解。[1]

1. 作为科学学科观的根隐喻

美国明尼苏达大学物理学教授罗杰·琼斯在其著作《作为隐喻的物理学》中认为,存在四种最为基本的物理科学的根隐喻建构,即空间、时间、物质和数。由于这四种根隐喻建构对于现代物理学中宇宙概念的确立是至关重要的,是物理学量化的起点,为物理学整体提供了一个基础,所以可以将其恰当地称为物理学的四种首要隐喻。

首先是空间隐喻。空间隐喻最为根本的概念是分离和连接。现代物理学的空间隐喻是一种复合隐喻,包含了人类对于分离、差别、连接、隔绝、定界、分割、区分及同一等观念和经验的综合。点的不可入性及延展的观念是空间隐喻的本质。空间隐喻作为现代物理学的概念基底之一,提供了一种"单一性"和"整一性"的经验,这种"单一性"和"整一性"涵括了历史上所有哲学家和科学家所追问的混沌,以及宇宙统一体的终极状态。如果没有空间隐喻的话,甚至连最简单的记数都是不可能的。"既然我们的空间建构是我们赖以表征自身经验的根本性隐喻,既然它们是我们用以组织否则就会混乱无序的感官知觉的那种先验范畴,因此,它们必定反映了我们特殊的、异质的、并且是唯一的世界观。"

其次是时间隐喻。从根本上来说,时间就是以空间为隐喻的,这一点在时间测量的问题上尤其明显。当我们说到时间的"间隔"与"延续"或者时间的"顺序"与"序列"的时候,在我们的心灵中出现的是一种想象的长而直的时间之轴,在此轴上分布着与事件相对应的点,以及用以测量事件之间时间流逝而产生的距离。正是"间隔""延续""顺序"和"序列"这些概念所产生的空间图象帮助我们构想时间及其测量的观念的。为了量化和实现相关的概念目的,我们将时间描述为某种一维的连续性空间,正是由于这种原因,相对论将时间视为第四维,增附到物理的三维空间之上。只要稍加留意就可发现,时间

---

[1] Pulaczewska H. Aspects of Metaphor in Physics. Tübingen: Max Niemsyer Verlag Gmblt, 1999: 59-60.

的空间隐喻遍布在大量的物理学文献之中。①

再次是物质隐喻。物质概念是整个物理科学得以建立的基础。著名哲学家、数学家罗素认为，人类所建构的物质概念作为一种定义的结果是不可入的：在某处的物质就是在那里的所有事件，并且因此没有其他的事件或物质的部分能够同时在那里。这是一种非常明显的对于物理事实的科学隐喻。物质构成的原子、基本粒子的隐喻性也是极为明显的。

最后是数的隐喻。数作为首要隐喻之一在整个科学史中发挥着基础性的作用。古希腊哲学家、数学家毕达哥拉斯认为，数是整个宇宙得以构成的最为根本的素材。直到现代，理论物理学家基于纯数学的基础，基本上仍然主张一种毕达哥拉斯式的理念。所不同的是，现代物理学家更加关注量的描述，而毕达哥拉斯的兴趣更多地放在质的描述及符号的意义上。②

2. 作为科学世界观的根隐喻

只有极少数的范畴集合被证明为能够足够有效地获得对于世界事实全域的相对而言比较正确的解释，能够作为特殊的科学世界观的根隐喻就属于这种范畴集合的序列。作为科学世界观的根隐喻能够被归结为以下四种主要形式：①形式主义根隐喻。形式主义根隐喻是基于相似性的根隐喻，或者是基于特殊的范例多样性中单一形式的同一性。在数学哲学中，形式主义认为数学应当被设想为不可解释的符号之排列，只有语形学而没有语义学。只有在使得我们从一些观察达到其他经验结论的过程中，形式主义才是有效的，但它本身并不引入某种特殊的主题。②机械主义根隐喻。机械主义认为，一切事物都可以通过形成于17世纪的科学说明概念的模式得到解释。它从统治粒子之间相互作用的数量法则中提取出自己的范式，据此，物质的所有其他特征都能够最终被理解。机械主义根隐喻是基于物质性的推拉或者在对于电磁及重力场的感知中获得的吸引与排斥的根隐喻。③有机主义根隐喻。有机主义是一种基于动力学的有机整体的根隐喻，认为世界中所发生的所有事实都可以依据植物或动物有机体的特征进行理解和解释。④语境主义根隐喻。语境主义认为，任何一种文本都只能在其历史或文化环境的语境中才能得到恰当的理解，或者只有在与同一作者其他文本的比较或映衬下、在某种传统中才能被正确地解释。语境

---

① Jones R S. Physics as Metaphor. Minneapolis：University of Minnesota Press，1982：78-79.
② Jones R S. Physics as Metaphor. Minneapolis：University of Minnesota Press，1982：141.

主义一开始被美学、伦理学所使用，后来扩展到哲学乃至科学中，成为一种基于具有暂时性的历史境域及其生物学张力的根隐喻。①

根隐喻意味着经验观察的一个基本立足点，是一种"世界假设"起源的原点。当科学家面对一个问题而茫然无措的时候，他会自然地基于特定的根隐喻进行推论以寻求解决问题的方法。根隐喻所包含的富于启示性的类比引起一种假设，可用于问题的解决。那种具有源始性的类比事实上就是一种世界假设的根隐喻，对于根隐喻的分析产生出这种假设的各种范畴。这种假设的适当性依赖于这些范畴对于世界特征的解释具有精确性和无限制的范围的能力。一种世界假设与仅仅在其无限制的范围之内的其他假设是不同的。其他假设如果不是明确地就是隐含地局限于一个正在处理的局部性的问题，或者正如在特殊的科学中那样，局限于一个特殊的主题领域。诸如此类的假设可能永远否认特定的考虑是处于其探究领域之外的，一种世界假设则永远不会如此。世界假设是任何提供的批评项目的解释的原因，是一种无限制的假设。②

根隐喻的概念以不同于世界假设范畴来源的方式进入了语言哲学，它通常用于指称任何一种具有核心作用的理念，这种核心理念是任何复杂问题能够得以进行组织的前提。然后，根隐喻变成对于一种受限制的或特殊的假设的指称之点。库恩在《科学革命的结构》中认为，在科学程式中作为具有引导性的概念模式而起作用的范式与在世界假设中同样作为引导性的概念模式而起作用的根隐喻之间，实际上是没有区别的。根据库恩的描述，科学的历史基本上与有限范围的根隐喻的历史可以视为相同的：在揭示特定领域事实的过程中，根隐喻通过预言和阐释追求一种适当性，一切具有能产性的经验理论的基础在原则上都是根隐喻。③

第三节　科学隐喻的思维运作结构

思维隐喻是最深层次的科学隐喻，透过概念隐喻构成语言学隐喻的思想基

---

① Pepper S. Metaphor in philosophy. The Journal of Mind and Behavior, 1982, 3 (3): 198.
② Pepper S. Concept and Quality: A World Hypothesis. La Salle: Open Court, 1967: 3.
③ Pepper S. Metaphor in philosophy. The Journal of Mind and Behavior, 1982, 3 (3): 199.

础。科学隐喻的发明的根源首先在于科学家独特的思维活动，没有相关的隐喻思维，概念隐喻和语言学隐喻的存在就失去了来源。归根结底，后两者是前者在不同层次上的体现和实现。简言之，思维隐喻就是科学家在头脑中对正在处理的科学研究的对象产生了某种创造性的关联式联想，从而在认知上获得突破性的进展。许多杰出的科学家都非常重视思维隐喻作为科学发现一种基本模式的重要作用，他们认为，隐喻思维是所有科学智慧的起始，同时也是人类最早开始采用的一种科学方法。将思维隐喻视为一种独立的隐喻类型，现代谈论较多并且较为深入的是语法隐喻。

语法隐喻的提法是美国语言学家韩礼德（Halliday）和马丁（Martin）于20世纪90年代前期提出的。从语法隐喻的角度来看，隐喻在概念和语词层面的实现都是一种具有语法特征的思维过程的体现。语法隐喻概念的核心在于语义内容与应用于其表层语言学实现之间的重合性和一致性，这是语义学范畴与语言范畴之间的一种自然关系。语义学与语法之间重合关系类型的例子包括质量与形容词、事物与名词、行为与动词；不重合关系类型的例子包括事物与过程、质量与副词、逻辑关系与动词等。重合性和一致性是逐渐发展的、渐进性的，而不是绝对的，在这样一种上升的次序中，重合性的渐进性所体现的顺序显示出语法隐喻循环地扩展了语法的潜在性。[1]

概而言之，语法隐喻是运用语法规则及语法话语的思维去隐喻客观世界中事物或事件的运行发展态势。具体来看，语法隐喻包括灵魂语法、人的语法、生物语法和分子语法等形式：灵魂语法以思维和行动的方式表达所预设的内容；人的语法以具体人作为基本细节和活动发生源表达所预设的内容；生物语法以某个生物作为基本细节和活动源表达所预设的内容；分子语法以分子和分子群作为基本细节和活动源表达所预设的内容。所有这些不同的隐喻思维模式，都是作为科学元话语系统的组成要素而存在并发挥作用的。[2]

具体来讲，一方面，科学隐喻的思维运作结构基于人类对于自然世界运行模式的一种涉身性理解，后者的典型表现为科学家群体作为认知主体与物理世界之间基本的、普遍的互动关系结构；另一方面，科学隐喻思维运作的结构受到来自外部的社会文化建制的深刻影响。当我们认识到，科学家们在解读自然的研究过程中也不得不自觉或不自觉地根据与每个人在日常生活中都会使用的

---

[1] Pulaczewska H. Aspects of Metaphor in Physics. Tübingen：Max Niemsyer Verlag Gmblt，1999：77.
[2] 魏屹东．语法隐喻及其对认知科学的意义．科学技术与辩证法，2006，（2）：57-62.

涉身推理进行实际的思维运作，并且这种思维运作与相应的社会文化建制存在着密不可分的联系，那么，我们就会得出一个基本的结论：科学从本质上来讲并不是神秘的，神秘并且令人惊奇的是隐喻思维的力量，这种力量产生出人类智力能量所能够产生出的最高程度的实践。①

一、科学隐喻思维运作的内在结构

科学想象的根源在于科学家的涉身推理过程并且依赖于经验格式塔，科学理论世界的运作机制也只能被视为是通过涉身的经验透镜得以展开的。不存在与人类的涉身经验完全无关的纯粹的抽象概念，即便是处理似乎与涉身经验没有直接关系的对象，即以所谓纯数学为代表的纯粹形式科学，从本质上来看也是基于人类对于可感知世界中对象的经验。② 简而言之，科学隐喻思维运作的内在结构即人类所固有的涉身推理模式。众所周知，随着当代科学理论向微观层次和宇观层次的不断推进，自然科学所牵涉的对象已经越来越超出了人类观察能力的范围，越来越抽象化。例如，当代物理学的重要概念夸克、似星体、黑洞、电子轨道、量子跃迁、势能井，以及化学、生物学中的蛋白折叠、DNA 的双螺旋结构等概念，除了以涉身推理的隐喻方式就无法进行理解。事实上，这些概念中没有一个是传统科学所要求的那种严格地按字面意义表达出来的东西。"光波在真空中传播时，不像池塘中的水波一样上下波动；场不像一片充满了干草的场地，而是力的强度及方向的一种数学描述；原子并没有照文字上说的，从某一量子态跳到另一量子态去；电子也不是真的绕着原子核走圆形轨道……我们运用这些字的方式是隐喻。"③

这里显然涉及一个重要的问题，即科学概念或科学语言的来源问题。传统观念认为，科学语言与科学概念是一个独立的、自足的、自成体系的语言和概念系统，与日常语言和日常概念毫无关系。但是，事实并非如此。科学史的考察表明，许多科学概念直接来源于人类涉身经验的概念，并不是科学家凭空想象出来的一种概念创造。著名科学哲学家夏佩尔清醒地认识到了这一点。他指出，即使仅仅作为一种"工作假说"，我们也必须假定科学概念来自日常概

---
① Brown T L. Making Truth: Metaphor in Science. Urbana：University of Illinois Press，2003：196.
② Brown T L. Making Truth: Metaphor in Science. Urbana：University of Illinois Press，2003：195.
③ 柯尔. 物理与头脑相遇的地方. 丘宏义译. 长春：长春出版社，2003：13.

念。① 随着当代认知科学对于人类涉身推理结构研究的进展，这种假定正在不断地得到证实。如果在其起源的意义上加以解释的话，我们会发现许多科学隐喻的产生直接来源于人类视觉、听觉、触觉和嗅觉的日常经验范畴。

古罗马哲学家卢克莱修在其《物性论》一书中对古代原子概念的隐喻性来源作出了精彩的描述。他写道，"当太阳的光线射入并照耀到房屋的黑暗之处的时候，只要一看你就会发现，在光线的照耀下，有许多微小的颗粒透过空气在不同的方向上四处飞舞……你最好仔细地观察这些你所见的在太阳光柱中舞动的尘埃微粒：这种舞动表明，在它之下存在着一种不可见的物质的隐藏的运动。你会发现，许多微粒由于看不见的气流的扰动而改变其线路，并被驱使以这样或那样的方式、在各个方面、沿各种不同的方向移动。事实上，所有微粒在方向上的这种改变都是由原子引起的。原子首先自身在移动；其次，作为原子的小型聚合物的复合体……当被不可见的原子流所扰动的时候，也发生了移动。这些依次设定在更大一些的运动粒子中"②。显然，卢克莱修关于原子的推理是从宏观世界可见的观察领域到微观世界实体的一种细节性说明，这种说明依赖于日常经验对于力、作用、方向的基本观念，因此表现出一种极为典型的涉身推理结构。

二、科学隐喻思维运作的外部结构

所谓科学隐喻思维运作的外部结构指的是社会建制与历史文化语境的结构性影响。例如，生物学中的细胞隐喻就是这种外部结构性影响的生动说明。1665 年，英国物理学家、实验主义哲学家罗伯特·胡克（Robert Hooke）在伦敦出版了《显微制图》一书。在该著作中，胡克描述道，他用自己发明制作的显微镜仔细考察了一种从某种树的树皮上获取的极薄的软木切片，发现其中包含着大量的"小盒子"，他把这些"小盒子"称为"细胞"。之所以如此命名，是因为这种观察现象使胡克想到了当时修道院中僧侣们所居住的隔间式小屋。就这样，生物学中最为重要的细胞概念通过一种与社会建制的隐喻性关联获得了它的名称。③

---

① 夏佩尔. 理由与求知. 褚平, 周文彰译. 上海：上海译文出版社, 2001：154.
② Lucretius. On Nature. Greer R M（trans.）. New York: Bobbs-Merrill Co., 1965：45.
③ Brown T L. Making Truth: Metaphor in Science. Urbana：University of Illinois Press, 2003：146.

此外，反映细胞特性的各种表征也是由社会领域所导出的。例如，在一个社会中，各色不同人等带有不同的特性、怀着不同的目的从事商业活动，有时彼此竞争，有时互相协作，在这样的过程中创造出一个稳定的实体；在这样一种社会建制的影响下，细胞通常被隐喻地视为一个工厂。1999年，《科学》杂志发表的一组文章有助于我们发现这一隐喻是如何广泛地应用于生物学领域并充分展现其限制条件的。该组文章总题为"细胞生物学前沿：质量控制"，其导言部分写道，"细胞是活性有机体的基本建筑材块，它能够被形象地表现为一所非常复杂的生命工厂。为了获得一种有效的内部控制，同时避免来自外部因素的具有威胁性的攻击，细胞需要质量控制机制去鉴定、修正并阻止其运作过程中所出现的错误"①。

科学隐喻的产生是没有先例可循的，也就是说并不存在着一种固定的模式或程序；一个具体的科学隐喻不可能通过任何一种预备性的精确规划或步骤而被先验地设计出来，这与在计算机中输入确定的信息从而得出某种输出信息的过程是截然不同的。但是，这种不确定性或不可预测性并非没有任何限制，它只能在特定的科学文化乃至社会建制的结构范围之内成长起来，而绝对不可能超越其历史语境的框架。科学隐喻产生的基础无疑在于一定的科学理论知识背景结构，在这种结构的背后，还有更为宏大的社会文化的整体性格局发挥着某种制约性功能，科学隐喻既是对这种结构性的反映，又是对这种结构性的突破。

因此，在这种意义上讲，首先在一定的社会文化结构的基础上，其次在特定发明者的知识网络所包含的内容全域的基础上，最后在符号系统中作出意义类似性与相异性的调整，打破既有的格局，这时科学隐喻才真正地产生出来了。尽管不同的科学隐喻是在不同时代背景和知识基础、不同的科学共同体范式甚至科学家个人倾向中形成的，首先是这个或那个个别的科学家定义的，因此我们无法保证科学隐喻具有唯一性，但是，由于社会的历史文化建制在同一时期总体而言具有大致相同的结构，所以，在此基础上产生的科学隐喻也具有一定的主体间性，是能够得以成功地交流的。

---

① Hurtley S M. Frontiers in cell biology: Quality control. Science, 1999, 286: 1881.

第三章 科学隐喻的特征

科学隐喻的本质和结构决定了它所具有的特征。本章首先从科学隐喻构造的分类学逻辑、本质的可能世界语义学逻辑、真值的模糊逻辑,以及推理的不明推论逻辑等几个方面对科学隐喻的逻辑特征进行了初步的探索;其次从开放性、曲折性和辩证性的角度对科学隐喻的指称特征进行了描画;最后归纳了科学隐喻在科学理论中所表现出的整体性基本特征。从科学理论的构造方面来看,科学隐喻具有鲜明的意向性特征;从科学理论的解释方面来看,科学隐喻具有强烈的语境化特征;从科学理论的发展方面来看,科学隐喻具有显著的动力学特征。

第一节 科学隐喻的逻辑特征[①]

在科学哲学的历史传统中,隐喻一直被认为是一种非逻辑或反逻辑的思维与语言现象,以逻辑实证主义为典型代表的哲学派别更是严格地把隐喻排斥在经典逻辑的范畴之外。但是,20世纪后半叶以来,当代逻辑与认知科学的新发展逐渐揭示出一种被掩盖了的事实,即在认知主体的实际思维运作过程中,

---

① 本节内容以"隐喻的逻辑特征"为题发表于《哲学研究》2007年第2期。

隐喻与逻辑绝非两种互不连续、毫无关联的离散体；相反，二者在意义的暗示与牵连、概念的生成与转换、语言的理解与交流中互为表里、缺一不可，在认识论和方法论的双重意义上交叉互动、共同发挥其应有的作用。在这一过程中，隐喻本质地蕴涵着深层次的认知内容，并生动地展现出相应的逻辑特征。从逻辑的观点看，科学隐喻所包含的名称转移和意义转移实际上体现的是一种逻辑关系的变动与转换。[①]

因此，在本质上，科学隐喻的直觉性与科学理论表征的逻辑性之间并不存在一条截然的鸿沟。这一点主要体现在两个方面：首先，隐喻思维具有一种前逻辑的性质，是人类最原始的思维方式，语言的逻辑思维功能是在隐喻思维的基础上形成和发展起来的。只是在逻辑句法的框架之内，才作出了字面意义与隐喻意义的二元区分。在人类运用逻辑推理的方式进行思考之前，在所有的逻辑分类之前，隐喻思维早已在发挥其作用。其次，隐喻虽然是前逻辑的，但并不是非逻辑的，试图在隐喻与逻辑之间划出一条绝对的界限是徒劳无益的形而上学想法。这正如加达默尔所深刻地指出的那样，如果把隐喻的用法认为是某种"非本质的使用"，那么这就表现出一种"与语言相逆的逻辑理论的偏见"[②]。

传统逻辑学往往是从意义歧义性的角度来理解隐喻的，认为隐喻意义结构的本质在于它所蕴涵着的某种歧义性结构。尽管英国著名学者约翰·斯图亚特·穆勒指出，隐喻所蕴涵的歧义性与一般意义上语词的歧义性不同：所谓一般意义上语词的歧义性，指的是一个语词具有两种或两种以上的含义；而隐喻歧义性的特殊之处在于"某种程度上相似的、从另一事物所导出的事物的含义中"[③]。但是，隐喻所蕴涵的歧义性仍然容易将人们诱导到一种语义双关的含混性之中，而这种含混性最终将导致逻辑上的谬误。可见，在传统逻辑学看来，意义的歧义性将会必然地导致逻辑的含混性。

现代逻辑学对这种传统观念持一种反对态度，认为隐喻意义的本质并不在于歧义性，因此，隐喻并不必然地导致一种逻辑的含混性；隐喻与逻辑含混性的主要区别在于："一个仅仅是含混的词项的若干用法是共时性的又是相互独立的"，而在隐喻中，"一个具有由习惯确立的外延的词项在那种习惯的影响下

---

① 保罗·利科. 作为认知、想像和情感的隐喻过程. 曾誉铭译. 江海学刊, 2005, (1)：22-27.
② 加达默尔. 真理与方法：哲学诠释学的基本特征. 洪汉鼎译. 上海：上海译文出版社, 2004：556-557.
③ Mill J S. A System of Logic. London: Longmans Green & Co., 1970：28-29.

被应用于其他场合"。只是由于我们对于科学隐喻中"两种用法"的历史意识逐渐消失,才把隐喻与意义的歧义性或逻辑的含混性混淆起来。① 科学隐喻的特殊性质决定了它对于意义歧义性或逻辑含混性具有较强的免疫能力:逻辑含混性产生的根本原因在于把语词不同的意义用法当作是共时性的;而在科学隐喻中,由于科学共同体的意向限定和科学理论语境的语用限定,这种逻辑含混性并非科学隐喻所必然包含的元素。事实上,在对任何一个科学隐喻进行解释和理解的过程中,认知主体必然会由之出发进行一系列的逻辑推论。

从表面上看,隐喻摧毁了原有的逻辑秩序,似乎犯了所谓的范畴错误,但实际上却是对于发现逻辑的潜在补充。也就是说,既然隐喻对实在客体进行了重新描述,那么,所谓的范畴错误就是在已经描述的对象与重新描述的对象之间中介的解构阶段。这个过程扰乱并取代了既定的逻辑秩序、概念层次和分类架构,也造成了重新进行分类的结果,所以,隐喻应当是逻辑学和分类学的固有组成部分。这就在于,隐喻在表面上对原有逻辑结构的违反使新逻辑秩序的构造成为可能。在这种意义上,"隐喻不但包含意义的最大秘密,而且以一种似乎不太合乎逻辑的方式表达着准逻辑的真理。隐喻并不只起修饰的作用,它也能以形象的方式传达真实的信息,因为隐喻陈述是以逻辑上的基本语句为基础的,从根本上讲它至少不是反逻辑的。它所传达的真实仍是一种出于本原的真实,因而是一种虽不同于逻辑真实而又隐含逻辑真实的真实"②。

一、科学隐喻构造的分类学逻辑特征

科学隐喻不仅是科学概念发明、转换、理解与评价的有效载体,而且是整个科学理论语言系统生成、演化、嬗变、发展的重要催化剂。它以一种独特的形态表达着隐含的分类逻辑真理,体现出分类逻辑本质性的动力学特征。这种特征源自伴随着人类对外部世界认识的不断深入而形成的认知与知识结构的格式塔转换。由于对语义单元的逻辑内涵进行了重新排列整合,科学隐喻超越了单纯风格修饰的修辞学功能。隐喻连接词"是"以语形上或明确或隐含的方式在语句意义系统中对分类逻辑框架进行重组,构造出新的语用语境,从而通过一种曲折意义传达出特定意向的认知内容。

---

① Goodman N. Languages of Art. Indianapolis: Hackett Publishing Company,1976:71.
② 汪堂家. 隐喻诠释学:修辞学与哲学的联姻. 哲学研究,2004,(9):71-77.

1. 科学隐喻构造与分类学逻辑互为前提

这包括三个层面的含义：首先，科学隐喻构造"发生转移的两极也就是逻辑的两极"①。也就是说，科学隐喻的产生以由种和属所构成的分类学逻辑序列为基础性条件，是在由从属关系、协调关系、比例关系和平等关系等规则所支配的分类活动中形成的。如果不存在某种既有的逻辑分类学标准，所谓科学隐喻的概念是不能成立的或没有任何实际意义的。其次，逻辑秩序本身来源于对语义场系统的隐喻构造。由于语义场本身的性质是隐喻的，所以，从种属之间的逻辑区分到整套分类学逻辑的建立本质上也是一种隐喻构造。最后，隐喻打乱了原有的逻辑秩序，破坏了相关的分类活动，"将种的名称赋予属，将比例关系的第二项的名称赋予了第四项，或者相反，将比例关系的第四项的名称赋予了第二项。这样做既承认而又违反了语言的逻辑结构"②。这就意味着，科学隐喻构造所形成的语言表层结构上的范畴错误在事实上构成了处在描述与重新描述之间、既具有解构性又具有建构性的分类逻辑重组的中间环节。

2. 科学隐喻概念的语义场结构在整体上表现为一种类型层级结构

隐喻语义的互动机制可以由类型层级理论加以说明：隐喻本体被一个新层级的语词重新描述，这一新层级由喻体的本体论引出并发挥作用。③ 所谓类型层级（type hierarchy）是一种特殊的语义网络，是根据概念所包含的意义的内涵与外延的一般性程度的不同层次建构起来的。在类型层级的层次结构中，当一个概念上移时，其意义的抽象性增大；当它下移时，其意义的具体性增强。也就是说，相对而言，处于类型层级上层的概念比其下层概念更抽象，处于下层的概念比其上层概念更具体。在类型层级的结构中，任何概念类型的属性、特征与关联均由处在其下层的亚类型所继承。这里所谓的继承主要是指语义方面的延续与保留，而这种意义上的继承性充分保证了类型层级的建构绝非是以一种任意化的方式进行的。这一点具体表现在：亚类型是否承袭了上层类型的语义内涵，从而呈现出其相应的超类型关键性的元特征。事实上，科学隐喻的构造就是把本来属于不同超类型的语义场放置在同一超类型之下，使得两个原

---

①② Ricoeur P. The Rule of Metaphor. Czerny R, McLaughlin K(trans.). London: Routledge, Kegan Paul Ltd., 2003: 21.

③ Newton-Smith W H. A Companion to the Philosophy of Science. Malden: Blackwell Publishers Inc., 2000: 281.

本互不相交的语义场之间产生交集。

类型层级又可以具体划分为两种主要形态：首先，分类的类型层级，表现为"属于……的一种或一类"及"是……的一个例子或实例"两种形式。例如，如果 X 属于 Y 的一种或一类，那么，X 就是 Y 的亚类型，而 Y 则是 X 的超类型。分类关系具有传递性，这种特殊性质构成分类类型层级的基础。由于将所有的分类概念囊括在同一种语言体系之中，因此，分类类型层级呈现为庞大的概念结构系统。科学隐喻正是由于违背了概念分类层级所编码和制定的、在常规意义上可接受的分类结合而产生的；其次，部分－整体关系的类型层级，即语义整体与部分之间的单向包含、依赖关系与双向类比、映射关系的统一。在部分－整体关系的类型层级结构中，概念由"属于……的一个部分"或"作为……的整体"这样的双重关系而获得界定与理解。部分与整体的关系同样具有传递性，这种传递性构成了部分－整体关系类型层级的基础。不仅作为隐喻特例的提喻直接基于部分－整体关系的转换，作为隐喻相似性的类比关系也是通过部分－整体层级的映射而建构起来的。

3. 科学隐喻意义映射是概念类型层级的调整与再分布

概念的类型层级结构及其转换功能有效地解释了不同意义系统之间相似性的产生基础与类比映射的结构关系。更重要的是，对于超类型的确定可以把语义场相关的相似性与不相关的相似性区分开来。以一个典型的科学隐喻"原子是微缩的太阳系"为例：原子与太阳系被纳入同一个超类型即"中心力场系统"语义场之中，共同继承了该超类型语义内涵的相关元特征。超类型语义特征正是通过这种方式发挥出一种限制性作用，使得否定性的隐喻映射关系无法在超类型的层次上获得合理性表征，而只有那些肯定性的映射关系才能成为一种有理由的选择，因此，该科学隐喻的意向性能够得到适当的确定性评价。[①]

这实质上意味着，在该科学隐喻产生之前，原子与太阳系在概念类型层级结构中所处的位置是完全不同的：原子类属于"简单对象"的超类型，太阳系则类属于"复杂系统"的超类型；但是，该科学隐喻一旦产生并在科学共同体中获得广泛认可之后，原子就从"简单对象"超类型之下转入"复杂系统"超类型之下，使得原有的概念类型层级在结构与分布上发生了变化：本体和喻体

---

① Newton-Smith W H. A Companion to the Philosophy of Science. Malden：Blackwell Publishers Inc.，2000：281.

被纳入同一语义场即"中心力场系统"之中,由此呈现出同构性和同态性的对称结构。这种变化深刻地反映了原有范畴分布与逻辑分类进行了重新排列组合的事实,意味着认知主体超越了传统知识局限,对于世界本质结构的逻辑理解有了进一步的深化。

4. 科学隐喻构造是分类逻辑重组的结果

科学隐喻所包含的概念分叉在本质上具有整体性特征,能够牵动类型层级结构的全局,从而造成整个逻辑分类系统的重新分化组合。这鲜明地反映出,概念的类型层级结构不是固定不变的,而是在科学隐喻所造成的语义场互动与整合中作动力学式的调整与演化。其表现就在于,认知主体对于世界构造的知识总是在不断地调整和变动,对于一种新的科学隐喻言说的理解和接受总是在适时地改造并且重塑认知主体的相关知识和信念。因此,科学隐喻的构造必然依赖于科学理论语用语境所限定的概念类型层级的结构方式及其重组,结果是导致了原有概念分类范畴之间界限的模糊与融合,为概念的类型层级增添了新的关联与内涵。

这就意味着,科学隐喻为原有的逻辑分类框架"引入了更高层次或更为抽象的联系,而这种联系通常是被忽略掉的"[①]。在这样的情形中,原初的分类学逻辑自然而又必然地得到了进一步的拓展与深化。可见,科学隐喻的构造隐含着深层次的、潜在的概念类型层级的重组。但是,这种牵涉不同语义场内容的分类逻辑重组是通过科学隐喻表层结构的极端简单性表现出来的。换言之,科学隐喻的产生是以一种简单的语形构造引发出创造性的语义突变,从而对固有的逻辑分类系统进行改造,对固有的逻辑规则进行质疑和重塑。在这个意义上,可以将科学隐喻视为分类逻辑的动力学引擎:由于科学隐喻的存在,分类逻辑不再是固定不变的、僵化的框架,而是获得了不断调适自身的能动性。

二、科学隐喻本质的可能世界逻辑特征

从人类思维与语言发展的实际历史进程来看,包含着推理模态词的判断性陈述在早期阶段已经出现了,此后逐渐发展出"可能世界"(possible worlds)的观念。可能世界理论认为,现实世界中的任何事物都可能是另外一种不同于

---

① Way E C. Knowledge Representation and Metaphor. London:Kluwer Academic Publishers,1991:187.

它们实际所是状况的情态。也就是说，事物可能会具有无数种不同的存在方式：除了在现实世界中实际所是的存在方式之外，还可能会具有其他许多种可能的存在方式。这些作为可能性的存在方式同样具有某种实体性意义，与现实世界的概念相对而言，可以称之为"可能世界"的实体。可能世界观念的出现，标志着人类对于已知世界现实性逻辑的一种超越，即对于现实世界中并不存在但在逻辑上可能具有认知意义内容的一种追求、描摹和把握。

1. 科学隐喻的本质在于可能世界的仿本对应

以可能世界的概念为基本依托的语义学认为，任何一种实在都以某种特定的形式表征着一个逻辑空间，该逻辑空间可以被划分为不同的部分，即可能世界。我们所存在的现实世界是所有这些可能世界中的一种，其他世界则是现实世界的可能的相关物。科学隐喻的语形标志"是"所表征的类比性，实质上就是对于可能世界之间仿本对应（counterpart correspondence）关系的表达。所谓仿本，即在不同的可能世界中处于相类似的概念层次或在意义结构上相类似，或具有相似的属性、特征等，因而可能产生类比关系的比照对象或配对对象。在这种意义上，科学隐喻的本体和喻体也就是可能世界之间原本与仿本的关系，二者之间的同一性关联即仿本对应关系的确立。

2. 科学隐喻连接词"是"展现了可能世界仿本对应的逻辑意义

科学隐喻的意义无论是否能够还原为字面意义，都符合可能世界的语义逻辑。在字面的意义上，世界 W 中任何形式为"x 是 y"的句子为真，当且仅当在 W 中 x 在形式上和数量上等同于 y。同样，在世界 W 中，任何一个形式为"x 是 y"或者潜在地蕴涵着"x 是 y"的语义单位的隐喻句子为真，当且仅当在 W 中存在情态 S 和 T，x 在其所属情态 T 中是 y 在其所属情态 S 中的仿本对应物。在这里，"情态"即逻辑空间的部分，也就是可能世界的一种亚类型，包含某些具有特定属性的个体，而这些个体之间存在或多或少的意义关联。因此，可能世界或情态实际上表征着不同的语义场或语境，从而限定着不同的仿本对应的可能性。"我们通常在严格限定的意义上对世界进行量化，将注意力限定在那些以某种方式类似于我们自己所处世界的仿本对应物上，并将其称为对于可接近世界的限定。与此同时，我们通常在严格限定的意义上对可能的个体进行量化，并且将注意力限定在那些以某种方式类似于一些给定的现实世界的个体上，我把它称为对于那个个体的'仿本'的限定。"①

对于科学隐喻而言，这里所涉及的可接近性或者说可达到性实质上就是一种构成隐喻基础的类比关系。这就意味着，当且仅当 S 类似于 T 或 S 与 T 是可比拟的，情态 S 才有可能从情态 T 中得出。也就是说，如果 S 与 T 之间的某种类比关系是可能的，那么，就可以给出一个函数 f，把 S 中的个体、事态以及特征与 T 中的仿本对应物联系起来。这种函数是一种隐喻映射函数或者说仿本函数。设 x 在情态 T 中，则 T 中的 $f(x)$ 就是 S 中 x 的仿本。正是这种仿本对应关系解决了不同可能世界之间达成隐喻同一的现实性问题。②

3. 科学隐喻的有效性对可能世界仿本对应中新的意义假设进行确定

可能世界仿本对应的关系一经确立，就产生一种新的意义假设，对科学隐喻所隐含的类比等价性作出具体陈述。也就是说，隐喻关系一旦建立，就需要对作为来源域和目标域的两个不同世界之间的仿本对应关系进行逻辑同构性的澄清和语义同态性的说明。仿本对应关系基于可能世界之间有理由的类比，包含三个基本元素，即两个可能世界 S、T 及二者之间的类比关系函数 f_M。如果这个类比能够成立，即 f_M 经过类比转换成功地修正了隐喻喻体的语义场，由此造成了某种语义扩展，这时，相关科学隐喻就表现出其有效性。例如，设 G 和 F 表征不同的类属，那么，"G 是 F"隐喻地为真，当且仅当类比 (S, T, f_M) 能够成立，使得 G 在 T 中是 F 在 S 中的仿本，并且能够对这种关系进行有理由的说明。典型的科学隐喻"声是一种波"即属于这种情形。首先，此类科学隐喻增补了新的意义假定，其形式为：当且仅当 $C(x)$，如果 $G(x)$，则有 $F(x)$。在科学隐喻"声是一种波"中，$C(x)$ 表示声音波动理论的全部确证条件；其次，此类隐喻的有效性对于这种新的意义假定进行选择和确定，也就是其相关解释力为之提供合法性地位。③ 可能世界的观念是一种以可能性为基本认知目标的模态逻辑的观念。从本质上来说，科学隐喻正是对于可能世界逻辑的一种具体运用，即以一种隐含的模态判断对可能世界的真实结构与内涵进行尝试性的把握。在这种意义上，可以把科学隐喻的语形结构视为省略了模态词的一种

---

① Lewis D. On the Plurality of Worlds. Oxford, New York：Blackwell Publishers Inc., 1986：234.
② Steinhart E C. The Logic of Metaphor. London：Kluwer Academic Publishers, 2001：4.
③ Steinhart E C. The Logic of Metaphor. London：Kluwer Academic Publishers, 2001：221.

判断性陈述。基于以上观念，可以对科学隐喻的真值条件做如下定义：在世界 W 中，一个形式为 "x 是 y" 的隐喻陈述为真，当且仅当在世界 W 中存在情态 S 和 T，并且 x 在 T 中是 y 在 S 中的仿本对应物。[1]

三、科学隐喻真值的模糊逻辑特征

对于科学隐喻是否具有真值、能否传达真理，自柏拉图以来就有许多哲学家持否定态度。卡尔纳普指出，形而上学的语言之所以是无意义的，是由于其意义被语言形而上学的隐喻用法剥夺了。但是，也有许多哲学家持肯定态度。例如，美国华裔逻辑哲学家王浩指出："隐喻把一个字眼转用于它并不真正适用的某个东西上去。……我们多数时间事实上是靠隐喻说话的，假使使用得当，隐喻便激励我们设法去琢磨和把握其中真实的成分。胸襟宽阔的话，尽可不认为隐喻偏离真理而把真理看成隐喻的极限情况。"[2] 戴维森也认为，一旦我们理解了一个隐喻，就可以把所把握到的内容称作"隐喻的真理"。模糊逻辑作为集合理论和集合逻辑在当代的一种新的变体形式，认为谓词可适用性的程度是一个不确定的、充分开放的领域，这对于表征科学隐喻真值的特征来说是十分有用的。

1. 模糊逻辑是对传统二值逻辑的超越

传统的经典逻辑是一种严格的二值逻辑，认为一个命题或判断要么为真，要么为假，二者必居其一，除此之外任何其他的逻辑可能性都是不可能存在的。例如，"这间房子是热的"要么为真，要么为假，不存在任何中间值的可能性。模糊逻辑对此作出了根本性的修正，即肯定中间值的存在性及其意义。从模糊逻辑的角度来看，为了更准确地表征认知主体实际推理或应当推理的方式，一个命题不仅可以作出"为真"或"为假"的判断，还可以合理地认为它"非常接近于"或"几乎""差不多""为真"或"为假"，或者认为它比其他相关命题"在更大程度上""为真"或"为假"。

---

[1] Steinhart E C. The Logic of Metaphor. London：Kluwer Academic Publishers，2001：3.
[2] 王浩. 哥德尔. 康宏逵译. 上海：上海译文出版社，2002：203.

2. 模糊逻辑为科学隐喻真值的合法性和现实性创造了空间

模糊逻辑属性的真值鲜明地表达出：科学隐喻所指的每一种属性，都能够在某种程度上成为由该所指的一种字面解读所定义的属性集合的元素。至于所指的何种属性必须根据其字面意义所定义的集合元素去加以衡量，则是由该科学隐喻的解释所确定的。在一个具体的科学隐喻中，可以建构出特定集合元素的内涵与外延范畴，使得其本体和喻体分别包含在不同的集合中。从语言的表层结构来看，包含隐喻本体集合的元素无法作为包含喻体集合的一个元素而存在。但是，根据模糊逻辑的开放性原理，仍然有可能对这两个不同集合中所包含元素的属性进行对比区分，即哪些属性是相互类似的，哪些属性不具有可比性。

在这种情况下，隐喻本体集合中所包含的元素成为喻体集合元素的可能性越小，该隐喻所具有的逻辑解释的可能性就越大。以科学史和哲学史上著名的隐喻"人是钟表"为例："钟表"是非动物性语义标记的一个适当的子集，"人"是动物性语义标记的一个适当的子集；在一般语境中，钟表是非动物性集合中机械类属集合构成元素资格的 $f_A(x)$ 的值为 1 的实体的一个典型例子。这个隐喻指出了钟表的机械动力学特征与人的生物活力论特征之间的相似性，构成相关元素资格的函数就转化为一个小于 1 的值，从而使得该隐喻具有极强的暗示性和启示力，传达出深刻的认知内容。

3. 科学隐喻的逻辑真值包含表征性与建议性两方面内容

在模糊逻辑理论中，由于设定了三个区间边界 α、β 和 γ，并且 $0<\beta<\gamma<\alpha<1$，就建立起一种超越传统二值逻辑的四值逻辑，为隐喻真值的分析提供了更为广阔的空间和有效的手段。从 0 到 β 的区间和从 α 到 1 的区间根据是否具有从属关系进行确定，其结果分别产生为真或为假的陈述。与此同时，二者之间的"非确定性"区间则分裂为两个部分，其中，从 β 到 γ 的区间使得建议性隐喻产生，从 γ 到 α 的区间使得表征性隐喻产生。因此，根据这种理论，如果一个谓词可以归属于某个对象，同时该谓词从属关系的函数恢复到一个介于 β 和 γ 之间的值，那么，可以认为该谓词在隐喻的意义上归属于相关对象，此时的科学隐喻是一种建议性隐喻；如果谓词以介于 γ 和 α 之间的值的从属关系应用于某个对象，同样可以认为该谓词在隐喻的意义上归属于相关对象，此

时的科学隐喻是一种表征性隐喻。①

四、科学隐喻推理的不明推论逻辑特征

不明推论逻辑也称为溯因逻辑（abductive logic），是从已知的经验现象或数据出发，试图提出并确定与之相关的合理解释的一种逻辑推理形式。也就是说，不明推论逻辑是一种寻求最佳解释的推理，其基本结构为：设 X 为特定数据之和，包括事实、观察现象及给定的语境情形；Y 是对于 X 的一种解释，且可能存在的任何一种其他假设 Z 对于 X 的解释的有效力与简单性均小于 Y；此时可以作出推论：Y 可能为真。显然，不明推论逻辑的推导力是十分强大的。作为一种提出假设的逻辑推理方式，任何与已知事实或数据存在潜在因果关系的论据都可能被作为结论推出。当然，不明推论逻辑推理的关键并不在于提出种种可能的解释性假定，而在于限制众多的可选择的备选项以选出最佳解释作为结论。这实际上就是皮尔士所谓的理性再评价的问题，也是他在首创不明推论逻辑时特别加以强调的一点。具体来说，科学隐喻推理的不明推论逻辑特征的展开过程体现在科学隐喻的发明、确证与理解三个层次上。

1. 科学隐喻发明推理的不明推论逻辑特征

从发现逻辑的角度来看，科学隐喻推理的过程正是不明推论式推理过程的一种典型应用，即试图利用已知的概念来源域对所意向的未知的概念目标域作出一种最佳说明，创造出相关的科学隐喻表达法。在这种过程中，归纳与演绎逻辑是被内在地包含着的，时时发挥其应有的补充作用。例如，在科学的理论化过程中，隐喻假设是经常被科学共同体所采用的一种有效方法。隐喻推理的归纳、演绎－不明推论逻辑推理的模式与解释科学理论术语的假设－演绎的模式从根本上说是一致的、互为补充的，其基本形式可以表述为：设 X 和 Y 为分别属于不同语义场或概念类型层级的已知事实、事态、属性或特征；且"X 是 Y"作为一种对于 Y 的解释是可接受的，同时任何其他假设的解释的有效性和简单性均弱于"X 是 Y"；此时可以作出推论："X 是 Y"可能为真（隐喻地为真）。

---

① Durkhya I. Metaphor and Cognition. London：Kluwer Academic Publishers，1992：78.

2. 科学隐喻确证推理的不明推论逻辑特征

科学隐喻假设在被提出之后必须得到确证，这是不明推论推理逻辑本身所包含的应有之义。在这里，科学的证实和证伪的逻辑不仅适用于字面的假设，同样地适用于隐喻假设，而相关确证的过程事实上仍然是不明推论推理过程的回溯。这一过程与隐喻解释所蕴涵的推理类型是一致的：科学解释起源于一个意义未知的科学隐喻，是对该科学隐喻意向意义的积极寻求；而确证终止于一个证据未知的科学隐喻，是对于这种可能证据的积极寻求。在意义根据其真值条件给定的范围内，任何科学隐喻的字面意义均可以在同等程度上作为其字面证据而存在，因此，隐喻确证实际上是隐喻解释的逆向过程。解释是从科学隐喻本身到其字面证据的推理，而确证则是从字面证据到科学隐喻本身的推理。在隐喻解释中所运用的推理程序和步骤保留在确证过程中，其重要性在于把隐喻与证据在一种双向的认知意义上联系起来。这就意味着，隐喻发明和确证的逻辑是不明推论逻辑与归纳、演绎逻辑的综合运用。

3. 科学隐喻理解推理的不明推论逻辑特征

科学隐喻命题的含义是按照科学语言交流的合作原则及语境原则而被推导出来的。首先，科学隐喻的接受者必须假定发明者是遵守语言交流合作原则的，这是隐喻理解的一个基础性前提；其次，接受者应当根据该科学隐喻的形式特征确定其所违反的字面语言准则；最后，依据与发明者共享的科学知识背景及语境条件的限定，合理地假定并推导出发明者所意向的隐喻意义。显然，接受者对隐喻的理解过程是对于不明推论逻辑的一种自觉的应用，即借助并不充分的字面意义、会话准则和语境原则去推断说者的意向内容，积极寻求一种最佳的隐喻解释。

设隐喻发明者和接受者分别为 A 和 B，A 说出一个形式为"S 是 P"的科学隐喻。在特定的语境中，"S 是 P"这一判断句所表达的意义明显地违反基本的字面言语准则。此时，接受者 B 首先假定，A 并未违背语言交流的合作原则；同时，除非 B 相信另外一个命题"S 是 R"，否则，就得假定 A 事实上违背了语言交流的合作原则。也就是说，A 和 B 必须对"S 是 R"达成共识才能够保证语言交流的成功。由于 A 并未向 B 传递任何 R 的信息，因此有可能意使 B 相信"S 是 R"。在这种情形中，从"S 是 P"的字面陈述到隐含的"S是R"意义的获得，正是不明推论逻辑所造成的一种认知跃迁。

可见，科学隐喻推理的发明、确证和理解三个层面都鲜明地体现出不明推论逻辑的特征，既包含了对于传统归纳与演绎逻辑的运用，又是对于后者的必要的、有意义的补充。换言之，科学隐喻所关联的解释项与被解释项之间的逻辑关系，超越了严格意义上的归纳－演绎逻辑关系，体现为一种"近似符合"的关系。① 这种充分地近似符合的认知内容不能由归纳－演绎逻辑单独地决定，而是通过语境系统的其余部分、解释项和被解释项所蕴涵的一般经验可接受性及许多其他变量因素综合作用而形成的，其关键在于不明推论逻辑的灵活运用。

综上所述，从构造逻辑的特征上来看，科学隐喻摧毁了固有的逻辑分类秩序，造成了概念类型层级的重组，实际上是以"隐喻重描"的方法对实在客体进行了新的内涵描述和逻辑定位；从本质逻辑的特征上来看，科学隐喻突出地反映出可能世界所界定的语义场之间的类比关系，即仿本对应的模态逻辑关系；从真值逻辑的特征上来看，科学隐喻体现出模糊逻辑的优越性和更为广泛的说明力，对传统二值逻辑进行了有意义的拓展；从推理逻辑的特征上来看，科学隐喻所包含的不明推论逻辑是对于传统归纳和演绎逻辑的必要的、有益的补充，是对于一种创造性的发现逻辑的贡献。所有这些方面都鲜明地体现出科学隐喻逻辑的调适性和扩张性特征。

由此可见，科学隐喻所体现出的鲜明意向性和直觉性与逻辑本质具有的表征性和演绎性之间并不存在一条截然的鸿沟，而是共同为融合语言意义系统的整体性和一致性服务的，二者之间存在的是一种辩证与互补的关系。科学隐喻发明、应用、交流、解释的过程，既是认知主体理性与非理性、经验性与直觉性之间的交替、互动过程，也是科学语言的逻辑性与非逻辑性、科学概念意义的语境制约性与意向发散性之间的交叉、上升过程。总之，科学隐喻所包含的真理自然而又必然地基于其表层结构所蕴涵的深层认知内容的逻辑性。正是在这种意义上，对于隐喻逻辑特征的考察构成一种隐喻理论的核心要素。②

---

① Hesse M. Revolutions and Reconstructions in the Philosophy of Science. London: The Harvester Press, 1980: 121.
② Magnani L, Nersessian N J, Pizzi C. Logical and Computational Aspects of Model-Based Reasoning. London: Kluwer Academic Publishers, 2002: 35.

第二节 科学隐喻的指称特征

科学语言与客观世界之间的一致性关系问题特别是科学概念对外部世界的指称问题,是当代语言哲学与科学哲学共同关注的焦点问题之一。在传统的研究中,哲学家们试图以符合论为基础去探究科学理论实体所对应的指称,并且非常注重这种对应的趋同性,从而使科学语言的指称问题成为其关注的核心问题之一。与此同时,对于世界的认知也随着指称理论的发展而进一步拓展。科学语言指称的本质就在于合理地描述语词与对象之间从而语言系统与客观世界之间的对应关系。在这里,所谓的"世界"应当具有一种广泛的含义,它既应当包括客观的、现实的外部实在的世界,同时也应当包括人类心理映射的心灵世界、意向世界及可表征的理论实体的世界。

显然,传统指称理论在说明语词对这种"多世界"的指称关系时是无能为力的。那么如何解决这一问题?哲学家们从隐喻中发现了一条可能的路径。20世纪60年代,美国分析哲学家尼尔森·古德曼(Nelson Goodman)在其名著《艺术语言:符号理论研究》中首次将一切语言的和非语言的象征运作纳入指称功能的单一运作的界限之内。这也就意味着,任何一种象征都具有指称的功能,隐喻作为这种符号理论的本质要素,直接介入指称理论的框架。其后,列日学派也指出,各种风格性修辞,不仅仅涉及语言外现象的意指问题,同时也涉及认知功能与外部世界的关系问题,而隐喻是其中最重要的形式之一。可见,哲学家们早已敏锐地认识到,隐喻对语言之外的外部实在是有所指称的。这就在于,当科学理论语言的话语单位用于指称某种在其常规情况下不会指称的事物、概念、过程、属性、关系的时候,就出现了科学隐喻。[①]

当代著名哲学家保罗·利科指出,对于科学隐喻指称问题的探讨,必须本着一种探索性的态度,而不是固守传统教条的态度;同时必须用一种理性的存疑的方式取代形而上学绝对肯定的方式。显然,科学隐喻指称特征的解释与其所假定的本体论澄清是密不可分的。当代科学哲学家大多倾向于认为,在超越传统符合论的基础上去探究科学隐喻的指称本质及其特征是一种有前途的研究进路,这将大大拓展传统指称理论的解释范围。

---

① Goatly A. The Language of Metaphors. London, New York: Routledge, 1997: 108.

一、科学隐喻的指称开放性特征

任何一个成功的科学隐喻都并非仅仅是将某种确定的相关类似性或类比传达给特定的受众群体；尤其是对于在科学理论中发挥重要作用的理论建构隐喻来说，隐喻指称所具有的这种特征具有更加鲜明的归纳性。这就在于，科学理论术语在一定的意义上必须具有某种语法上的无限性，因为，它的引入和描述涉及未来有待研究的某种假设性的主题或内容。因此，这样一种科学理论术语引入的要求正好与科学隐喻所具备的特征相一致。科学隐喻对于有待研究的假定事物类别提供一种尝试性的初步描述的途径。"如果对包含相同隐喻主题的隐喻体的接合和提炼证明在科学理论建构中是真正有效的，那么，唯一可能的认识论上的解释是，大部分相关隐喻指称，以及科学问题中的隐喻表述（当在其隐喻语词的无标准的所指对象中被解释时），表达了重要的真理。"[①]

科学隐喻指称的这种开放的无限性或非确定性，对于指称特点体现为非定义确定的理论术语和理论陈述极为典型。事实上，不仅不存在纯粹的语言学的精确性，所谓科学的精确性也只能理解为方法论或认识论意义上的一定程度的精确性，科学语言的精确性仅仅是科学隐喻指称所表现出的最终特征或最后结果。科学隐喻以其开放的无限性特征进行一种含蓄的指称，在此意义上它们并不与所指的某种精确定义相符合，而主要是为其指出某种可能的方向。因此，科学隐喻的开放指称为科学共同体的主体间性机制提供了发挥作用的平台，从而将科学探索活动与独立存在的实在世界的特征有机地联结了起来。[②]

科学隐喻的成功应用并不在于它们传达了某种相似性或类比的特定方面，实际上就连科学隐喻的使用者本人也无法在一种典型的意义上对于相似性和类比的相关方面作出精确的界定。毋宁说，科学隐喻的效用正在于科学理论的转换需要依赖于它的那种无限的开放性。需要指出的是，科学隐喻所具有的这种特殊的无限开放性或模糊性并不把它们与更具有典型性的科学理论术语严格地、截然地区分开来。当然，这也并不意味着科学隐喻在理论发展的过程中永远拒绝相似性与类比相关方面的一种完全说明。在通常所讲的意义上，这种完全说明只是一种成功的科学探索的最终结果。但事实上，这种所谓的完全说明是根本不可能的。传统观念认为，在科学理论语言与复杂的外部世界之间应当具有一种精确的符合关系，因此，科学隐喻所具有的非精确性是十分可疑的。

---

① Orilia F. Metaphor and truth-maker. Journal of Philosophical Research, 2001, 26: 120-121.
② Ortony A. Metaphor and Thought. Cambridge: Cambridge University Press, 1993: 493.

这种观念似乎是合理的，但实质上却严重地误解了科学精确性的真实含义。"隐喻的使用是科学共同体为了完成对语言进行调试、以适应世界的因果结构的任务时可应用的诸多方法中的一种。"①

总之，科学隐喻所具有的指称开放性特征不仅体现出其特殊的指称功能，即在某种程度上对直指的意义进行开放性的扩张、转换或变化，同时也表现在从不同层面和意义上体现了相关语言实体的多样性：无论这种语言实体是现实的或虚构的、可能性的或意向性的，都具有不同程度、不同意义、不同本质的存在的现实性。②

二、科学隐喻的指称曲折性特征

科学隐喻是通过将特定的科学语言标记转移到在一般意义上反对这种转移的新的对象上，以此来拓展其所可能进行指称的范围。在阐述科学隐喻指称问题的过程中，科学哲学家们传统上习惯于以不同的方式诉求于日常世界与虚拟世界之间的区分，换言之即实际世界与可能世界之间的区分。科学隐喻的指称更多的是对于其他世界的指称，而不是对于自然世界的指称；是一种对于可能世界的指称，而非对于实际世界的指称。因此，科学隐喻的指称作为第二种指称或一种二阶指称，具有一种独特的功能：它能够建立另一个世界，而这个世界符合存在的其他可能性。

"隐喻陈述正是那种清楚地指明被悬置的指称与被展示的指称之间关系的那种陈述。正如隐喻陈述在字面意义的破碎处获得它的隐喻意义，它同时在可以（以一种对称的方式）被称之为其字面指称的破碎处获得它的指称。"③在相似性的网络内部，科学隐喻的意义转换可以被恰当地视为一种语义距离的转换，为指称的适度的灵活性创造了前提条件。科学隐喻在两种意义上与再造的或可能的世界相联系：首先，它的功能在于改变人们以前所熟悉的语言、意义及指称观念；其次，它在超越了自然主义所谓事实描述的基础上拓阔了指称的界域。

从本质上来说，科学隐喻的创设与语言的任何其他类型的用法具有共同的基本目的，即通过不同的方式对于客观现实进行指称和描画。但是，与非隐喻性的语言陈述所具有的直接指称的程式相比，科学隐喻是通过一种相当复杂的

---

① Ortony A. Metaphor and Thought. Cambridge：Cambridge University Press，1993：483.
② 郭贵春．语境与后现代科学哲学的发展．北京：科学出版社，2002：31-32.
③ Ricoeur P. The Rule of Metaphor. Czerny R，Czerny R，McLaughlin K(trans.). London: Routledge, Kegan Paul Ltd.，2003：261.

指称策略与客观现实进行关联的。这种特殊策略的核心和基本要素就在于：悬置并且在表面上消解依附于字面描述性语言的一般指称或者说日常指称。这就意味着，科学隐喻是通过一种复杂的方式关涉实在的，是通过一种曲折的方式对实在进行指称的。

科学隐喻指称曲折性的基本特征可以概括为两个方面：首先，科学隐喻对于字面语言的一般性指称加以悬置；其次，在此基础上构造一种二阶的或多阶的指称。显然，这一过程表现出科学隐喻首先对与陈述的字面解释相符合的指称进行了消解和悬置，但是，这并不意味着对于字面指称的完全废弃和消除。相反，这种对于字面指称的悬置在客观上解放了语言系统其余可能的指称维度和实在自身的其余维度。如果把字面意义的指称称为第一层次的指称，那么，科学隐喻的指称就是在解释中通过悬置这种第一层次的指称从而释放出来的第二层次的指称，后者从新的层面拓展了前者所不可能具有的指称范围、层次及深度。一个科学隐喻的陈述非常清晰地展现出被悬置的字面意义的原始指称与被扩展的隐喻指称之间的内在关联性。这就在于，一个科学隐喻的陈述是在字面意义的破碎处获得其隐喻意义的可能性的，同时以一种与意义获得相对称的方式在字面指称的破碎处获得其相应的指称。

三、科学隐喻的指称辩证性特征

科学隐喻作为科学理论的一种本质性的构成要素，其最为显著的科学性似乎体现在对于字面语言指称的悬置上，而这种悬置似乎完全取消了字面语言日常指称性的所有特征。我们认为，这样一种观念是不完全正确的。事实上，科学隐喻指称在对字面指称进行分裂的基础上，既涉及被隐喻张力所悬置的字面意义，又涉及影响、替换这种字面意义的隐喻意义，从而展现出极大的辩证性。这正如利科所指出的那样，在隐喻陈述指称性功能的领域，对于"分裂指称"的理解具有极为重要的意义。分裂指称的特征就在于"是并且不是"。这也就意味着，要正确地理解一个科学隐喻，必须依赖于隐喻意义与字面意义之间的张力，在各种可能的、合理的解释之间往复转换。

科学隐喻的指称提出了对于一般意义上的字面语言指称序列的否定性条件，是从直接指称到间接指称的一种合理的过渡。我们之所以把科学隐喻的指称命名并理解为一种次级指称，是由于在传统中字面语言的指称是占据着统治性的地位的。也就是说,把科学隐喻的指称命名为次级指称并不是否认科学隐喻指称的原生性,这种原生性体现在科学隐喻的指称对于客观世界深层结构的揭示和建议中。科学隐喻的意义并没有消解和废除其字面的原始意义,这种字面的原始意义总是在一定的程度上被保留在隐喻意义中。因此,科学隐喻的指称就在这种若隐若现的字面意义所蕴涵的日常视域与其隐喻意义所暗示的新视域之间获得了一种必要的张力。

第三节 科学隐喻的理论特征[①]

科学隐喻的理论特征体现在科学理论的构造、解释及发展三个方面上,其在不同的方面又表现出不同的特点。以科学理论的整体演进为基本载体和依托,科学隐喻的理论特征突出地体现为:科学理论构造方面鲜明的意向性特征、科学理论解释方面强烈的语境化特征及科学理论发展方面显著的动力学特征。这三种基本理论特征又具体体现在科学隐喻普遍的存在性和本质的创新性两方面相结合的基础之上。

一、科学隐喻的意向性特征

科学隐喻的本质内涵和基本内容是由其发明者的原始意向所直接地限定的,这是科学隐喻的语用理论的一个关键性内容和基本主张。科学隐喻的发明者或言说者的意向在决定性的意义上构成相关科学隐喻指称的确定性界域,科学隐喻的成功交流则是这种原初意向性的扩散和统一,即其实现并被接受的语言实践过程。在这种意义上,科学隐喻的意向性特征突出地体现为科学隐喻发明者或言说者意向的相对独立性及其与科学共同体整体交际语境的渗透与融合过程。

语言哲学的一般意向性理论为研究科学隐喻的意向性指向提供了极为重要的理论依据。关于意向性,著名分析哲学家约翰·塞尔曾经给出过一段经典论

[①] 本节内容以"科学隐喻的基本特征"为题发表于《科学技术与辩证法》2007年第2期。

述。他指出，意向性是心灵所本质具有的一种重要特征；只有通过这种特征，人类的心理状态才能够指向外在的对象。意向性指向所蕴涵的意义包括关于、论及、涉及，以及针对世界上的情况等种种关涉形态。此外，意向性特征还有一个重要特点：人类意向状态所表现或关涉的对象不一定是现实存在的对象。这也就是说，科学隐喻所陈述的内容从字面形式上来看往往是错误的，但其意向性仍然具有现实性、明确性与可理解性的特征。因此，科学隐喻意向性的本质属性就在于：具有创造性地把意识与其对象结合在由"是"构成的意义关联中，从而以此作为认知模型，构造从内在的科学思维运作的思想世界通达外在的客观实在世界的一种可能路径。

科学隐喻的意向性与科学家在既有的理论范式中寻求概念突破的那种特殊的意识状态相关，这种意识状态的本质特征在于发现尚未被认识到的两类不同观察对象或结构之间的相似性，然后，通过"是"的本体论意义上的应用将二者统一起来。在某些特殊情况中，一个科学隐喻的实际意向状态很可能是科学家本人也没有意识到的，但是，这种特殊情形属于意向性特征能够潜在地成为意识的情形。也就是说，在这种情况下，科学隐喻的发明者或言说者似乎是无意识地说出一个科学隐喻，但并不构成对于相关隐喻意向性的否证。事实上，在任何一种语言系统中，尤其是在科学语言系统中，一个不具有明确意向性的隐喻是不可能产生和存在的；只能说产生相关隐喻的意向性是潜在的、无意识的、隐而不彰的。

必须加以强调的是，所谓科学隐喻的意向性实质上是指科学隐喻发明者或言说者主体所具有的意向性，而不是指科学隐喻语言形式本身所包含的某种字面蕴涵的意向性。换言之，科学隐喻的意向性是创造该隐喻的主体的意向性所赋予的，并且与后者相同一，而不是在字面形式上所反映出来的句子主词语义学意义上的意向性。认识到这一点，就是在作出一种重要的哲学区分：必须把人类作为隐喻发明者内在地具有的那种意向性同形式上的语词、句子、图画、图表和图形本身表现出的意向性区别开来；后者的意向性是从前者引申出来，或者说后者的意向性仅仅具有语义学的含义，在实际上是不存在的。[①] 例如，"分子监护人阻止组蛋白与 DNA 之间错误的离子反应"这样一个典型的科学隐喻陈述，本身并没有任何真正的意向性归属，只能说整个句子反映出作出这一陈述的科学家所持有的某种理论意向，其具体内容需要通过相关的科学理论

---

① 塞尔.心灵、语言与社会.梅文译.上海：上海译文出版社，2001：88.

语境加以确定。

根据塞尔的分析，在这里，所谓分子监护人所显示出来的阻止行为纯粹是一种"好像"，它由于组蛋白与DNA之间错误的离子反应而似乎在行使其本质的职能。然而，这种职能的行使本质上是该科学隐喻的使用者通过人和分子之间的类比来描述其功能特征。因此，这种用法的实质在于科学隐喻的使用者把一种事实上并不具有的意向性归于他们所描述的研究对象。只是从语言形式上来看，似乎这些研究对象具有了某种意向性。这就意味着，科学隐喻的意向性本质上是一种科学主体的建构，科学隐喻的语言形式是主体特定意向性的一种表征。较之于一般隐喻的意向性，科学隐喻的意向性更为鲜明，更能够充分地体现出科学共同体在对科学理论进行构造时所发挥的主观能动性和鲜明的指向性。

在科学史中，真正有效的科学隐喻总是科学共同体意向性在整合统一基础上的一种确切表征，是在科学理论建构的要求、科学家的知识背景与结构及理论预测能力、科学隐喻所可能具备的语言形式等因素的综合作用下派生出来的。科学隐喻陈述本身在语言的表面形式上所呈现出来的意向性并不能作为某种独立的"第三种意向性"而存在。塞尔指出，"说某种实体具有'好像'意向性不过是一种表述方式，说明它的行为表现得'好像'具有意向性，而实际上并没有意向性"[①]。这仍然是在强调，所有的从科学隐喻的语言学形式中所得到的派生的意向性都直接来源于隐喻发明者或言说者主体内在的意向性。

科学隐喻的意向性以相关科学理论语用语境的特征为基本根据和依托。这也就意味着，科学隐喻的意向性绝不是某个科学家个人的一种孤立的心理能力或单纯的意识状态的结果。在实际的运作过程中，科学隐喻的意向状态主要表现为科学家对于特定科学理论语用语境条件的预设能力。由于这种预设能力是其他的、更多的意向状态展开的基础，所以实质上也就是一种前意向性的结构。除此之外，科学隐喻的意向性在更广泛的意义上与深层次的科学文化背景及相应的科学共同体当前实践，主要是科学理论实际进展尤其是其发展瓶颈的具体问题求解的情况相关。在不同的科学文化环境和科学共同体语言系统中，科学隐喻的意向性具有不同的内容，需要根据实际情况进行把握。

科学隐喻的意向性特征作为其存在的基本根据有力地反驳了存在字面与隐喻两类语句意义的观点。因此，试图单纯从语句或表达式所体现的话语语言形态中提炼科学隐喻的本质和要素的做法是无法在实践中获得成功的。其主要原因在

---

① 塞尔.心灵、语言与社会.梅文译.上海：上海译文出版社，2001：89.

于,"语句和语词只有它们所具有的意义"。这也就是说,"当我们谈论语词、表达式或语句所具有的隐喻意义时,都是在谈论言说者能够以背离这些语词、表达式或语句的实际意义的方式使用它们来进行意谓的内容。因此,我们正在谈论的是可能存在的言说者的意向"①。由此可见,对科学隐喻意向性的认识和强调最终必然导致言说者所意向的表述意义与语词或语句的语言学的意义的分离和超越。一个科学隐喻的意义必须首先从其发明者所表述的意向意义去加以理解。

科学隐喻的理解和解释都是对科学家在构造相关理论时所具有的原始意向性的归纳式还原过程。"在某种意义上,释义必须接近言说者所意谓的东西。这是因为,在任何一种情况中,当且仅当相对应的用于释义语句的断言是真的,言说者的隐喻断言才可能是真的。"②这也就要求,对科学隐喻的解释必须与隐喻言说者所表述的意向内容相一致。只有这样,才可能真正澄清科学隐喻所蕴涵的真值条件。科学隐喻的意向性本质地包含并要求对于科学家所具有的原始意向结构进行还原。但是,需要提起注意的是,任何对科学隐喻的释义尽管都在追求对其原有意向性的正确、合理的还原,但这种还原具有不确定性和不可穷尽性;而且,无论在简单性还是在深刻性的意义上来看,任何一种相对完善的还原释义都无法替换原有的科学隐喻。许多科学隐喻作为理论建构隐喻而成为科学理论的内核甚至是不可替代的。

换言之,重塑某个科学隐喻意向性所表述的真值条件是完全可能的,但这个科学隐喻的意向性包含了其他重要因素,而这些因素是超越于其真值条件范围之外的东西。一个提出某种全新的科学隐喻的科学家,由于完全控制了该隐喻可能具有的语言学效力、共享信念及科学理论背景知识,从而限定了一个特殊科学共同体所可能利用的语境元素条件。由此,他所在的科学共同体得以凭借该科学隐喻所隐含的意向态度表达一个有针对性的科学预测或科学假说。但是,无论如何,这种意向性必然包含达成对某一命题进行成功交流或至少对达成该命题的特定态度或信念进行有效交流的内容。

隐喻意向性受到隐喻言说者对于语言系统的掌握程度的制约。因此,科学隐喻的有效性在许多情况下往往只是在科学共同体内部才能够得以实现并获得保证。在科学共同体向其他社会成员介绍其理论内容的时候,他们对于所期望的听众的语言、文化,以及个人背景的认知与了解程度,对于会话语境及其原

---

① Searle J. Metaphor//Martinich A P. The Philosophy of Language. Oxford:Oxford University Press,1985:417.
② Searle J. Metaphor//Martinich A P. The Philosophy of Language. Oxford:Oxford University Press,1985:419.

则的把握也是构成科学隐喻意向性内容的重要因素。当然,这种意向性最后表现为一个科学隐喻的形式,其成功与否体现为该科学隐喻在实际的科学交流活动中成功与否,即是否具有强大的劝导性、启迪性及解释力,是否获得了科学共同体成员乃至社会共同体成员广泛的认可和接受。科学隐喻的意向性是对单纯的科学语言学效能的超越,与字面意向性的本质不同在于它能够引起科学语言再概念化的重要结果。科学隐喻之所以在某种意义上是不可转述的,是由于:对于某个科学家在特定的科学发明情境中所具有的特殊意向性而言,使用惯常意义上的其他语词表达式是不适当的。

二、科学隐喻的语境化特征

在达尔文的科学隐喻"自然选择"中,"选择"这一语词被从日常语言的语境移置到新的生物学理论语境中,从而与"自然"建立了联系,并通过强调其原初意义的某些具体特征在新的科学理论的语境中被解释。这种解释意味着对于被移置的概念的一种修正,以便使它们适应这种新的语境。当它们的调整结果与新的语境完全融合的时候,这些概念的新的意义就得到了阐明。当然,隐喻移植的语词的意义可接受性是在一种再语境化的过程中实现的。对于新的语境的适应是由语言中类比规则的存在性所引起的,这种类比规则是跨语境的意义区分效果的根源。一个类似"自然选择"这样的科学隐喻表达展现出一种不同的对比:这两个语词并不是相互矛盾的,而是异质的;通过在一种特殊的科学理论语境即达尔文的生物学理论中被并列,它们以一种明显的不可能或尚未被考虑到的事态传达出一种可能的或有必要加以认真考虑的事态。[①]

科学隐喻的语境化特征与其语用学结构本质地相关。这也就意味着,由于科学隐喻绝非仅仅涉及一些语词的简单转移,而是表征着特定的科学思想之间的交流,所以,科学隐喻的最终目的是造成特定科学研究语境之间的和解。一方面,在科学隐喻的陈述中,所引起的特定的语境活动的结果创造出新的科学概念意义。这种意义仅仅存在于当下的语境中,因此就具有了一种事件性的地位。[②] 另一方面,科学隐喻解释的严格规则又是由一种理想的语境所限定的。科学隐喻解释作为一种符号化过程的开始和终止同样取决于并且适用于这种语

[①] Montuschi E. What is wrong with talking of metaphors in science// Radman Z. From a Metaphorical Point of View. New York: Walter de Gruyter,1995:321-322.
[②] 保罗·利科.活的隐喻.汪堂家译.上海:上海译文出版社,2004:134.

境。如果一个科学隐喻出现在某种语境中，而这个语境很快地把它遗漏，那么，这个科学隐喻就被证明不适用于这一语境，因此是不适当的，它作为科学假设功能的发挥是失败的。可见，科学隐喻必须要从语境化的角度加以理解。

一个科学隐喻的有意义的实现是通过相关实验或理论语境的选择性和规定性所保证的，其中不仅包含了科学隐喻术语的指称对象、谓词外延和函项的功能选择，而且还生动地展示出了科学概念的浅层语境与深层语境、形式语境与意义语境之间的跳跃与变换。因此，任何一种有效的隐喻分析都不可能脱离特定语境的基底而进行。

这样，朝向一种语境论的科学隐喻观就成为当代科学隐喻研究有前途的趋向。这也就是说，"在语形的层面隐喻是被构造的，在语义的层面隐喻是被转化的，在语用的层面隐喻是被选择的。在一个特定隐喻的生成过程中或它的方法论要求的展开过程中，这些层面是内在地统一的和同时作用的；或者说是在一个特定的语境中相互作用给出的系统结果。因此，一个隐喻描述必须在语言转换的语境中历时地加以理解"[①]。一方面，一个新的科学隐喻的创造不仅是特定语境的被动的产物，也使原来的语境获得了某种新的含义，从而体现出一种再语境化的功能；另一方面，随着语境的发展和变化，原来的科学隐喻也会逐渐失去其新义，而转化为语词的字面意义和普通意义内化在科学理论语言系统中，成为隐喻意义消亡了的一般科学概念。正是基于以上原因，对于科学隐喻的语用考察，我们能够更准确地认识相关科学语境的特征、更清晰地描画科学语境的流变发展轨迹，从而更加准确地把握科学隐喻的本质。

如果说语词的字面意义表述对语境有某种程度的相对独立性，那么，科学隐喻语言对语境的依赖性要强得多。这种依赖性在于，为创设一个科学隐喻，科学家必须对相关理论研究的整体范式和具体语境条件有着极为深入的把握，并且在此基础上形成某种特殊理论假定趋向的隐喻洞察；而为理解一个科学隐喻，接受者也必须了解自己与隐喻陈述者所共享的特殊知识背景和语境特征。在语词的字面意义表述中，语词所指的基本特征由语词意义所引起的标准分类法所提供；而在隐喻表达中，隐喻接受者必须通过语词的再概念化建构新的意义等级，并运用语境原则决定谈论所指的哪些方面或维度应被考虑为相关的，即语境提示接受者决定隐喻陈述的哪一些意义特征应当接受，哪一些意义特征应当被放弃。可以说，离开特定的语境，就无法理解一个隐喻；离开特定的科

[①] 郭贵春. 科学隐喻的方法论意义. 中国社会科学，2004，(2)：93.

学理论语境，更是无法理解意向性和指向性更加特定化和专门化的科学隐喻。

由此可见，作为语形、语义和语用的集合和统一体的语境，自然而又必然地构成了隐喻分析尤其是科学隐喻分析切实可靠的基底。科学隐喻的意向性特征必须在特定的科学语言系统、理论指向及科学共同体研究范式的整体网络中才能适当地加以确定。这是由于，科学隐喻的本质内涵远远超越了单纯符号学或语义学的范围和界域。戴维森之所以放弃隐喻的语义理论是由于他深刻地认识到，隐喻所具有的最为重要的特征之一就在于其对语境的强烈的依赖性。这也就是说，脱离现实的、具体的语用语境的框架，舍弃语用学的基本分析方法，是无法对科学隐喻的本质特征进行充分说明的。事实上，不仅在科学理论解释的层面上必须澄清科学隐喻的语境化特征，甚至在最初的、仅仅意识到某种科学概念或语言形式的隐喻性这一层面上，同样也要求把握相关语境的一些基础设定。

科学隐喻的展开过程内在地、本质性蕴涵着语境提示的关键性因素。这就在于，科学隐喻是在科学共同体整体知识预设与当前理论语境制约的具体框架中展开并且运作的。[①]要清楚而明确地对一个科学隐喻的意义加以说明，进而正确地对包含该科学隐喻的理论整体进行描述和解释，绝对不能忽视使用该隐喻时的科学交流过程。科学隐喻的语用语境意味着，其意义不是独立于科学交流语境之外的句子意义，而是有赖于科学交流语境的语段意义。在这里，所谓科学交流语境的句段意义与科学理论系统整体是相互参照的。

科学隐喻的语境化特征是科学隐喻语形、语义和语用的统一，科学隐喻的语言学形式本身构成其最小的语境环境。也就是说，科学隐喻的语境化特征以相关科学隐喻的语形构造作为其最基本的载体。在一定的程度上，科学隐喻的意义并不是完全超越于语词或语句的字面意义而独立存在的某种意义实体。当然，科学隐喻的语形构造所表征的这种字面意义的功能在于作为和语词、语句语义内容组成要素不同的语境化假设，去确定与之相对应的一系列真值条件。这正如塞尔所指出的那样，所有隐喻起作用的基本原则在于：说出具有某种意义和相对应的真值条件的表达式，会以许多为隐喻所特有的方式使人想起另外的意义和相对应的一组真值条件。[②]这些真值条件无一例外的是在科学隐喻的语境化过程中产生的。

科学隐喻语境化的功能在于作为科学理论的一种去面具化过程，这种去面

---

① Nogales P D. Metaphorically Speaking. Stanford：CSLI Publications，1999：216.
② Searle J. Metaphor// Martinich A P. The Philosophy of Language. Oxford:Oxford University Press，1985：420.

具化过程改变了关于科学理论语言学层次的观念。科学隐喻是通过建立新的语义连接，作为一种粗略的去语境面具化过程的结果而出现的。这就在于，目标域用来源域所引入的本体论所包含的新的层次的术语进行再描述。科学隐喻的去语境面具化过程的本质表现为：聚焦或隐藏不同的理论纽结和关联点，并对之重新进行编选和织造，从而使科学理论的不同层次对应于科学隐喻的不同表征层面。换言之，科学隐喻所织造的去面具化结果表征不同的理论语境和不同的语言游戏，将每一种不同的语境面具所包含的逻辑结构和事实范畴进行揭示和澄清。例如，由于"原子是一个微缩的太阳系"这一科学隐喻的提出，原子的概念从作为简单系统一个确定的对象转换为复杂系统的一个确定的对象，这种转换的发生完全是该科学隐喻所造成的原始理论语境面具脱落的结果。这就意味着，科学隐喻造成了科学共同体研究范式乃至社会公众科学知识结构的改变，从而推动了原始语境条件的转换。在多数日常生活的语境中，一般社会公众更倾向于将原子视为简单系统的一个确定对象，而忽略其本质结构所包含的细节。在这种情形中，科学隐喻所直接推动的去语境面具化消解了原子与简单系统之间的原始连接，即隐含的原始语境面具，展现了原子与复杂系统之间的关联性，以及电子与原子核之间的纽结点。[1] 显然，在这去语境面具化的过程中，科学隐喻体现出一种语境交叉性的特征。

科学隐喻可能具有的歧义性或含混性也是通过特定语境加以过滤的。"语词的含混性如果存在的话，是出于以下事实：在通常的语境中，语词有一种意思，而在隐喻的语境中，它又有别的意思。但是，最为关键的一个事实是，在隐喻的语境中，我们却并非必然要对语词的意义犹疑不定。"[2] 这实质上表明，在特定的科学理论语境中，科学隐喻意义绝不是任意的，而总是受到严格限定的。科学隐喻语境化过程的结果就是对于特定意义的限定，也就是对于隐喻发明者原始意向性的指向和回归。

科学隐喻语境化的意义在于：只有借助于语境条件，才能理解隐含在科学隐喻意义中的不在场然而又是潜在的含义部分，才能理解这些缺乏的词项和含义所指代的情境。正因为如此，才可能就对于客观现实本身的科学隐喻理解进行某种有意义的讨论。此外，广义的科学隐喻语境化条件，即支配科学隐喻的接受与解释的规则，还包括社会建制与文化背景的重要的结构性因

---

[1] Way E C. Knowledge Representation and Metaphor. London：Kluwer Academic Publishers，1991：242.
[2] Davidson D. What metaphors mean// Martinich A P. The Philosophy of Language. Oxford:Oxford University Press，1985：440.

素。科学隐喻的语境化过程是不断深入的，是与科学理论永不间断的再语境化过程相伴始终的。科学隐喻语境化的结果是形成新的语境，该隐喻成为新的语境的构成性条件。因此，科学隐喻语境化特征的结果表现为层出不穷的科学隐喻的交替发展过程，从而展现出推动科学理论发展的动力学特征。

三、科学隐喻的动力学特征

科学隐喻所具有的动力学特征是极其鲜明的，这就在于：所有创造、使用、交流科学隐喻的活动"围绕着一个基本纲领，那就是对物理世界乃至对整个世界进行外部研究。合乎这个纲领的成果被保存下来，被反复锻造，臻于完满，不合这个纲领的思考被排除在外，逐渐湮灭"[1]。具体来说，科学隐喻的动力学是围绕着两个方面进行的：首先，科学语言就其本性而言，在起源上就是隐喻的，科学隐喻的机制不断地推动和丰富着科学语言的创造过程；其次，语言系统是由各种规则支配的一种约定的机制，隐喻是对这种机制的调整，是原有机制无法解释的结果，同时也是更新它的动力。在这种过程中，一个好的科学隐喻是那些表现"处于运动中"的事物的那些隐喻。所以，科学隐喻的应用过程表达出对现实世界的能动性的认识。换言之，一个好的科学隐喻是那些表明处于发展演进中的科学理论的隐喻。[2]

科学理论总是在不断地发展着的，科学革命标志着这种发展的阶段性。在科学革命的过程中，科学理论基本概念的变更或创制具有至关重要的意义。一个全新的科学概念的提出或对于传统科学概念的全新看法，往往直接成为推动科学理论范式转换和科学革命的诱因。科学隐喻在这方面所起的作用是极为显著的。在许多情况下，对于相对稳定的科学语言系统进行改造，只有科学隐喻才是最为便捷和有效的手段。一个最初的科学隐喻可能具有高度的建设性、启示性和导向性，但在其创始之初往往缺乏具体的理论内涵。然而，一旦被科学家群体所认可，那么，它就会得到进一步的精致化、形式化和理论化。

科学隐喻的思维框架与字面性的观察系统之间，存在着一种互相作用的关系，科学研究正是在这样一种互动作用的影响下被实施的。一个适当的科学隐喻总是能够对于科学研究的方向提出有意义的建议。因此，该研究的结果也是根据一个更加精致化的、被改进了的科学隐喻来进行解释的。在这种动力学发

---

[1] 陈嘉映. 日常概念与科学概念. 江苏社会科学, 2006, (1): 7-16.
[2] 翁贝尔托·埃科. 符号学与语言哲学. 王天清译. 天津: 百花文艺出版社, 2006: 197.

展过程的一个特定阶段，那个最初被提出的科学隐喻会获得足够的复杂性程度，从而被视为一个确立的科学模型，其最初的隐喻特征则逐渐被科学共同体和社会公众所淡忘。[1] 从科学史上来看，现代量子理论的出现标志着物理学科乃至整个自然科学最为重大的革命性成果。科学家再也无法使用以往认知物质世界的隐喻对物理学科进行恰当的描述，因为量子理论的诞生使从前的科学隐喻都不再具有适用性。这实际上要求一种以新的科学隐喻为代表的新的科学范式的产生，而这种科学范式是以量子的概念隐喻为基础的。

美国加州理工学院物理学家基普·索恩（Kip Thorne）在其所著《黑洞及时间弯曲》一书中指出，爱因斯坦之所以摧毁了牛顿关于绝对空间和绝对时间的观念，是由于他创建了一系列新的科学隐喻。这些新的科学隐喻包括时空弯曲、黑洞、重力波等，它们在之前的科学理论体系中是完全无法被理解的。由此可见，新的科学隐喻的发明直接推动了相关学科理论的进展。与此同时，在那些基础性科学隐喻上又生成众多的附属性科学隐喻，共同构成相关科学理论的内核与外围。

科学隐喻的动力学特征本质上就在于必须从发展演化的角度来理解科学隐喻，这突出地体现在两个不同的层面：首先，科学隐喻是一个发明新的科学概念的认知深入过程；其次，科学隐喻是推动科学共同体整体语言系统发展的一个文化历史过程。因此，科学隐喻绝不是一个静态的概念或语法范畴，它既作为提出新的科学概念及假设的动力学的认知过程而存在，又作为推动科学理论语言发展的动力学的文化过程而起作用。在这种意义上，科学隐喻的动力学特征非常突出地表现在表征性隐喻与建议性隐喻之间的互动作用中。

表征性隐喻与建议性隐喻是菲利普·惠尔赖特（Philip Wheelwright）在其著作《隐喻与实在》中提出的重要概念。表征性隐喻即存在性隐喻，指通过比较引起意义的溢出和延展的隐喻，其相似性和比较都不必非常明确，因此，它可被视为一种"基于相似性的隐喻"；建议性隐喻即可能性隐喻，通过并列创造出一种新的意义，可视为一种"创造相似性的隐喻"。事实上，任何成功的科学隐喻都鲜明地具有存在性隐喻与可能性隐喻两方面的特征，也就是说，建议性隐喻最本质的可能性在于表征性隐喻所展现出的本体论事实，新的科学概念的命名和意义是从一种未被分类的概念元素的结合中产生出来的。根据其所指的不同属性，包含更多类比因素的科学隐喻更显著地表现出存在性的特征，

---

[1] Brown T L. Making Truth: Metaphor in Science. Urbana: University of Illinois Press, 2003: 26.

而包含更多非类比因素的科学隐喻则更显著地表现出可能性的特征。

一个科学隐喻在最初作为一个存在性隐喻或可能性隐喻而出现,但是随着不断的应用和反馈而不断改变其性质。当该科学隐喻所表征的假定在经验或科学实验中获得确实的验证时,可能性因素就转化为存在性因素;当该科学隐喻所表征的概念在科学共同体的长期使用中成为共识进而构成一种基本范式时,存在性因素就逐渐转变为日常语言的用法。

牛顿力学中所提出的"力"的概念的意义演变是一个证明科学隐喻动力学特征的典型事例。这种意义演变是通过亚里士多德力学与笛卡儿力学中"力"的意义的所指与牛顿提出的新的假设进行并列而创造出的一种隐喻用法。同样,爱因斯坦所使用的"力"的概念是把相对论理论中"力"的意义与牛顿力学中"力"的传统意义相并列。最近新创造出来的语词"超光速粒子"(tachyon)[①],说明了建议性隐喻的发明所包含的动力学因素。

在最初的形成之后,建议性隐喻可以一直维持其基本性质。例如,由于迄今为止还缺乏实验证据的确证,"超光速粒子"仍然是一个建议性隐喻。但是,如果有一些哪怕是极为细微的证据被发现,暗示着"超光速粒子"事实性而非仅仅是理论假设意义上的存在性,那么,此时这个建议性隐喻就变成了表征性隐喻,即其意义更多地在于表述一种类比,而不是建议或提示某种可能性。表征性隐喻也可能保持其基本属性,但是,由于被广泛而持续地使用,当属性的意义转换时,不同所指之间的语义异常就逐渐消解了。

因此,在科学语言的历史发展过程中,建议性隐喻能够演化为表征性隐喻,而表征性隐喻则演化为普通的日常语言。当然,并非所有科学隐喻都现实性地经历了这样的演化阶段:有些科学隐喻始终是作为建议性隐喻而存在的,有些建议性隐喻变为表征性隐喻但却从未被还原为普通日常语言,也有一些表征性隐喻一直维持其属性而没有变成普通日常语言。[②]但是,从科学语言系统运行的整体态势看来,科学隐喻系统演化的动力学特征确实是非常明显的。

科学隐喻作为一种把握世界本真结构的认识论和方法论工具,是语言学演化过程与人类思维演化过程的统一,这种演化过程的结果体现为科学理论的发展和人类认识水平的进步。当代认知科学的最新研究成果证明,语言学的演化与人类思维的演化过程在相当大的程度上是由一种隐喻化过程所推动的。这就

---

① 一种运动速度比光速还要快的粒子。
② MacCormac E R. A Cognitive Theory of Metaphor. Cambridge: The MIT Press, 1985: 41-42.

在于：在改变认知主体心智与科学文化语境之间互动作用的过程中，普通语言或字面语言言说本身所起的作用是极为有限的，字面意义上的普通话语所发挥的单纯指示性和描述性功能仅仅能够在认知主体大脑之中重复进行陈旧的神经系统运作路径，从而产生出被普遍接受的科学文化与思维形态；与此形成鲜明对照的是，在科学隐喻的创新性使用中，一种新的关联在神经系统过程中形成了，产生出破坏字面语言一般形态和传统逻辑结构的表达。因此，科学隐喻成为不断改变认知主体利用语言这一工具性中介对世界本质结构进行认知、把握并作出反应的动力学源泉。

在科学理论发展过程中最深刻、最有意义的就是基于基础隐喻转换的科学理论解释的转换。例如，从牛顿所创立的经典物理学理论到爱因斯坦相对论理论的知识进化，本质上是对于世界本质结构理解的隐喻进化，即从"世界是机械的"到"世界是数学的"这样一种基础隐喻的概念性转换的发展。科学隐喻作为语言学进化与思维进化的动力学根源，因此也就自然而然地成为一种进化论认识论的基础。科学隐喻不断地改造着语言系统的意义内容与整体形态，同时这种改造不断地被储存入认知主体的思维与知识结构，形成对于科学概念活动的建构、改造、重塑与推动。也就是说，科学隐喻所引起的科学概念语义转换是逐渐地、然而深刻地影响到人类对于世界的理解方式的。

值得注意的是，科学隐喻所表现出的科学认知过程具有潜在性，产生于在长时记忆中所发现的并列所指的创造性活动中，其结果是将该并列所指表征为特定的科学隐喻语言形式。由于认知主体的科学认知过程是不断深入的，所以科学隐喻的表征呈现出明显的动力学演化特征。科学隐喻语言的表征通过改变人类科学思维的方式而不断改造人类的知识结构和文化语境。认知性隐喻过程作为一种进化的知识过程凸显出科学隐喻在更为广泛的生物学以及文化语境中动力学源泉的意义和作用。[1]

科学隐喻的动力学特征还体现在隐喻解释的不可穷尽性方面，这与科学理论无止境的发展趋向是一致的。这也就是说，"当我们使用诸如隐喻的语言作为选择单元时，已经暗示着一种演化性理论的语义学"[2]。由此可见，科学隐喻在科学理论的实践活动中确实具有一种相对优势的地位，这种优势即在于科学隐喻的转换与科学理论不断的再语境化过程的内在统一。这实质上是对于一种

---

[1] MacCormac E R. A Cognitive Theory of Metaphor. Cambridge: The MIT Press, 1985: 157.
[2] Maasen S, Weingart P. Metaphors and the Dynamics of Knowledge. London, New York: Routledge, 2000: 143.

异质或异常概念的同化吸收，是科学隐喻概念最终被引入科学语言系统乃至日常语言系统之中的现实过程。科学共同体的成员以科学隐喻的方式变换一个确定的科学概念语词，从其典型的设定达到一种非典型的语境，从而极大地拓展了科学理论的论域和解释力。

当然，这种转换的语义学结果并不仅仅包含一个积极活跃的科学隐喻的创立，形成了新的语言学与思维工具，同时也将之前的科学隐喻吸收到新的语境中。在科学理论的现实发展过程中，这种转换又具体地呈现为死隐喻与活隐喻的更替。在这里，一个凝固的隐喻尽管丧失了原有的创造性和活力，但仍然保持其基本的隐喻性，其意义也并未完全消解，而是作为新的活隐喻内涵的一部分被吸收。正是在这样的意义上，认为死隐喻为新的隐喻或科学理论提供再调整或边界转换的手段是更为合理的。只有如此看待死隐喻的意义，我们才能更正确地认识和理解科学隐喻所引起的语义与语境转换的效力，才能更深入地理解科学隐喻演化更替的动力学特征。

科学隐喻发展的历史并不是一系列从完全错误的隐喻到完全正确的隐喻的转变，而是一系列从合适程度较低的隐喻到合适程度较高的隐喻的转变，是从不很贴切的隐喻到更贴切的隐喻的转变，也是从不同方面启迪科学研究的探索方向的视角的转变。英国著名科学史学家劳埃德（G. E. R. Lloyd）指出，即便是那些并不认为所有语言都是隐喻的人也会同意，正是通过对于新的科学隐喻的创造以及旧的科学隐喻的精致化，科学得到了发展并获取了新的理念。"毫无疑问，对于古代的探究而言这是确确实实的。"[①]

总之，科学隐喻的意向性、语境化和动力学三大基本特征统一于科学理论的建构、展开与发展的过程之中。具体来说，科学隐喻的意向性特征是在其语境化的过程中实现的，意向总是语境中的意向；科学隐喻的语境化及再语境化的过程又现实地构成了其动力学特征所包含的基本内容；科学隐喻的动力学发展不断造成科学理论知识范式的重构，从而推动科学理论系统乃至整体科学文化历史语境的不断发展演化。可见，科学隐喻的意向性、语境化和动力学特征是有机统一的，它们共同融合在科学理论产生、交流、修正、理解、诠释的整体过程中，体现出卓有成效的认识论与方法论功能。

---

① Lloyd G E R. The Revolution of Wisdom. Berkeley: University of California Press, 1987: 208.

第四章　科学隐喻的功能

20世纪以降，尤其是六七十年代以来，越来越多的哲学家和科学家开始关注科学隐喻的功能问题，相关论著也大量地涌现出来。学者们普遍认为，科学隐喻在科学语言的表征、科学概念的转换和科学思维的展开中具有重要功能，具体体现在科学理论的建构、陈述、交流、评价等科学实践活动的不同层面。科学隐喻的功能是由其特殊的本质、结构和特征所决定的。在认识论方面，科学隐喻发挥着认知启示、认知经济、认知构造及认知范型的作用；在方法论方面，科学隐喻的功能主要体现在科学理论发明、科学理论表征、科学理论解释及科学理论交流等环节上。科学隐喻这些不同方面的功能在绝大多数情况下是相互重叠的，本质上也是内在地统一的。

第一节　科学隐喻的认识论功能

科学隐喻的认识论功能具体表现为认知启示、认知经济、认知构造和认知范型等，这些功能发挥作用的方式通常与科学发现、理论发明及其传播、交流的语境本质地结合在一起。在认识论功能方面，科学隐喻的疆域不是一种"真或假"的疆域，而是一种"可能如此"的疆域，"确切地说，是一种认知增量变得可探究的疆域"①。因此，理解科学隐喻的认识论功能，必须超越将科学隐喻仅仅视为修饰手段的传统视阈。后者将科学隐喻的意义局限在单纯的语词概念外延理论的狭窄范围之内，从而遮蔽了其科学认识论功能。超越修辞层面达到认知层面，是当代科学隐喻研究的重要内容。

一、科学隐喻的认知启示功能

亚里士多德从总体上认为隐喻是一种单纯的修辞现象，但同时也模糊地认识到，这种修辞现象具有一定的认识论意义："各种隐喻使人快乐，因为通过认识到同类的现象或事物间某种共有的性质，它们使我们感到知道了某种学问。就像把一名老人称为麦茬时，一个人就会突然认识到，这个老人像草一样生长、繁茂和枯萎，因为这种称呼把麦茬和老人间所具有的共同品质放进了他的脑子里。"在亚里士多德看来，最强有力的隐喻是"从比例中引申出来的"，因为，此类隐喻在完全不同的事物之间建立起了令人惊奇的而且具有认知启发作用的联系。②这实质上隐含地涉及了作为语言学形式的隐喻修辞与作为认知内容的演讲信息之间存在的密切的辩证关系："在一件事情很难用一个合适恰当的言词来表达时，我们确实认识到，当一个事物用一个转化的言词说出来时，在另一个言词中表现出来的那种相似性，会极大地照亮我们想表达的事情。"③

科学隐喻的认知启示功能主要是通过注释性科学隐喻或教育性科学隐喻而实现的。注释性科学隐喻或教育性科学隐喻所起的作用主要表现在科学理论知识的认知启发方面。这种认知启发也就是在隐喻内容与解释性的字面表述的科学理论知识之间建立暗示性的、关联性的连接。在科学理论的陈述中，科学隐喻所具有的认知启示功能是不言而喻的。在初等教育到高等教育的教科书和课堂上，主要作为认知启示工具而发挥作用的注释性和教育性的科学隐喻起到了不可替代的重要作用。台湾交通大学近年进行的一项题为"科学文本的隐喻使用与读者理解"的实验研究证明，科学隐喻所具有的认知启示功能非常明显。

---

① Montuschi E. What is wrong with talking of metaphors in science// Radman Z. From a Metaphorical Point of View. New York: Walter de Gruyter, 1995: 323.
② 昆廷·斯金纳. 霍布斯哲学思想中的理性和修辞. 王加丰，郑崧译. 上海：华东师范大学出版社，2005: 200.
③ 昆廷·斯金纳. 霍布斯哲学思想中的理性和修辞. 王加丰，郑崧译. 上海：华东师范大学出版社，2005: 205.

该实验研究的目的在于考察科学隐喻是否能够对读者进行明显的认知启示,从而提高他们对科学理论文本内容的认知程度。此次研究以33位台湾大明中学的高中生为受试对象,让每个学生阅读4篇从正规学术杂志中随机抽取的自然科学理论文本。4篇中的2篇含有与文本内容相关的科学隐喻,另外2篇则不含任何科学隐喻,完全是字面性陈述。在阅读结束后,受试学生被要求就所认知到的内容接受有关测试。实验结果显示,对含有科学隐喻的理论文本内容的正确回忆量和整体性认知理解的程度,明显高于不含任何科学隐喻的文本。这证明科学隐喻的适当使用确实对于提高科学认知效果有积极的启发和促进作用。由此,该实验得出结论:科学隐喻能够启示读者凭借其自有知识体系来认知新的科学理论知识或信息,从而发挥着一种重要的认知启示功能。[①]

二、科学隐喻的认知经济功能

科学隐喻是一种典型的探究对于世界最简捷的认知路径的方式。在对于世界达成一种理解的过程中,当科学家找到一种新的隐喻语言进行使用时,就对世界的某个特定方面产生新的认知。科学隐喻认知经济功能的实质在于意义转换过程中所创造的认知路径的直接导向。这种直接导向体现了认知经济学的内在要求。这就在于,在科学理论的陈述中,为了传达新的知识内容或提出新的概念范畴,需要一定的语言构架作为基础性载体。但是,如果每表述一个新的理论内容都要创造出一些传统词汇表中没有的新词,这将导致人类科学语言系统无限度地膨胀和复杂化,以至达到无法认知、记忆和使用的境地。因此,使用传统语言系统中业已存在的词汇元素来隐喻地表述这些新的理论内容就不失为一种经济而有效的选择。不仅如此,通过隐喻方法所传达的新的经验或知识内容也更易于理论受众的认知、理解与把握。

事实上,正如奎因所指出的,在科学认知活动的实践中,当我们调整知识系统时,往往遵从"保守主义原则"和"简单性原则",即尽量用熟悉的理论术语来指称新现象,用最简单的规律来说明较复杂的现象。由于科学隐喻能够被用于给出一个比其他释义法更具有简单性、开放性和指向性的意义,而为科学理论陈述增加了重要的"意义的细微差别",科学家以此成功地拓展了科学理论语言习惯表达的用法。一个新的科学概念很可能是由一个旧概念的隐喻用

---

① http://www.icas.nctu.edu.tw/research/dissertation/89/8741507.htm.

法所创造的,这种隐喻用法以再概念化的方式赋予旧词以新意,从而扩大和丰富了科学理论的概念和语言系统。总之,"从可用的现存事物的主体中可以创造出革命性的新意义。这种言语媒介的操作类型是新意义创造的主要来源,而其中隐喻是占支配地位的一种方式"[①]。

三、科学隐喻的认知构造功能

科学隐喻的认知构造功能是通过隐喻连接词"是"获得实现的。科学隐喻的连接词"是"在科学理论的陈述中往往是在逻辑上蕴涵的,而没有语形上的体现。但是,它是相关科学思维进行假设性判断的最终表现形式。也就是说,科学语言的连接和科学概念的转换只有在"是"所确定的关联性建构之后才最终成立。因此,科学隐喻的核心功能首先在于"是"所包含的认识论意义上的联系功能。换言之,正是由于对科学隐喻的最终确定所具有的决定性作用,隐喻连接词"是"才在实质上获得了其认识论的意义。没有"是"对于一种基本科学判断形式的确认,任何科学隐喻都无法成立,当然也就谈不到什么功能的发挥了。

理解科学隐喻连接词"是"所具有的认识论意义的关键在于超越对"是"在形式上仅仅作为一个联系动词而被使用的传统观念。"是"在人类的日常思维和一般性的经验意识中,只具有联结主词和宾词从而构成某种判断的作用。但是,如果仅仅在这样的意义和层面上对"是"进行理解,势必无法领会其所具有的认识论意义。"是"的认识论意义往往被遮蔽在隐喻语言的普遍性和隐喻思维的隐含性之中。只有去除日常生活的自然主义思维方式和实证科学的形式主义思维方式,才能够正确地认识和评价"是"的重要功能和意义。科学隐喻中的"是"最为典型、最为集中地体现了"是"所本质地具有的认识论意义,这种认识论意义在科学隐喻中非但没有削弱,反而有所增强。这是由于科学隐喻所包含的"是"的判断性连接意向性和指向性更强;同时由于它与"是"作为一般述谓连接词的显著差异性,更使人倾向于去探究、考察相关的认识论含义。

科学隐喻连接词"是"既位于科学理论语言的边界之内,同时又具有超越科学语言边界之外的可能性和力量,能够建立科学语言系统与其他语言系统之间的关联。它既表明整个科学语言系统所有组成元素之间一种开放的可能性的

---

① Radman Z. Metaphors: Figures of Mind, London: Kluwer Academic Publishers, 1997: 57-58.

联系，同时也能够凭借其根本性的肯定力量对科学的话语系统进行不断的重构。这实质上意味着，"是"与包括科学语言系统在内的整个语言系统中的所有组成元素都具有一种天然的关联性，这种关联性构成一种基本的判断和述谓关系，从而产生出人类所特有的语言表述活动，当然也包括科学理论的语言表述活动。法国哲学家福柯对于"是"的这种特殊意义极为重视，在他看来，正是"是"所具有的这种"根本性的肯定力量"将世界中的一切事件和行为贯穿和联系起来，因此使语言与万物都获得了活力，"没有这个词，万物都将沉默不语"[1]。科学隐喻失去了它，自然也就会暗淡无光。

四、科学隐喻的认知范型功能

科学隐喻的认知范型功能主要体现在将诸如理念、事件和行为等抽象概念以实体和实质的方式加以思考和表述。在人类的思维运作与语言使用中，作为认知范型的科学隐喻几乎是无处不在的。例如，它非常典型地体现在人类谈论时间这一抽象概念的方式和方法中。逻辑实证主义哲学家弗雷德里克·魏斯曼（Frederic Waismann）指出："我们说'时间流动'———一种自然而素朴的表达法，然而同时也充满了危险。按照牛顿的用语来说，时间的流动是'稳定的'，是按照一种平均的速率的。这意味着什么？当某物移动时，它是以一个确定的速度移动的。速度意味着时间转换的比率。问时间运动的速度，也就是问在时间中时间转换是如何快速的，这实际上是在问一个不可问的问题。再次按照牛顿的用语来说，时间的流动同时'与任何外部事物无关'。我们是如何了解到这一点的呢？时间的流动果真与时间上所发生的事情无关吗？"[2]

在科学中，将时间概念化为一种空间性实体突出地反映在"时间即长度"这一具有一般性和普遍性的认知范型科学隐喻中。在爱因斯坦的相对论理论中，"时间即长度"这一具有认知范型性质的科学隐喻是被作为一种非常具有代表性的理论特征而提出的。作为认知范型的科学隐喻的概念化功能构成了科学抽象思维最为坚固的基石，使得科学家们能够极为便利地在概念上处理科学经验的各种组成成分。这些有待处理的科学经验包括过程、事件、属性及关系，都可以被认知范型隐喻转化为相对而言比较容易操作和处理的实体性对

---

[1] 米歇尔·福柯. 词与物. 莫伟民译. 上海：上海三联书店，2001：127.
[2] Waismann F. How I see philosophy//Ayer A J. Logical Positivism. New York: Free Press，1959：347-348.

象。作为认知范型隐喻的科学隐喻使得科学概念的语言学运作更为灵活有效并且易于理解。

人类对于物理性对象的经验，包括对于自己身体的基本经验，为认知范型隐喻提供了基础。认知范型隐喻对于其首要主体施加了不同程度的结构性影响。名词化是认知范型隐喻最为基本的形式，因为它提供给主体的只是最具一般性的事物特征，为进一步的隐喻化提供了概念基础。在这种进一步的隐喻化中，名词化了的概念经受了一种隐喻的精致化，展现出作为第二主体的另一事物的结构。[1]

总之，科学隐喻是作为一种认知过程而存在并且起作用的，这一过程可以被恰当地描述为一种进化的认识论。科学隐喻的认识论功能不仅表现为经验与意向的统一、心理与语言的统一、概念与映射的统一、表征与理解的统一，同时也表现为科学认知与科学想象的统一。科学隐喻的认识论功能必须从广义隐喻的角度，即科学隐喻作为概念化与再概念化过程的角度加以理解。也就是说，科学隐喻认识论功能的本质集中地体现为：科学认知对象的部分特征从概念一般应用的来源域投射、转换到一种异常应用的目标域；这两个概念域之间因而产生意义互动，使得一种新的、交叉的认知点出现，造成对认知对象的再描述和重新评价，认知的广度和深度因此得到了进一步的拓展和深化。

第二节　科学隐喻的方法论功能

科学隐喻具有重要的方法论功能，它在对科学概念及范畴进行重构的基础上，对于科学理论的创立、完善和发展都具有重要的、不可替代的作用。科学隐喻在方法论意义上的使用，成功地弥补了纯粹由形式逻辑词汇构造的科学理论语言僵硬、封闭的缺陷，极大地拓展了科学理论内容所可能提供的意义空间。这就在于，"科学隐喻成功地搭设了科学理论中所予与映射、判据与猜想、常规与假设之间的桥梁，使科学家从直接当下的科学事实和经验观察材料向可能的、有理由的理论构设迈进，并为最终实现科学理论的创造性飞跃架起了跳

---

[1] Pulaczewska H. Aspects of Metaphor in Physics. Tübingen：Max Niemsyer Verlag Gmblt，1999：76-77.

板,从而超越了一维的字面意义和单纯的经验判据,消解了稳态的指称理论与僵化的逻辑架构,摆脱了严格因果决定论的逻辑限制与束缚"①。以下从科学理论的发明、表征、解释和交流四个层面具体探讨科学隐喻所具有的方法论功能。

一、科学隐喻的理论发明功能

首先,科学隐喻的理论发明功能典型地体现在对于科学理论认知关节点的突破过程中。科学理论概念发展的障碍往往造成一种瓶颈效应,科学史上对哥白尼天文学理论、牛顿力学体系及光的波粒二象性理论的论争都证明了这一点,即有关理论首先需要迫切地创造出一套自有的术语,以突破概念瓶颈。如果一个新理论与其他已被普遍接受的理论或原则产生抵触,或这一理论自身内部出现了对其自洽性、相关性、清晰性和说明力等准则的违反,那么,这种概念障碍的问题便彰显出来,从而严重阻碍科学理论的发展。因此,某个理论形态解决其内部和外部概念问题的程度就是其发展状态的一种度量。在求解这一难题的语境中,科学隐喻发挥其理论发明的功能,将传统词汇表中的语词进行再概念化,从而使之创生出新的意义,由此引入的新的术语和概念意味着理论瓶颈问题的消除。

在具体的科学认知活动中,当科学家们寻求一种新的理论假定时,他们在许多情况下都是通过一种筛选的过程创造并且接受一个特定的隐喻。例如,为了解释理论粒子的属性,物理学家通过光学中颜色的特征提出了有色夸克这样一个高度抽象的隐喻概念。尽管夸克的颜色与一般意义上的视觉色彩毫无关联,但是,使用颜色这个词是因为在量子力学中不同色夸克的结合方式能够使人联想到视觉颜色的结合方式。

其次,科学理论的发明是科学实践活动创造性的体现和成果,而科学创造性作为一种理念创造,具有突然性和不可预期性。科学隐喻以其包含天才和创造性元素的特征不仅能够对于科学创造性作出积极的推动作用,而且它本身就构成科学创造性的重要元素,在特定情形中直接地发挥着理论发明的功能。科学家发明科学隐喻往往是在某种灵感的刺激下突然在一瞬间出现的事情,因此,科学隐喻本身及其所包含的科学创造性往往是不可能通过系统的程序性方法获得的。例如,科学史上著名的一个例子是德国化学家凯库勒(Kekule)通

---

① 郭贵春.科学隐喻的方法论意义.中国社会科学,2004,(2):93.

过想象一条衔住自己尾巴的蛇，构造出相关隐喻，最终确立了首尾相接的苯的环状结构，为有机化学的现代结构理论奠定了基础。

事实上，几乎所有最初的科学隐喻都来自科学家群体某种特殊的"诗性逻辑"的促动。这种"诗性逻辑"实质上是一种发明逻辑，它与科学理性并不是背道而驰的，不仅是对于后者的有益的补充，也是其重要的组成部分。在这种意义上，科学家与诗人有着某些类似之处，即他们都是作为新的语言、概念和意义的发明者推进了各自领域语言和意义系统的发展。在许多情况下，科学隐喻所包含的科学发现的逻辑既是科学家从事创造性思维活动的内在要求，也反映了科学理论突破原有概念边界向纵深发展的必然结果。在科学发现的逻辑中，科学隐喻往往是作为一种鲜明、必要、常用的方法而存在并发挥其效力的。一个成功的科学隐喻的产生之所以受到科学共同体乃至社会公众的赞赏，是因为它能够以一种极为简洁的方式表达极为复杂的科学真理，从而使得整个研究对象的结构呈现出极为"可欲"和"可把握"的"亲和力"。

再次，科学隐喻在方法论的意义上更多地表现为一种具有试错法性质的科学假设。只要科学家必须作出一定的假设以应答并解决所面对的问题，他们往往会寻求科学类比以刺激一种创造性的思维，当这些科学类比产生说明性的范畴时，也就是作为一种发明性的科学隐喻而发挥其功能时。作为一种特殊的科学假设，科学隐喻本质地包含着一种创造性的想象过程。当然，这种想象的最后目的是为了理论发明。科学隐喻所包含的科学想象的功能主要在于，分裂指称特有的悬置提供了一种具体的、可能性的维度。因此，科学隐喻所包含的科学想象并不仅仅通过人为的对相似性的洞见而对谓词表征进行图式化，也不仅仅因为呈现由认知过程激发并决定的意象来刻画意义，相反，它在日常指称断裂的基础上创造出一种新的理论指称。

"如果隐喻确实对于我们的思想以及我们对于实在的解释起着组织和建构的作用，那么，对于科学隐喻的研究就能够为我们提供了不起的洞察力，这种洞察力不仅仅是关于科学话语的，也是关于科学本身的。从最终的意义上来看，在科学隐喻的研究过程中，最为重大的益处就在于确定其局限或者认识到它们作为发明基底的尚未被充分利用的潜能。"[①] 如果科学家们从来就不相信并且拒绝使用那些往往具有某种程度思辨性和模糊性特征的科学隐喻，那么，作出一种全新科学发现在许多情况下实际上是不可能的。这就在于，在科学探索

---

① Johnson-Sheehan R D. Metaphor in the rhetoric of scientific discourse// Battalio J T. Essays in the Study of Scientific Discourse. Stamford: Ablex Publishing Corporation, 1998: 178.

的最初阶段，科学家设想或发明一种新理论的活动，实际上并不必然要求一种严格的逻辑分析，此时的首要问题往往在于一个新概念如何产生的问题，也就是科学家如何获得新的概念资源去支撑其思想创见。这一过程与经验心理学有着极为密切的联系，与科学知识的纯粹逻辑分析则相去甚远。

著名物理学家费曼指出，是一种对于科学研究对象的天然的好奇心驱使科学家们提出问题，并且把与问题有关的各方面事物联系起来，把这些事物在不同方面表现出来的种种特征理解为少量基本事物通过相互作用以无穷多的方式组合后所产生的结果。也就是说，科学家试图逐步分析所有的客观现象，把那些乍看起来似乎不相同的东西联系起来，希望尽量减少不同类事物的数目，从而能更好地理解和把握它们。事实上，科学家们的这种思维方式是科学隐喻发明必要的思维前提。

最后，在科学理论语言中，一个新的科学隐喻的用法不仅具有扩展并且界定新意义的功能，而且能够通过隐喻框架根据相关域的特征和意义对被观察域进行互动作用和再描述。对于之前的科学理论范式，这种再描述有时可能会造成一种毁灭性的影响，彻底颠覆之前那种看待世界的"自满方式"。因此，一个强大的科学隐喻极有可能会促发一场潜在的科学革命。正是在这个意义上，可以认为科学革命就是一种科学范式的隐喻革命。①

由于科学理论依赖于人类感知所能认识的真实世界的类比关系范畴和预设的特殊集合，因此，17世纪被普遍接受的宇宙隐喻是机械的；20世纪的物理学革命要求另一种观念，另一种更基础性的对于自然元素的再分类，以及不同的时间、空间、物质、运动、作用和因果性的观念。这两种观念之间的关系无法用进步的扩展与修正关系解释，因此，绝不是一种聚合关系，而是一种彻底的隐喻发明或隐喻革命。化学史上元素概念发明演化的特殊序列也证明了这一点：从古希腊自然哲学家所提出的地、火、水、风四元素经过燃素理论，到拉瓦锡的元素表，每一种自然物质的隐喻分类模式都彻底地破坏并且重组了之前的分类系统。这是科学隐喻理论发明功能历史性的体现。

二、科学隐喻的理论表征功能

从科学理论表征的不同内容出发，可将科学隐喻划分为两类：表征实际存

---

① Arbib M, Hesse M. The Construction of Reality. Cambridge: Cambridge University Press, 1986: 156.

在性的存在性科学隐喻，以及表征可能性的建议性科学隐喻。这种区分来源于哲学家菲利普·惠尔赖特在《隐喻与实在》中首先作出的"表征性隐喻"与"建议性隐喻"的区分。所谓"表征性隐喻"，又称"存在性隐喻"，其首要功能在于"表达""表述"，指通过比较引起意义的溢出和延展的隐喻，其相似性和比较都不必非常明确，因此可视为一种"基于相似性的隐喻"；所谓"建议性隐喻"，又称"可能性隐喻"，其首要功能在于"建议""暗示"，即通过并列创造出一种新的意义，可视为一种"创造相似性的隐喻"。很明显，"可能性隐喻"比之于"存在性隐喻"具有更强的理论表征功能。表征性的科学隐喻通过比较牵涉到意义的超越与扩展，但是，这种相似性无须是明显的，比较也无须是清楚明确的。表征性科学隐喻表达出一种洞察，这种洞察在以前的科学实践活动中没有被意识到，或者仅仅是被非常朦胧而模糊地意识到。因此，表征性隐喻的成功依赖于辨别、发现和把握不同科学语言所指之间相似性的特征。建议性隐喻通过所指的并列创造出新的意义，也就是说，通过强调所指之间的相异性而非表述其相似性建议或暗示一种新的可能的意义。

惠尔赖特运用化学中化合物形成的类比对于建议性隐喻进行了形象的说明："建议性隐喻最本质的可能性在于这样一种广泛的本体论事实，即新的质和新的意义可能出现，简单地从某些迄今为止未被归类的元素的结合中获得其存在性……正如不同的原子、分子是独立存在的，但是如果在适当的条件下（温度、压力等）相互结合，就会产生出有趣的化合物，比如 H_2 和 O_2 产生出 H_2O。同样地，不同的意义也能够单独地存在，但是，通过之前未结合过的语词和短语的并列，就能够有新的意义被创造出来。这就是一种建议性隐喻的综合。"[①]

事实上，所有成功的科学隐喻都既包含有表征性元素，又包含有建议性元素，这来源于不同研究对象的属性既具有相似性，又具有相异性。有些科学隐喻可能更加侧重于表达功能，因此具有更多的表征性质；有些科学隐喻则侧重于提出新的可能性，因此具有更多的建议性质；还有一些科学隐喻则具有同等程度的表征性和建议性成分。

科学隐喻理论表征功能的重要意义体现在那些至少在一段特定时间内构成科学理论语言学机制不可替代的构成要素的隐喻表达之中。也就是说，科学家利用这种科学隐喻来表达没有已知的、适当的字面解释能够表达的理论陈述。在这个意义上，科学隐喻对于其所表达的理论超越了单纯的注释性，而具有了

---

① Arbib M, Hesse M. The Construction of Reality. Cambridge: Cambridge University Press, 1986: 85-86.

表征性的功能。当然，科学隐喻的理论表征功能具有高度的非典型性或不规则性，它们必须经受科学共同体的检验、接受、修饰和完善。这与文学隐喻表征功能所具备的特征有着显著的区别：文学隐喻的表征功能经过反复使用，其原创性不断衰竭，最终将会变得陈腐，成为死隐喻；而科学隐喻的表征功能被使用的次数越多，其效力就体现得越明显。这就在于，如果一个科学隐喻的理论表征功能是有效的，那么，这种表征将成为整个科学共同体所认可的理论系统的特征，其各种变体形式被不同的科学家所探究，在此过程中，该科学隐喻表征所具有的能动性并没有也不会丧失。

当代科学家普遍认为，居于当代化学科学核心地位的分子结构的理念完全是一种隐喻。然而，对于这种隐喻性对象在量子力学层次是否存在与之相对应的客观实在则颇有争议。许多化学家指出，基于科学仪器的研究所提供的无法反驳的证据，可以认为分子结构的隐喻并非与客观实在毫无关联。[1] 科学隐喻的理论表征是在不同层面及不同意义上体现与之相关的语言实体的。当然，它所体现的这种语言实体在不同语境中有时是现实的，有时是虚构的，有时表征一种逻辑可能性，有时表征一种心理意向性，但无论属于哪一种情形，科学隐喻表征所具有的那种不同本质的实在性总是存在的，而且归根结底是可以经由逻辑所通达的。

美国哲学家尼尔森·古德曼称科学隐喻所表征的对象是一种隐含的"再造实在"，从而刻画出科学隐喻理论表征功能的实质性意义。以物理科学为代表的现代科学的许多根本概念都是人类的心灵所形成的一些隐喻表征，其最根本的目的在于给科学实验结果赋予规律、秩序和简单性。因此，通过科学隐喻对于实在的把握，本质上在于强调实在的不同层面，正如用简单化、抽象化的线条描绘一个结构复杂的对象一样，其目的在于突显对象本质特征的结构，而不是得到实在本身的全貌。例如，在物理学实验中，当电流使磁针偏转或在不相连的另一电路上产生感应电流时，观察者就必须想象空间里有一种传达效应的媒介或桥梁。在这种情况下，法拉第合乎逻辑地假想：在电介极化里必定存在某种力"线"或质点"链"，而这种力"线"或质点"链"在离开其来源后，仍然可以在空间中自由地存在并起作用。[2] 正是在这种意义上，科学隐喻对结构复杂、本质深藏不露的实在事物的表征充分体现出一种"科学的智慧"。

---

[1] Scerri E R. Philosophy of chemistry. Journal of Chemical Education, 2000, 77(4): 522-525.
[2] 丹皮尔. 科学史及其与哲学和宗教的关系. 南宁：广西师范大学出版社，2002：235.

事实上，科学家往往是把表述外部实在世界图象的科学理论设想为一个特定的隐喻系统；该隐喻系统描绘了观察者所观察到的复杂的、用业已掌握并使用的传统科学概念或术语所无法理解和描述的实在。此外，这种关于外部实在的图象不仅受到认知主体在某一特定时期认知能力的限制，而且也受到当时所能够应用的观察工具的限制和科学理论范式的限制，以致总是呈现为一种不完善的、未完全显露的、暂时性的外观。但是，就是这样一幅隐喻图象的科学理论，尽管并不是作为绝对真理或终极描述而存在的，但是在任何特定的科学研究时期，它是当时的科学家共同体所能够提供的最好图象。①

在科学探索的过程中，作为"自在之物"的客观实在往往处于可观察认知的现象界的彼岸，而不是毫无保留地呈现在科学家的眼前或显微镜下。尽管人类的观察仪器和认知能力在不断地得到飞速的发展，但是，在客观实在与认知主体之间始终存在一道顽固的、难以克服的"外观之幕"。无论使用多么先进的观察仪器，人类所观察到的并不是实在或"物自体"本身，而是实在的影像，甚至是影像的影像；实在向观察者显示的不是其本体的现象，而是这种现象与认知主体之间的关系。因此，即便是科学家们，也无法摆脱柏拉图洞穴隐喻所描述的被囚于洞中的囚犯的地位。

在这种意义上，所有的科学理论所描述的只不过是实在的投影或隐喻，甚至是投影的投影。这种情形在宏观世界的表现并不十分明显，但是，如果把目光投向微观世界和宇观世界的层面就可发现，唯一的选择就是借助于科学隐喻间接而曲折地面对实在并且反映相关的科学现象。科学隐喻对科学理论的表征表现为一种语境化把握，语用语境的不断分化和重构决定了科学隐喻把握实在本质的有效性。

三、科学隐喻的理论解释功能

科学理论的解释充满了科学隐喻运作的痕迹，科学隐喻的解释为其他各类科学解释提供了一种可能的统一模式。现代科学哲学的研究越来越深刻地认识到，在某种科学解释与其所解释的对象之间，严格说来并不存在一种纯粹的演绎关系，而只有一种近似符合的关系。因此，传统的科学解释所借助的唯一模型即纯粹的、单一的演绎模型是不完备的，必须通过一种把理论解释视为对对

---

① 汉伯里·布朗.科学的智慧.李醒民译.沈阳：辽宁教育出版社，1998：144-145.

象域的隐喻重描的观点而得到修正和补充。这就意味着，科学理论解释在很大程度上是隐喻性的，在某些情形中甚至基本上是完全隐喻性的。假使脱离了这种隐喻性，科学理论解释运行的方式就会被严重地误导和歪曲。

首先，在一种科学理论中，首要系统也就是有待解释的对象域，是能够用观察语言加以描述的；次要系统要么用观察语言加以描述，要么用一种我们所熟悉的理论语言加以描述。[①]"首要系统""次要系统""有待解释的对象域"自始至终被用于表示理论陈述的所指或假定的所指；"隐喻""模型""理论""解释要素"和"有待解释的对象"被用于表示语言学实体。"隐喻的"与"字面的"、"理论"与"观察"这些术语的用法在这个阶段不需要被认为意味着一对不可还原的二分。在一开始，"字面的"与"观察的"语言就被假定为可被很好地理解并且不成任何问题，而"隐喻的"与"理论的"语言则有待于进一步的分析。在一开始就假定这两个系统是用"字面的"语言或"观察"语言加以"描述"的，并不意味着它们是被详尽无遗地或确切地描述的，或甚至它们在原则上就是可用这些语言加以描述的。

其次，一个富有成效的科学隐喻能够得出理想的演绎结果。由于它把首要系统作为所指，因此，可以被看作是校订并且替换了对于同一系统的原初字面描述，以致字面描述被认为是不适当的甚至错误的而加以抛弃。与解释项和有待解释的对象之间的这种演绎关系的平行非常清楚：隐喻观点并不抛弃演绎，而是把更多的注意力放在隐喻与首要系统的互动，以及对于首要系统的隐喻描述的可接受性的标准上面，因此，不是去更多地关注在这里作为相比较而言毫无意义的逻辑演绎关系上。这为隐喻观点对于正统演绎观的补充提供了更强、更为直接的基础。

如果演绎观点确实依赖于一种无须进行解释的计算和一种观察语言或者是理论语言与观察语言这两种完全不同的语言，那么，在这些语言中，与语词相联系的符合律就不能独立地从解释项中演绎地推导出来。隐喻观则有效地消解了这些问题。如果把科学解释视为对于对象域的隐喻重描，那么，符合率所起的作用就不再有效。同时，隐喻观对于解释项语言的意义发挥了独特而重要的功能。事实上，观察语言和所有的自然语言一样都是通过隐喻用法得到持续的扩展，因此产生了解释项的术语。因此，解释项与有待解释的对象之间产生了内在的联系，隐喻也由此被引入并被应用到首要系统之中。

---

① Arbib M, Hesse M. The Construction of Reality. Cambridge: Cambridge University Press, 1986: 112.

在一个典型的科学隐喻中,有待解释的领域通过从次要系统转换而来的术语被描述,原初的观察语言在意义上发生了富有启示性的转换,在词汇表上得到了积极有效的扩展。这时,在此基础上作出一种强意义上的科学理论预言就成为可能。当然,作为一种特殊形式的科学假设,科学隐喻发明的理论语言内容所宣示的最后结论有时可能被最终证明是错误的。但是,这是任何一种科学解释或预言所必须进行的职业性的冒险。从本质上来说,之所以认为科学解释就是一种隐喻重描,而这一过程又是合理的、理性的,正是由于理性恰恰包含着使语言持续不断地适应并调整扩展中的世界这一重要内涵。[1]

科学隐喻提供了一种科学解释的洞见。它通过应用一种附带主词形成一个主要的主词,从而在实际上构成了一种不可还原的解释性活动。科学隐喻的理论解释功能提供了丰富的信息和说明,任何其他类型的科学解释活动都无法与之相比。我们对一个句子的解释事实上包含着两种不同方面的含义:首先,如果我们可以用另一个表达同样内容的句子对这个句子进行替换,在这种意义上,我们认为前一个句子是对后一个句子的一种解释;其次,我们认为这个句子是无法被任何其他句子替换的,这事实上也是在对这个句子作出某种解释。[2]

对于一个科学隐喻的解释也具有这样的两重性:一方面,我们可以将其翻译为某种特定的字面陈述,即用一种字面形式将其替换。当然,这种翻译不可能是一种完全翻译,它可能导致某些信息的丢失,毕竟是可理解的和相对清晰的。另一方面,一个科学隐喻又是独特的,对它的独特性的理解意味着它在一种重要的意义上是不可翻译的。在这种情况下,对科学隐喻进行适当的释义的能力就成为是否理解相关隐喻的检验标准。在某些特定的情境中,理解一个科学隐喻实际上无法找到一种相应的、适当的释义,因此,这个隐喻表达式对我们来说就不是表达特定科学理论内容的几种可供选择的方式之一,而是唯一可能的方式。因此,我们无法将已经说出的隐喻表达式与隐喻地说出相关内容分割开来。

在这里,科学话语要求注意它自身而不是某种意义或它背后隐含的客观实在。正如维特根斯坦在《哲学评论》中指出的那样,每当我们说这个或那个描述可以用另一个描述来代替时,我们向把握被描述者的本质的目标又迈进了一

---

[1] Hesse M. Revolutions and Reconstructions in the Philosophy of Science. London: The Harvester Press, 1980: 123.
[2] Wittgenstein L. Philosophical Investigation. Anscombe G E M(trans.). Oxford: Blackwell Publishing Ltd., 1953: 143-144.

步。① 因此，科学隐喻的解释功能也反映了科学认知的深入。科学隐喻的理论解释功能证明，有某种东西独立于我们表述某物的方式，它们使我们走出某种特殊描述方式的限制而走向本质的东西。隐喻是偶然的不确定的，它们需要释义和解释，这种解释的目的在于承认特殊的隐喻是必不可少的。但在这里，解释的目的不是承认隐喻的偶然性，而是承认隐喻的必然性。②

四、科学隐喻的理论交流功能

科学隐喻的理论交流功能协调了科学理论之间认知视角的统一，这就在于，科学隐喻发挥其特有的意义映射功能，在各种不同的科学理论之间进行"转换"和"链接"，使相关理论始终可以保有某种开放性和活力。当代科学家普遍承认，科学理论植根于一定的社会、文化、历史语境并对之有反馈作用，科学理论话语不可能不被包括日常交往、文学、艺术以至政治、宗教等非科学话语的概念所"传染"和"侵蚀"。科学理论与非科学理论之间始终存在一种互动关系。因此，在某种意义上，科学语言可被视为一种"混合物"，而隐喻正是在科学话语和其他话语系统之间充当了一种转换和链接的媒介物。同时，作为科学理论基本概念转换的枢纽，隐喻丰富了我们对科学理论实践的理解。隐喻不再是自然事件的一种不适当的表征，而是作为社会的、文化的、认知的、推论的工具"参与"自然事件并"制造"出相关的科学理论知识。通过发挥其独特的"链接"和"转换"的功能，隐喻促进了科学理论与其他非科学理论乃至与整个社会、历史、文化语境之间的有效的对话和交流，从外部推动了科学理论的发展。

在一个科学共同体对于特定科学隐喻的使用过程中，科学家所具有的知识结构与社会经验都是高度共享的。在此基础上，当某个科学隐喻获得共识时，共同体中的每一个科学家都有可能从新的角度去看待研究对象，因此，总是可能开辟新的科学研究方向。科学隐喻是由科学共同体所集体约定并广泛认同的，具有确定的稳定性和一致性，而不是瞬间的、暂时的和权宜的东西，是科学共同体为了求解难题、突破理论发展概念瓶颈的一种集体约定的结晶，是对于科学共同体主体间性统一的极大促进。

---

① Wittgenstein L. Philosophische Bemerkungen. Oxford：Blackwell Publishing Ltd.，1964：51.
② 哈利斯. 隐喻的多重用法. 汪堂家译. 江海学刊，2006，(2)：21-24.

布莱克在语义学的意义上所提出的"互动"观念可以极为贴适地引入科学隐喻理论交流功能的语用学中，这就在于，互动概念恰当地描述了科学隐喻发明者和受众之间的交流关系。在科学中，求解一个问题、发展一种理论，是一种内部对话的过程，科学家们尝试性地提出某种猜想或推测，想象出可能会提出的反对意见并设计出可能的答复，构想出某种结果并把自己置于一个假想敌的位置上。在科学研究的这种内部对话中，隐喻发明者与接受者都发挥着其各自的不可替代的作用。

首先，科学隐喻发明者的隐喻沉思引导他自己去寻求在隐含的比较中乍看上去迥异的现象之间的相似性；其次，该科学隐喻同样也使得其受众经历类似的认知过程，并在此基础上提供某种反馈意见。可见，科学隐喻在科学共同体成员之间的交流对推动科学理论自身的发展具有极为重要的意义，此外，科学隐喻在科学共同体与其他社会成员之间的交流也是必要的。一个特殊的科学共同体内部之间的交流往往基于某种特定的学术语言，而这种语言是由与该共同体密切相关的认知模型隐喻所创建的。在理论交流过程中，共同体成员通常使用一种特殊的、经过集体约定的隐喻语言。如果在科学探索的过程中发现了一些新的观察事实或经验，科学家也常常用隐喻语言进行表达以便于其他科学家理解。

在交流一种新的理论知识的过程中，相关科学共同体经常从其他科学学科门类借用现成的概念用以构成本学科内部的隐喻。科学隐喻为不同的科学共同体及不同的学科领域之间某种可通约的主体间性的建立提供了有效的途径，从而实现了科学理论在共同体内部、各共同体之间、科学共同体与社会之间的充分理解和交流。众所周知，即使某科学交流过程的每一个参与者都享有某种相同的知识，相关意义和认知内容也不可能得到全部有效的转换。这时，对于交流一种不曾共享的经验来说，科学隐喻的使用就成为必要的了。在这样的情况下，科学家必须通过特定的科学隐喻达到交流的目的。[①]

---

① 郭贵春.科学隐喻的方法论意义.中国社会科学，2004，(2)：101.

第五章 科学隐喻的意义

科学隐喻研究的勃兴有其内在的历史逻辑，它与科学修辞学转向具有极为密切的相关性，体现出重要的修辞学意义；科学隐喻地位的凸显也有其哲学背景理论的推动，这种推动建立在科学隐喻、科学语言与科学思维内在统一性的基础之上，与后现代主义科学观的基本理念相契合，与后现代科学哲学发展的趋势相一致，同时，科学隐喻研究的深入也对当代科学实在论的进展起到了有益的启迪作用。

第一节 科学隐喻的修辞学意义

尽管科学隐喻必须在超越于修辞学范域的意义上才能获得一种充分的理解，但是，绝不能因此而忽略它。科学隐喻的功能和意义都是通过其修辞学形式体现出来的，或者说，最终表现为一种修辞学形态。因此，科学隐喻的修辞学意义也是极为重要，值得我们认真加以思考的内容。本节首先将科学隐喻与其他比喻修辞格尤其是转喻和提喻修辞格进行比较研究，以突显其特殊性与一般性的辩证统一；其次，对典型的主要体现修辞学性质的科学隐喻进行说明；

最后，对科学隐喻与科学修辞学的整体性关联作出分析阐述。

一、作为"各种比喻的类"的隐喻

在所有的言语修辞格中，比喻是最为常见的一种形式；而隐喻又是所有比喻修辞格中"最光辉""最必然"和"最常见"的（艾柯语）。在古典修辞学中，隐喻与比喻是作为同义词而使用的，这表现为绝大多数修辞学家在其论著中对于隐喻和比喻基本上不加区分，或者始终把比喻称为隐喻。因此，在古典时期，隐喻一词事实上涵盖了所有其他的比喻类型，是作为一个总括性的名称而被使用的："隐喻包含着其他的言语与书写形式，诸如反讽、转喻、提喻以及明喻。"[①]

1. 隐喻与明喻

隐喻的概念与明喻的概念是相对而言的。这一点在汉语中尤为显著："隐"与"明"是相对应而存在的两个概念。明喻的基本结构是"X 像 Y"，其连系词除了"像"（like）外，还可以是"好像"（as）、"好似"（as if）等，它与隐喻的根本区别就在于连系词"像"与"是"的区别。传统观念认为，一个隐喻的比喻意义是与之相应的明喻的字面意义。显然，这种观点预设任何隐喻都有一个与之相对应的明喻，其极端形式甚至干脆取消了隐喻与明喻之间的界限，认为隐喻实质上是一种省略的、简化了的明喻。例如，古德曼就认为，明喻与隐喻的差别是极其细微的，仅仅在于所使用的比喻性措辞的不同；明喻所用的措辞"像……一样"和隐喻所使用的"是"具有同样的比喻性功能，都是通过挑选出某种共同特征而在两种不同事物之间建立连接关系。苏珊·哈克也认为，隐喻是一种缩略的明喻，二者之间的区别在于：明喻在语法上是清楚明白的，而隐喻在语法上则是隐含的，隐喻只不过比明喻具有更大的语法上的弹性。对于这种将隐喻理解为缩略的明喻的观点，戴维森持一种质疑的态度。他指出，"这种理论没有在隐喻与某种相关的明喻之间从意义上作出区别，没有提出谈论比喻意义、隐喻意义或特殊意义的任何根据。就简单性而论，这种理论轻而易举地占了上风，但它看来也过于简单，以致发挥不了作用"[②]。

[①] Brown T L. Making Truth: Metaphor in Science. Urbana: University of Illinois Press, 2003: 16.
[②] Davidson D. What metaphors mean// Martinich A P. The Philosophy of Language. Oxford: Oxford University Press, 1985: 443.

隐喻与明喻之间存在着显著的相似性和关联性，这就在于，"明喻与隐喻的共同因素是以名称的转换为基础的同化，换言之，是对两个词项的差别中的同一性的把握"①。当然，它们之间的区别也是非常值得重视的：首先，隐喻与明喻的本体论地位不同。这就在于，明喻仅仅是一种语词层面的比较，而隐喻则超越了这种单纯语言学的范畴。试图把隐喻还原为语词层次的某种"比较"实际上都是对该隐喻的一种"谋杀"。其次，隐喻与明喻的认识论地位不同。明喻所陈述的是某种相似性的存在，但是挑选出这种确定的共同性特征的工作是有待于认知主体去完成的。隐喻则并没有明确断言某种相似性，但是，"倘若我们把它接受为一种隐喻，我们就又被诱使去寻求一些共同特征"，而这些特征未必和与之相关的明喻所表明的特征相一致。②隐喻凭借"是"在主词和谓词之间建立起来的简单对接中包含着巨大的认知张力，从而启发认知主体的灵感和探求的冲动。但是，这种认知张力在明喻中则消失殆尽，明喻中过于浅显直白的比喻项的表达使其无法具有能与隐喻相抗衡的启发认知的力量。再次，隐喻与明喻的语句字面的逻辑真值不同。戴维森指出，单纯从语句的字面形式上来看，明喻与隐喻之间最显著的语义学差别在于：明喻为真，而绝大多数隐喻为假。最后，隐喻与明喻的修辞效力不同。一般来说，隐喻的修辞效果大大强于明喻。这是由于，隐喻从总体上包含了一种特定的直接归属关系，而明喻所包含的归属关系则仅仅带有一种弱判断的性质，在这种意义上，可以认为明喻是从属于隐喻的，这种从属性集中地体现在两种不同形式的述谓关系"像"对于"是"的从属。"是"对于"像"从而隐喻对于明喻的优先性和优越性在于，隐喻更为有力的直接归属关系创造出了明喻所无能为力的一种超越语言学范畴的丰富的意义。这也正如亚里士多德在《修辞学》中所指出的，"明喻也是一种隐喻。明喻正如隐喻所是的方式而被使用，因为它们事实上是一回事……"③

2. 隐喻与转喻、提喻

隐喻所赖以存在的基础实质上是两种不同观念之间的关系，即与某个语词相联系的原初观念与附加在该原初观念之上的新观念之间的关系。这种关系并

---

① Ricoeur P. The Rule of Metaphor. Czerny R, McLaughlin K(trans.). London: Routledge, Kegan Paul Ltd., 2003: 26.
② Davidson D. What metaphors mean//Martinich A P. The Philosophy of Language. Oxford: Oxford University Press, 1985: 443.
③ Aristotle. Rhetoric. Roberts W R(trans.). New York: Random House, 1954: 1406b.

不是单一的，而是可以区分为对应关系（符合关系）、联结关系及相似关系。与这三种关系分别一一对应的比喻类型是转喻、提喻和隐喻。维柯认为，原始人类在凭借其诗性思维给事物命名时，必须使用最具体的感性意象，这种感性意象就是提喻和转喻的来源。转喻就是用行动主体代替行动，原因在于行动主体的名称比起行动的名称来较为常用。此外，还有用主体代替形状或偶然属性的转喻，原因在于还没有把抽象的形式和属性从主体中抽取出来的能力。"在把个别事例提升成共相，或把某些部分和形成总体的其他部分结合在一起时，转喻就发展成为隐喻。"[①]所谓转喻（metonymy）又称"换喻"，指两个词之间基于相近关系的替代。转喻所涉及的"相近关系"是一个内涵丰富的概念，包括"原因与结果、包容物和被包容物、行为的工具，最初对象的起源，被标志物的标志等"[②]。语言要素的组合或句段关系对应于转喻思维方式，而联想或语群关系则对应于隐喻思维方式。也就是说，转喻本质上表征一种组合范畴，而隐喻本质上表征一种替换性的联想占主导地位的系统范畴。隐喻与转喻"代表了语言结构两种基本关系模式的最精练的表达，相似性以及对比的内在关系强调隐喻；邻近性以及远离的外在关系决定转喻"[③]。罗兰·巴特指出，隐喻系列是一种横组合了的纵聚合关系语言项，而转喻则是一种在某个系统中被凝固化和同化了的单位语系列；在隐喻中，选择变成了邻近；在转喻中，邻近变成了一种从中选择的范围。[④]正因为如此，"研究者（即符号学家）谈论隐喻要比谈论转喻更理直气壮，因为他进行分析所运用的元语言本身就具有隐喻性，故而与对象的隐喻性质相同。事实上，论述隐喻的文字相当丰富，而对转喻的论述却几乎没有"[⑤]。

所谓提喻（synecdoche）又称"提喻法""举隅法"，指不同的语词之间根据其外延或大或小的关系进行替代的一种比喻形式，包括部分替代全体，全体替代部分，种替代类，单数替代复数或复数替代单数。这也就是说，提喻是一种以部分或局部代表整体、全体，或以整体、全体喻指部分或局部的比喻类型。英国修辞学家威尔逊（Wilson）指出，提喻就是根据某种具有典型性的特定标志来理解其所代表的事物的一种比喻类型。例如，用面包代表食物，以军队代表一个士兵。提喻的本质是将整体与部分、局部与全体进行并列。

---

① 维柯. 新科学. 朱光潜译. 北京：商务印书馆，1989：202.
② 翁贝尔托·埃科. 符号学与语言哲学. 王天清译. 天津：百花文艺出版社，2006：177.
③ Cooper D E. Metaphor. Oxford:Blackwell Publishing Ltd.，1986：35.
④ 罗兰·巴特. 符号学美学. 董学文等译. 沈阳：辽宁人民出版社，1987：86.
⑤ 罗兰·巴特. 符号学原理. 王东亮等译. 北京：生活·读书·新知三联书店，1999：53.

事实上，无论是明喻、转喻还是提喻，都可以看作是一种特殊类型的隐喻。正是在这种意义上，17世纪意大利语言学家维纳拉比尔·比德（Venerabile Beda）认为，隐喻可以被正当地视为"各种比喻的类"，而除隐喻之外的任何其他种类的比喻都是隐喻的种。科学的专门语汇从根本上来看主要是由科学隐喻、科学转喻及其他类型的比喻修辞格组成的。科学隐喻引起科学概念意义的动力学演变，从而在适当的语境中导致科学革命的产生。

与科学隐喻相比较，转喻更加具有稳定性，或者说具有更强的惰性。这是由于，在许多情况下，科学转喻使用字面语词去代表特殊的科学概念。科学隐喻的本性在于寻求一种科学语言的转变，而科学转喻的本性则在于保持科学语言的稳定性和现状。这也就意味着，"从科学革命到常规科学的运动是一种从隐喻到转喻的运动……在隐喻或纯粹理论中，这种综合体的两个语项的关系是转换的和流动的；在转喻中，这种关系是独立实存的并被界定为原因之结果或结果之原因"[①]。

二、科学隐喻的修辞学性质

所有科学隐喻最终在科学理论文本中的体现必然采取修辞学的形式，科学隐喻中最为常见和丰富的就是主要作为修辞学手段使用，体现科学修辞学性质的科学隐喻。科学隐喻作为修辞手段的应用，对于相关科学理论论证的展开及其形象性和劝导力作出了独特的贡献，这样的科学隐喻可以被恰当地称为修辞性隐喻，其主要功能在于对非隐喻表述的科学理论进行概括或阐释，典型例子包括广义相对论中对于"虫洞"（worm-holes）的谈论，用"电子云"来描述被束缚电子的空间定域等。这类科学隐喻并不能传达较强意义上的理论洞察，但是，这并不意味着它们在科学理论陈述中所起到的作用是不重要的。一种具有原创性的科学理论的建立必然伴随着一种修辞、劝服和灌输的过程，有效的修辞性科学隐喻必然是这一过程的有机组成部分。

修辞性科学隐喻的一个典型例子就是"麦克斯韦妖"（Maxwell's Demon）的隐喻，该隐喻滥觞于英国物理学家麦克斯韦于19世纪60年代提出的著名思维实验，当代的热力学理论仍然沿用着这一修辞性科学隐喻。例如，齐曼斯基

---

① Peterfreund S. Scientific models in optics: From metaphor to metonym and back. Journal of the History of Ideas, 1994, (55): 73.

（Zemansky）与狄特曼（Dittman）于20世纪80年代出版的《热与热力学》对此描述如下："麦克斯韦设想了一个微小的造物待在一个活动门的附近……这个小妖并不能说出一个分子与其他种类的分子之间的区别，因为他和这些分子共同处在同一温度的一个闭合区域内……这个小妖无法看到单独的原子。"著名物理学家费曼在其物理学论述中同样保留了这一修辞性科学隐喻的使用："鉴于历史的兴趣，我们很愿意对麦克斯韦所发明的一个东西进行评价……他设想了以下情形：我们有两个温度同一的气体盒子，在它们之间有一个小孔。在这个小孔边坐着一个小妖，（他当然可能是一架机器！）在这个小孔上有一个门……他观察从左侧过来的分子。当他看到一个速度很快的分子时，就把门打开……"[①]

在生物学的科学文献中，修辞性科学隐喻同样被广泛使用。例如，《科学》杂志发表的一篇题为"毫微多孔渗水的分子三明治：具有可调多孔性的柱状二维氢联结网络"的学术论文，大量地使用了修辞性科学隐喻，如"分子三明治"（molecular sandwiches）、"柱状网络"（pillared…networks）及"可调的多孔性"（adjustable porosity）。作者将其所研究的对象形象地描述为毫微多孔渗水的栅格（nanoporous lattices），这种栅格具有接待分子客人（molecular guests）的东道主（hosts）身份。"毫微多孔渗水的"这个术语意味着一定大小的分子能够进入固体物，而"栅格"这个语词被用来指出这种固体物有规则的结构，这种固体物则被描述为作为进入它的那些更小的"客人"分子的"东道主"。作者希望通过这样一种修辞性隐喻描述的方法最终导致"在具有大小、高度、形状以及能够通过分子柱的选择被处理的化学环境的二维画廊中空白的形成"。在这里，诸如"画廊"（galleries）及"柱"（pillar）等术语的用法，同样是修辞学性质的科学隐喻。[②]

三、科学隐喻与科学修辞学

科学隐喻在科学修辞学中占有如此显要的地位，以致有些学者抱怨道：当代修辞学的趋势不断地从修辞学的整体艺术缩减为对诸种修辞格的关注，又从诸种修辞格缩减为对比喻修辞格的关注，直至最终缩减为对于隐喻的关注。[③]科学隐喻的研究在科学修辞学的整体趋向中毫无疑问地也占有同样重要的地

[①] Pulaczewska H. Aspects of Metaphor in Physics. Tübingen: Niemeyer, 1999: 210-211.
[②] Brown T L. Making Truth: Metaphor in Science. Urbana: University of Illinois Press, 2003: 110.
[③] Fahnestock J. Rhetorical Figures in Science. Oxford: Oxford University Press, 1999: 6.

位。科学隐喻所具有的最表层的功能体现在修辞性方面,不仅包含着在科学教学与传播中的修辞性使用,同时也包含科学理论本身的修辞性论述的建构。对此,著名哲学家伽达默尔评论道,"语言的逻辑成就只有从修辞学的角度才能获得承认并在修辞学中才被理解为比喻的艺术手段"①。这实质上意味着,科学隐喻的修辞学意义与其认知意义是内在统一的。

科学修辞学转向的实质是要把科学修辞作为一种确定的研究方法,充分地揭示了科学论述的修辞学特征,从而更进一步地跳出形式语言的逻辑预设,而从科学论述的境遇、选择、分析、操作、发明和演讲中,给出战略性的心理定向和更广阔的语言创造的可能空间。科学修辞学转向为科学隐喻合法性地位的进一步确立和巩固提供了条件,而科学隐喻研究的深入又极大地推动了科学修辞学转向的开展。科学隐喻的修辞学意义集中地体现为:它更多的是一种符号化的劝导,而不是一种单纯的形式表征;更多的是一种境遇论述,而不是纯粹的逻辑规则的推演;更多的是与特定共同体相关的讲演论述,而不是简单个体的经验实现;更多的是一种有理由的论述,而不是预设先验标准的理性的概念化;更多的是一种创造性的发明论述,而不是证明或说明模式的唯一结构。

从本质上来讲,科学修辞学转向是一种科学研究方法论的转向,其中,隐喻分析方法构成其重要内容。科学隐喻作为科学理论陈述整个非文字设计集合的提喻法,在修辞学的意义上有助于意义的确定和发挥、理解和交流;在一个具体科学理论语境中的取舍,决定了在这个语境中修辞学劝导的趋向力;与语用语境的关联则既表明不同语境劝导趋向的差异,同时也表示了语境重建中修辞学功能的特定连续性。②因此,在"修辞学转向"背景下的科学修辞学研究中,作为一种最重要修辞手段的隐喻,成为研究焦点中的焦点。在科学修辞学中,科学隐喻构成了从技术语言到日常语言、形式语言到自然语言之间的桥梁和理解的中介;在不同的科学理论陈述的语境中,以不同形态表现出来的科学隐喻,极大地深化了修辞学劝导及其战略构设的灵活性和生动性。③

当代科学修辞学的兴起和发展与科学隐喻研究日益走向深入的趋向是同步并且统一的。随着隐喻作为修辞家族中最重要一员地位的不断清晰化,科学隐喻作为隐喻家族中的重要而独特的一支也日益凸显出来,从而推动了科学修辞学转向态势的不断明朗化。作为科学修辞学转向的重要而不可或缺的内容,科

---

① 加达默尔.真理与方法:哲学诠释学的基本特征.洪汉鼎译.上海:上海译文出版社,2004:561.
② 郭贵春.语境与后现代科学哲学的发展.北京:科学出版社,2002:41-42.
③ 郭贵春.科学修辞学的本质特征.哲学研究,2000,(2):19-26.

学隐喻的修辞学意义受到了科学哲学家乃至自然科学家越来越密切的关注。

第二节　科学隐喻的哲学意义

科学隐喻具有重要的哲学意义，这种意义主要体现在以下几方面的关系中：首先，隐喻与语言、思维的内在关系。本节在辨析"字面的"与"隐喻的"既对立又统一的关联的基础上考察了隐喻、语言、思维三者之间的辩证关系，指出语言与思维在某种意义上都是隐喻性的。其次，科学隐喻与一种后现代科学观之间的关系。再次，科学隐喻与后现代科学哲学之间的关系。最后，科学隐喻与科学实在论之间的关系。以下分别予以说明。

一、隐喻、语言与思维

隐喻不能仅被理解为一种语言现象，更重要的是认识到它作为一种基本的思维结构的本质和意义。隐喻思维蕴涵着某种超越外在现实世界的意向，体现了人类意识与精神活动的原始结构和方向。"隐喻在我们的语言和思想中无处不在。事实上，我们人类的概念系统就是建立在隐喻之上的。"[1]正是在这样一种意义上，英国科学哲学家玛丽·海西提出了"所有语言都是隐喻性的"著名论点。

在人类的语言系统中，多数语词都既具有字面意义，又具有隐喻意义。我们一般认为，所谓语词的字面意义是它原初的、基本的含义，而隐喻意义则是指这个词用于指称字面意义以外的其他事物时所具有的含义。按照这种理解，字面意义似乎是一种直接性的意义呈现，而隐喻意义是作为字面意义的引申义或转义而存在的，是字面意义所引发的一种依附性的、第二性的意义。因此，在传统的修辞学和哲学的理解中，字面意义总是某种比隐喻意义更加确实可靠的东西，字面的说明也必然优先于隐喻的说明。这就意味着，字面意义比隐喻意义更加稳定；在指称上更加具体；在一般语境中更容易被理解和接受；语言的使用者一

---

[1] Lakoff G, Johnson M. Metaphors We Live by. Chicago：University of Chicago Press，1980：1.

般总是通过字面意义去理解世界的本质特征,即其本来所是的形态。①

有些语言学家也提出了对于字面意义类型的划分:常规的本义,即日常的常规语言所包含的意义,与比喻、夸张、反讽、借代、间接言语行为等成对比;主题内容的本义,即在谈论某一主题或语域时在一般意义上所使用的表达语词;非隐喻的本义,或有直接意义的语言,无需依赖其他语词或概念即可理解的语词或概念;真值条件意义上的本义,即真实世界中所存在的事物的语言意义,可凭借经验判断其为真或为假;语境自由的本义,即一个语词或概念在"零"语境中所具有的意义。②显然,这些特征和类型划分只具有相对的意义,若作为一种区分"字面的"与"隐喻的"确定标准,则是难以令人满意的,也是难以具体操作的。虽然"字面的"与"隐喻的"区分存在着令人困扰的本体论意义上的难题,但是这并不妨碍我们在语言的实际交流过程中有意义地使用这两种表达法并将其进行关联性的比较。

在罗蒂的理解中,所谓的字面意义与隐喻意义并不是两种不同意义的区分,也不是两种不同诠释的区分,而仅仅是对于语言或符号系统"惯常使用"与"不惯常使用"的区别。也就是说,字面意义与隐喻意义的区分仅仅在于其用法的一般性与特殊性之间的差别;这种差别并不具有绝对的意义,仅仅具有相对的意义。罗蒂指出,我们将语言或符号系统字面意义上的用法作为其"字面意义"或"本义"使用,实际上是用关于人们在不同情况下会说什么的"旧理论"来加以处理地使用;与此相反,隐喻的使用则使我们忙于发展出某种"新理论"。简而言之,所谓"字面的"与"隐喻的"区分不是两种不同语言或意义的区分,而是在于同一种语言或意义的新颖与陈旧之间的差异;这种差异并不具有语词与世界之间关联是否紧密的含义。

基于以上认识,许多当代哲学家十分不满于传统的"字面的"与"隐喻的"二分,对于缺乏论证基础的字面语言的优先性提出了尖锐的批判。在他们看来,"字面的"与"隐喻的"区分在很大程度上是基于人类实用的目的而被提出的,同时也是一种形而上学的二分法,其目的在于贬低隐喻意义而褒扬字面意义。事实上,字面与隐喻表达的语义基础并不存在一种本质上的差别。这也就是说,"并不存在这样一种非隐喻的立场,从这种立场出发,我们可以把

---

① Pylyshyn Z. Metaphorical imprecision and the top-down research strategy// Ortony A. Metaphor and Thought Cambridge: Cambridge University Press, 1979: 433-434.
② 胡壮麟. 认知隐喻学. 北京:北京大学出版社,2004:32.

隐喻以及所有其他的修辞格看作是在我们面前进行的游戏"①。以玛丽·海西为代表的一些哲学家所提出的"所有语言都是隐喻的"的论点，意在强调隐喻所代表的语言的"活性的"特征，同时隐含地指出：隐喻用法不仅是文学语言中所体现的重要特征，日常语言乃至科学语言从根本上来说也是隐喻性的，只有隐喻所体现的意义转换的动力学和整体论特征才能真正揭示语言的本质。

隐喻与语言是相伴而生的。没有语言，隐喻无从体现；没有隐喻，一种语言就不称其为语言。黑格尔指出，"每种语言本身就已包含无数的隐喻。它们的本义是涉及感性事物的，后来引申到精神事物上去。……但是这种字用久了，就逐渐失去隐喻的性质，用成习惯，引申义就变成了本义，意义与意象在娴熟运用之中就不再划分开来，意象就不再使人想起一个具体的感性观照对象，而直接想到它的抽象意义"②。语言本身具有隐喻性，而隐喻始终遵循语言结构的普遍规律，这就是语言与隐喻之间的辩证关系。只有把语言在本质上理解为隐喻的，才能超越传统分析哲学把意义局限于确定的语形和语义规则的不足，真正地进入语用语境的分析层次。

在语言的全部历史中，从来不曾存在过一种理想的字面意义能够对隐喻用法进行限制性和规范性的评价；同时，作为言语的一种必要模式，科学隐喻必须被放在科学理论语言的重要位置。字面意义作为一种限制情形与所有使用中的语言都必要的是隐喻性的一般主题并行不悖。在这一意义上，正如在科学中理论意义比观察意义具有优先性一样，隐喻意义也比字面意义具有逻辑上的优先性。事实上，已经有越来越多的哲学家倾向于认可一种"隐喻首要性"的主题，其核心内容即在于：隐喻作为语言的一种基础形式，在历史方面和逻辑方面都优先于字面语言。"就精神联系来说，每种语言都是一部消淡了的隐喻的字典。"③

原始人类的思维主要表现为一种神话思维的形式，这种形式实质上就是一种前逻辑的隐喻思维，因而，原始人类所使用的语言带有极为鲜明的隐喻性质。人类学的研究表明，原始的隐喻思维的原因在于，原始人类的头脑中存在着这样一种基本信念：世界中千差万别的事物中存在某种一致性或统一性，正是由于这种统一性，每一事物才与自身相同一，即由自身组成并与自身协调一致；也正是由于这种统一性，一类事物的个体之间及其他类型的事物之间才有

---

① Ricoeur P. The Rule of Metaphor. Czerny R, McLaughlin K(trans.). London: Routledge, Kegan Paul Ltd., 2003: 18.
② 黑格尔.美学.朱光潜译.北京：商务印书馆，1979：31-32.
③ 尼采.古修辞学描述.屠友祥译.上海：上海人民出版社，2001：46.

可能统一起来，世界的所有部分才可能构成一个具有整体意义的、可理解的世界。因此，原始人类倾向于以隐喻的方式看待他们所生活的世界，将万事万物都视为互相关联的。

所谓语言的逻辑思维功能和抽象概念的产生是随着人类思维的不断复杂化而出现的，是在隐喻思维和具体概念的基础上形成发展起来的。原始人类所具有的、表现为"神话思维"形态的隐喻思维同样具有形成概念的功能，只不过它形成概念（神话概念）的方式不像逻辑思维那样是靠"抽象"的方法从而形成"抽象概念"，而是遵循所谓"以部分代全体"的原则，从而形成"具体概念"。"'语言'这一人类思维的'器官'就其本质而言首先就是'隐喻的'（语言是与神话相伴才发展起来的），语言的逻辑思维功能和抽象概念实际上只是在神话的隐喻思维和具体概念的基础上才得以形成和发展的。这就意味着，人类的全部知识和全部文化从根本上说并不是建立在逻辑概念和逻辑思维的基础之上，而是建立在隐喻思维这种'先于逻辑的概念和表达方式'之上。"[①]

从哲学史的角度来看，从古希腊柏拉图著名的日喻、洞穴隐喻，到培根的四假象隐喻和洛克的蜡版隐喻，从海德格尔的"语言是存在之家"、维特根斯坦的"语言游戏"到奎因"信念之网"的隐喻，哲学思维的隐喻性是贯彻始终的。科学哲学本身也在应用着许多隐喻。例如，德国科学家、1909年诺贝尔化学奖得主奥斯特瓦尔德（W. Ostwald）在论述因果律时所使用的"双筛"隐喻；英国科学家爱丁顿（A. S. Eddington）在其《物理科学的哲学》中论述"主观选择论"时使用的"渔网"隐喻；维也纳学派哲学家纽拉特（O. Neurath）所使用的"船只"隐喻；波普尔的"沼泽"隐喻；拉卡托斯的"坚果"隐喻；等等。[②] 奎因在谈到他的"信念之网"隐喻的重要意义时指出，"我的信念之网的隐喻需要解析，在很大程度上那是我在《两个教条》和《词与物》之间十年中所专注于的东西"[③]。由此可见，隐喻直接参与了哲学概念的想象与发明，推动了哲学理性的构造与发展，从而拓展了哲学思考的论域范围，甚至构成了哲学的内核。

正是基于这样的认识，罗蒂指出，整部西方哲学史事实上就是一部隐喻史，"思想的演进乃是千挑万选的隐喻的本义化过程；一个人对某事物的再描述如果遭到反对，其驳回的方式大抵上是对其他事物加以再描述，试图扩大

---

① 甘阳. 从"理性的批判"到"文化的批判". 读书, 1987,（7）: 9.
② 详见李醒民. 科学哲学中的几个精妙比喻. 哲学动态, 2002,（10）: 23-26.
③ Quine W V. Two dogmas in retrospect. Canadian Journal of Philosophy, 1991, 51（1）: 71-83.

个人所偏好的隐喻的范围,从侧翼包围这些反对的意见"①。德里达在《白色神话》中也认为,形而上学的语言及其核心概念,如"理念""实体""本质"等,都浸透了"褪色的"隐喻,此类术语一度被用来指称抽象的、意识性的内容,但是在概念化的过程中,其起源和修辞转换都被人们遗忘了,因此,形而上学的历史是一部被遗忘了的隐喻的历史。

二、科学隐喻与后现代主义科学观

科学实践活动的世界是科学家群体通过特殊的语言、概念和思维方式所建构和谋划的世界,这个世界与人类的生活世界是不可分割的,并以一种曲折的方式折射和反映着源于生活世界的种种性质与特征。科学隐喻所蕴涵的科学语言、概念与思维之间的互动、交流和转换必然在科学活动实践中强加给被感知的科学理论世界,在这种意义上,科学理论世界本身的一个重要方面是一系列科学隐喻的塑造和影响的产物。因此,掌握隐喻意味着在一个重要的方面掌握生活世界,而掌握科学隐喻也就意味着在一个重要的方面掌握科学世界。对于科学隐喻的正确理解有赖于一个前提,即对科学本身应当有一个正确的、适当的理解;同时,科学隐喻合法性地位的不断确立也在加强和推动一种后现代主义的科学观的确立,这两个方面是历史地统一的。

随着当代科学哲学、科学社会学的深入发展,人们对科学本质的认识也愈益深入,科学假设与科学推理过程乃至科学理论本身的隐喻性逐渐被揭示出来。著名科学家约翰·齐曼在其 2000 年出版的著作《真科学》中指出,"甚至那些最为严肃的科学模型都是通过类比和隐喻进行运作的。卢瑟福-波义耳模型把一个氢原子描述为一个微缩的太阳系。达尔文的自然选择概念与动物饲养者所实践的人工选择是相类似的。地球的板块构造论是关于薄而平硬的地球外壳漂浮在具有高度黏性但仍旧缓慢流动的地幔之上的学说。语言学家们谈论大脑力学,认为这是符合语法的语言得以产生的原因,诸如此类。科学理论不可避免的是隐喻性的。事实上,即便对于那些最具有原创性的科学家来说,如果他们的理论模型并不包含大量已经为人们所熟知的组成元素,那么建构、澄清、与他人交流理论又如何成为可能呢?"②

---

① 理查德·罗蒂.偶然、反讽与团结.徐文瑞译.北京:商务印书馆,2003:67.
② Ziman J. Real Science: What It Is and What It Means. Cambridge: Cambridge University Press,2000:149.

著名学者托夫勒也指出，有些学者把科学描绘成是由其自身的内部逻辑所推动的，是毫无疑问地从其周围世界中孤立出来，并且按照其自身所特有的规律发展的，但是，这仅仅是一种理想化的观念，而不是客观现实；真正的现实情况是，许多科学的假说、理论、隐喻和模型，不论科学家作出怎样的选择，是重视并且研究还是忽视并且摒弃，它们最初的形式都是由来自实验室外的经济、文化和政治力量所决定的，也就是说，实验室之外的力量对于科学理论本身的影响主要是通过隐喻的方式反映出来的。可见，一种纯粹的科学实际上并不存在。从这种观念前提出发，科学本身也可以被视为隐喻。当然，这里所说的是一种广义的隐喻。例如，正如诗人运用文学隐喻对心灵世界进行描述一样，物理学家使用物理学隐喻对物理世界进行描述。当一种特定的科学理论被应用于客观世界的时候，会不可避免地成为对研究对象的一种隐喻的再描述。一门科学是否成熟，在某种意义上其标准就在于是否拥有一套"典型隐喻"。

因此，科学的话语不再具有按字面所理解的意义，而只具有隐喻的意义，只有当理论与世界之间的关系趋向于一致性时，这种隐喻理解才有可能转化为字面语言。这表现在，在科学研究的活动中，研究对象越抽象和复杂，科学话语中的隐喻成分就越多。如果科学语言只具有隐喻的意义，科学理论所描述的是可能世界，那么，物理学家对测量现象的描述，也只是一种隐喻描述，而不是非隐喻的按照字义所理解的描述。[1]

三、科学隐喻与后现代科学哲学

后现代主义是一种反对极端的科学主义的理智运动。对于科学认知具有普适意义，因而能够通过一种非语境的方式予以证实的主张，它持一种强烈批判的态度。因此，后现代主义标志着一种新的文化经验和科学观念，认为科学真理的标准同样是依赖于历史文化语境的。在这种意义上，后现代科学哲学的本质特征就在于，弱化规范理性对科学活动的强约束，延展科学理性运动的疆域，开拓实现科学理性的新方法，在科学主义的精神中引入人文主义的精神，把科学的社会化和社会化的科学看作是一致的，从而在科学哲学的研究中，推进科学主义与人文主义相互渗透、相互融合的趋势。[2]

---

[1] 成素梅，郭贵春. 语境实在论. 科学技术与辩证法，2004，(3)：60-64.
[2] 郭贵春. 后现代科学哲学. 长沙：湖南教育出版社，1998：5.

在后现代科学哲学的视阈中，首先，科学隐喻可被理解为一种特殊的科学语言游戏，它对于科学语言使用的多样性和语用的特殊语境的强调，正是基于科学语言的本质和整体结构的要求而实现的。这一点表明，科学隐喻与科学语言之间的一致性是后现代性的一种发现。其次，科学隐喻可看作一种间接言语行为，它消解了指称与表达之间的机械区别，指明语言与世界、语言与命题态度、语言与共同体的语言约定之间的关联都是不可或缺的，任何一个方面都不能从整体中排除出去。事实上，科学隐喻诉诸一种语言行为主义去消解意义的表达论和表征论之间对立的绝对性，从而给出了一种后现代性能够生长的基底。

罗蒂的自然主义语言观极大地强化了科学隐喻在后现代科学哲学中的意义。在罗蒂看来，隐喻没有语义价值，从而就避免了使用中的指称和真理问题，不涉及理性标准和世界基础。一方面，自然主义语言观通过隐喻的工具性突出语词使用中的自足性和创造性，认为语言是随着历史的发展而自然地增长的，旧隐喻不断消亡，新隐喻在不断地工具化和理论化，由此形成信念和欲望再语境化的链条。在此，隐喻语言并不是在进行简单的摹写，而是根据语境的新要求在创造，这是构造新语境的内在动力和必要条件。另一方面，自然主义语言观的历史性隐喻构成再语境化的基本形式。隐喻是一种在严格意义上不直接产生意义的言谈方式，是在语境中编织信念和欲望之网的基本工具。科学隐喻的产生和消亡本质上也是与社会历史和文化环境的改变息息相关的，是社会历史沉淀的产物，能够联结科学理论语言的过去、现在和未来，并使之保持活力。因而，再语境化的过程就是新旧隐喻交替的过程，虽然在社会化和历史化的过程中它们不断地转换范式，但各个范式之间却是自然演进的连续发展。[①]

科学家创造一个特殊的科学隐喻，虽然这个科学隐喻确实为先前存在的某个东西所引起，但它却不表现某个已经存在的东西。从精神分析学的角度来看，引起某个特殊的科学隐喻的原因，不是对另一世界的回忆，而是某一种特殊的心理意向投射。换言之，对个人经验、知识背景、所处科学共同体中某种特殊的对象灌注了一定的心理能量，因而产生强迫性观念的过程；这种对个别特殊事物的专注，当其释放能量时，就是造成科学隐喻使用的原因。在发生学的意义上，一个科学隐喻很可能是由某个科学家极具个体性或私人性的原因而产生的。如果这样产生的科学隐喻被共同体的其他成员认为是可用的，那么，我们就会认为该隐喻的发明者是一个天才。这种情形的根本原因在于，一个源

---

① 郭贵春.后现代科学哲学.长沙：湖南教育出版社，1998：171.

自私人的强迫性观念的科学隐喻在客观上与科学共同体公共需要之间发生了偶然的巧合，从而推动了相关科学理论的进步。

这事实上意味着，科学隐喻在一定的意义上具有偶然性因素：客观世界并不存在任何一种既定的标准，供科学家在不同的科学隐喻之间作出一种最优化的选择。科学家只能在不同的可供选择的科学隐喻之间进行相对优势的比较，这种意义上的比较与科学隐喻同超越语言的客观实在之间的比较显然还是有着相当的距离的。[①]这种理解同样极大地强化了科学隐喻所具有的后现代性的意义。

四、科学隐喻与科学实在论

一种强实在论的观点认为，人类能够期望获得一种对于自然的字面意义上的、普遍为真的理解。涉身实在论（embodied realism）则否认存在这样一种单一的、绝对正确的对于世界的描述，而认为"隐喻是实在与意识之间明显二分的核心"[②]。在科学实在论当代演进的过程中，科学隐喻的特殊意义日益凸显出来。当代的一些科学实在论者通过对科学隐喻本质、特征、结构、功能及意义的考察作出断言，科学隐喻可以从一种特殊的途径对客观世界基础性构成部分的近似性作出描述，正是这些描述在一种可理解的意义上解释了实在世界在深层次上的构成本质；科学隐喻作为一种描述和逼近科学实在的认知和方法论工具，在科学实在论的理论建构中发挥着重要作用，当代隐喻研究从一个重要层面和新颖维度启迪了科学实在论的进展。

科学理论知识必须建立在符合事实的基础之上，只有这样才能保证其自身的客观性、真实性和可靠性，这是传统科学实在论的一个基本主张。知识对实在在一种严格意义上的符合是传统科学实在论者一以贯之的理论追求，实在之不依赖于人类文化、历史、语言而独立存在也是他们默认的前提。这种科学实在论认为，人类意识中发生的一切内容必然确定意向内容和语言所指，存在着某种理智射线把思维记号或语言与所指对象联结在一起。普特南指出，这是一种指称魔力论的观念，它主张"某些表征（特别是名称）与其承担者有一种必然联系；知道了某人或某物的真实名称，就获得了征服它的力量。这种力量来自名称和其承担者之间的那种魔力般的联系"[③]。对此，普特南提出了他著名的

---

① 理查德·罗蒂.偶然、反讽与团结.徐文瑞译.北京：商务印书馆，2003：33.
② Jones R S. Physics as Metaphor. Minneapolis:University of Minnesota Press, 1982: preface, ix.
③ 陈亚军.实用主义：从皮尔士到普特南.长沙：湖南教育出版社，1999：261.

"缸中之脑"论证，指出了这种指称魔力论的虚幻性，从而使传统的科学实在论把科学理论的客观性植根在对于实在世界的唯一对应上的做法成为泡影。普特南的观念为一种"基于隐喻的实在论"开辟了道路。

在此基础上，莱考夫和约翰逊在其合著的《我们赖以生存的隐喻》中提出了一种"经验的实在论"，认为人类对世界的反映是通过一种自动或无意识的方式、在一种"量的中间层次"上通过对对象及其特征的直接感知实现的。后来，哲学家穆莱克（Mulaik）在一篇发表于《科学哲学》杂志的论文中干脆把这种"经验的实在论"称为"隐喻实在论"，并且提出了"主观性和客观性均为基于感知图式的隐喻"的观点。[①] 由此出发，可以合乎逻辑地得出"实在是一种感知域"的隐喻实在论结论，其中来源域与对象域、整个感知域与整个客观（外部、空间、物质、物理）实在、现象时间与客观时间、感知域的部分与客观实在的部分、感知特例与客观特例、感知联系与客观联系、感知特征与客观特征、感知域间的感知符合与实在各部分间的客观符合、感知的因果关联与客观的因果关联、经验概念与准经验概念、经验命题与准经验命题、主观真理与客观真理、主观可能性与客观可能性分别一一对应。[②]

在穆莱克看来，对于实在的认知是通过隐喻结构而实现的，实在论本质上是一种基于隐喻的实在论。科学理论知识要求为不可观察的对象进行一种因果关系的说明和解释，因此，科学实在论通过预设一些特定的科学概念用来指称此类实体，这种预设得以实现的一个重要途径即是通过所谓的理论建构隐喻。事实上，科学实践的观察已经对这种隐喻的存在提供了支持，一个典型例子就是"波"和"粒子"概念在量子力学中的应用。因此，科学中的真理概念作为对实在的符合是隐喻地建立在感知领域相关概念的基础之上的。实在的部分，正如在感知领域部分的语词中隐喻地理解一样，可以对含有经验内容的句子起到客观的真理建构的作用。外部实在的概念是建立在感知领域概念之上的隐喻概念，真理概念作为对外部实在的符合，则是建立在我们对不同感知领域的比较能力之上的隐喻概念。正是在这种意义上，科学实在论表现出一种"基于隐喻的实在论"的特征，而隐喻则发挥着一种"真理建构者"的重要角色。[③]

玻姆物理实在论的建构典型地体现了隐喻实在论的基本特点，其重要前提

[①] Mulaik S A. The metaphoric origins of objectivity, subjectivity, and consciousness in the direct perception of reality. Philosophy of Science, 1995, (62): 283.
[②] Orilia F. Metaphor and Truth-maker. Journal of Philosophical Research, 2001, 26: 113.
[③] Orilia F. Metaphor and Truth-maker. Journal of Philosophical Research, 2001, 26: 121.

即在于隐喻性概念"隐秩序"的设定。玻姆认为,"隐秩序"是潜在的、隐藏的,人类无法通过它来直接认知实在,而必须借助"显秩序"也就是经验世界的秩序对之进行把握。很明显,"显秩序"是语境化的,是语境与"秩序"之间相互作用的结果,隐含在整体中的"秩序"只有在语境的作用下界定其特定范围从而具备了特定语境结构之后,才能表现为特定秩序中的"显秩序",从而成为我们直接认识的对象。因此,可以说:"显秩序"(即经验世界)是"隐秩序"(即完整的实在)在"度"(即语境)的界定下,对实在某方面特征的体现,是"隐秩序"特征的一部分。相应地,对"显秩序"的认识也就是对某种语境意义的把握。任何认知形式只要具备合适的条件,在特定的语境下就会从完整运动中显示自身,即从"隐秩序"拓展为"显秩序"。不同语境和秩序界定不同层级的整体性语境,而不同语境又体现了不同特征的"显秩序",因此,所限定的语境结构改变时,已显现的"显秩序"会重新卷入整体的"隐秩序"之中,此时,在"显秩序"中拓展显现的又是具有新特征的实在形式。这样,任何一种对特定时期实在世界的认识只具有相对的意义,而不是绝对的。

  无论是经典物理世界还是量子世界都是"隐秩序"在特定的条件下的"显秩序"的显现,当它所适合的语境结构发生变化时,它又会卷回到整体运动中去,因此,人类的经验世界只不过是不断地卷入和拓展过程中的一个环节。由于玻姆的物理实在论将整个实在世界视为一个流动的整体,所以,他相应地提出了一种描述这种实在的、新的语言流动模式,并且据此指出:与一种复杂的外部实在世界相适应的只能是一种动态的、整体性的语言概念系统,在科学理论的陈述和论证中应该消解传统实在论中基本概念的静态指称,因为,它象征着语词与所指对象的一种机械的一一对应关系。那么,一种什么样的语言模式才可以更好地描画实在的这种流动性呢?事实上,玻姆在建构他自己的实在论的时候已经用具体事例对此作出了回答。这就是大量基础性的科学隐喻的应用:包括"隐秩序"、"隐变量"、"卷入"与"卷出"、实在的"全息相片"、油墨滴－甘油实验隐喻、多维隐秩序的"鱼缸"隐喻等。[①]事实上,玻姆的整个科学实在论体系离开了其独特的科学隐喻便无法说明,也无法理解。正是在这种意义上,可以把玻姆的科学实在论恰当地称为一种隐喻实在论。

  除玻姆的物理实在论之外,当代意向实在论由于把计算机隐喻作为其核心

---

① 鲁品越.量子力学与深层本体论//当代科技革命与哲学创新学术研讨会论文集.中国社会科学杂志社,浙江大学,2002.

内容也成为隐喻实在论的一个典型例证。意向实在论认为，人类的精神和心智活动在本质上是大脑的一种计算活动，代表计算机软件所起的功能。意向实在论通过将人脑的实在环境隐喻为计算机、将人的大脑和心理过程隐喻为计算机程序处理和运行的过程，使心理表征的假设与计算机隐喻紧密地结合在一起，从而提供了计算机模拟人脑的哲学基础。当计算机隐喻在认知科学特别是在认知心理中获得成功运用时，那些作为科学隐喻的计算机专门语言就在心理学理论建构的语境中获取了新的所指。[①] 这充分表明，意向实在论核心内容的建构同样与科学隐喻的应用密切相关。

在后现代科学哲学运动的整体推进中，传统科学实在论面临着一些难以克服的现实困境。首先，并不像某些科学家和科学哲学家所想象的那样，存在一种理想化状态的、持续累积的科学理论陈述集合。其次，科学理论作为提出预言的一种概念建构，不完全是由经验观察的数据所决定的，为了在一个不确定的系列中选择或多或少更符合经验观察数据的理论，科学家们一般会假定一些简单性和合理性的原则。因此，科学理论完全基于经验这个曾经被广泛接受的观念事实上是不确切的。事实上，"几乎每一种传统的时间、空间、物质、因果性原则在现代物理学中都遭到了否决"[②]。总之，由于局部近似的性质并不能够使科学理论概念框架的普遍适用性成为必须，因此，在一种严格的意义上，在科学理论的某个特定阶段宣称一种真理理论是非命题性的。

在一种科学理论的概念框架中，实际上所应用的语言表达并不是一般地在另一种科学理论的概念框架中毫无遗漏、一一对应地保留其指称、真值和意义。也就是说，对于仅仅是近似为真的科学理论语言来说，并不存在一种必要的、普遍的传递性。同时，那种仅仅可被证明为在有限的现象领域可应用的通名"正确"应用的传递性事实上也是不存在的。那么，如何在理论上避免传统科学实在论所面临的这些困境呢？通过在科学理论的本体论思索、认识论建构和方法论意义中为科学隐喻确立其合法、适当的位置，可以为这种困境寻求一条可能的出路。这就在于，把科学隐喻引入实在论的视阈，可以达到一种"适度的"科学实在论。

所谓"适度的"科学实在论介于强实在论与工具实在论之间，其根本目的

---

① Boyd R. Metaphor and theory change//Ortony A. Metaphor and Though. Cambridge: Cambridge University Press, 1993: 493.
② Hesse M. Models, Metaphors and truth//Ankersmit F R, Mooij J J A. Metaphor and Knowledge. London: Kluwer Academic Publishers, 1993: 51.

不在于提出一种确定的理论框架，对科学的判断或宣称作为一种独立可靠的知识体系进行确证，而在于强调推进科学理论成功预言的控制和反馈方法。这种适度的科学实在论并不否认存在一种实在的世界结构，也不反对科学对于这种结构总是不断地揭示出更多的内容，它只是否认科学能够确切地在一种真实的自然范畴和真实的描述的同构中捕捉到这种结构。[①] 在这种"适度的"科学实在论中，科学理论作出解释和预言的可能性和可靠性都依赖于一种非命题性质的科学隐喻。正是在这种意义上，科学隐喻能够"展示"而非"陈述"对于科学实在的认识。如果能够被科学理论所陈述的一切内容都依赖于已经存在于现实语言中的分类资源，那么，由于任何科学语言都在理论上负载着固有的分类，如果不能实现一种必要的隐喻跨越，就无法捕捉到客体实在的本质。

从根本上来讲，科学隐喻是对于一种可应用的科学语言资源关于实在内容描述的重要补充，是对于局部可应用性资源的完善。由于一种新理论的概念通过科学隐喻的使用补充了普通的描述性语言，无论这些东西看上去显得与观察语言多么遥远，它们仍然通过自然环境中预言与测试之间反馈的循环往复而得以被限制。因此，在一个科学共同体内部，关于科学隐喻的一致同意的真理就在自然实在中具有外部的基础，适度的科学实在论观点由此能够被外推为一种一般的自然语言理论。[②] 在这种观点的观照下，科学语言的运作是作为对于自然语言中隐喻运作的模型而存在的。

总之，科学隐喻的研究从一个重要的方面启迪着科学实在论的进展。可想而知，随着科学隐喻研究的深入，科学实在论的理论域面必将得到进一步的拓展。但是，这里值得强调的一点是，对于一种"适度的"科学实在论的描述，并不意味着对科学目的在于"实在性真理"这一观念的抛弃，而是在于对科学真理以及科学实在这些基础性概念的重新思考和理性重建。

---

① Hesse M. Models, Metaphors and truth//Ankersmit F R, Mooij J J A. Metaphor and Knowledge. London:Kluwer Academic Publishers, 1993: 53-54.
② Hesse M. Models, Metaphors and truth//Ankersmit F R, Mooij J J A. Metaphor and Knowledge. London:Kluwer Academic Publishers, 1993: 54.

结束语

西方隐喻研究的开创者亚里士多德主要是在修辞学的层面对隐喻进行考察的，但实际上他的思想已经隐含地触及了隐喻所具有的本体论功能这一方面。亚里士多德认为，隐喻修辞有一种重要的结果就是使隐喻喻体所指称或隐含地指称的对象非常形象地出现在隐喻使用者的眼前。因此，虽然隐喻在表面上看来是虚构的，但它同时又表示某种"现实中的东西"。例如，当一个隐喻使用者进行隐喻叙述的时候，他可能会把所意图描述的对象转化为现实中的元素。这种现象似乎是一种平淡无奇的模仿，实质上却把指称现实与描述自然之间所存在的隐含的亲缘关系发掘了出来。这就在于，"将人描述成'行动着的人'，将所有事物描述成'活动着的'事物很可能是隐喻话语的本体论功能。在此，存在的所有静态的可能性显现为绽放的东西，行为的所有潜在可能性表现为现实的东西"①。

由此可见，隐喻的功能并不能够仅仅在指称或逻辑的层次得到说明，它更多地属于一种本体论的层次。这就意味着，科学隐喻对于语言一般意义上用法的变异或偏离仅仅是一种形式上的表现，更深层次的原因在于它是适用于所有语言系统的一种意义转换的普遍原则。也就是说，科学隐喻不仅构成一种促使科学语言增补、转换和嬗变的能力，更根本和重要的是在一定的意义上直接构

---

① 保罗·利科. 活的隐喻. 汪堂家译. 上海：上海译文出版社，2004：58.

成了科学语言的形成方式。①

　　科学隐喻研究的凸显和兴盛鲜明地反映出科学哲学研究整体历史语境的时代变迁。可以说，当代科学隐喻研究体现出了全新的时代特色，是在一种全新的历史语境中进行的。科学隐喻的地位被大大地提高，人们已经从一种科学语言的风格化修辞现象上升到科学认知和思维的一种内在的、本质性的结构层面上来重新认识科学隐喻；科学隐喻研究被置于更广阔的研究视域内，跨学科的研究方法被广泛采用。这种现实情形表明了当代科学哲学对于科学隐喻研究视阈的极大拓展：从修辞学到认知科学和思维科学，将之置于心理学、哲学、符号学、文艺学、认知科学、人工智能等多学科综合研究的视域内，并着重揭示其作为人类科学理性的重要组成部分在科学认知、思维、交际等领域潜在的重要作用。

　　科学隐喻的研究是在当代英美分析哲学传统中语言哲学和科学哲学共同关注的焦点中逐渐形成一个专门领域，在此过程中吸收了欧陆人文主义传统中解释学理论及后结构主义的相关理论，因此，在科学隐喻这一共同的研究指向中，西方哲学两大传统之间交流对话、互相借鉴和渗透的趋势正在得到不断的加强。这充分体现了当代哲学运动中科学主义与人文主义融汇发展的整体趋向性。总的来说，对科学隐喻作为一种重要的科学探究模式与解释方法论的观点，目前在科学哲学界已经得到了比较普遍的承认。

　　当代科学隐喻研究以哲学运动中的语言学、解释学和修辞学的"三大转向"为基本的哲学背景，以语言哲学、科学哲学、认知科学的最新成果为理论依托，以科学实践活动，包括科学概念发明的隐喻思维、科学理论陈述的文本内容以及科学交流的隐喻修辞等为基本分析对象，在20世纪六七十年代以降逐渐形成一股不可小觑的潮流，在80年代和90年代达到一个高潮。这一时期，"隐喻热"（metaphormania）在思想界与学术界的蔚然成风推动了一种新学科"隐喻学"（metaphorology）的成型，一些知名的隐喻研究者甚至被称为"隐喻学者"或"隐喻学家"（metaphorologist），所有这些都包含着科学隐喻转向所促成的强有力的推动。

　　首先，科学隐喻研究的深入开展极大地拓展了科学哲学研究的问题域。对于科学隐喻的沉思促使科学理论语言与科学思维两个相关领域的本质问题被暴露出来。对于科学隐喻是什么的追问又必然引起科学理论语言是什么及

---

① 保罗·利科. 活的隐喻. 汪堂家译. 上海：上海译文出版社，2004：108.

科学思想是什么的问题。也就是说,科学隐喻与科学语言、科学概念、科学思想之间究竟是一种什么样的关系?它们之间又是如何进行沟通的?从科学哲学的角度来看,这些问题又必然地衍生出一系列急待深入探讨的课题:隐喻与科学有无本质关联?如果这种关联确实存在的话,其本质、结构、特征、功能、意义是如何体现的?科学是否如通常理解或人们更愿意相信的那样是去隐喻化的或者说非隐喻化的?抑或科学从本质上来说就是隐喻性的?科学隐喻的提法是否是合法的?科学隐喻是否存在或是否可能存在?如果存在的话,表现为何种形态?

概括地说,这些问题事实上是在追问两大主题:首先,科学隐喻的本体论地位问题;其次,其本体论地位的根据问题。对于这些具有本质性问题的思考进一步拓宽了当代科学哲学研究的视阈和进路。对于这些问题,哲学家们从不同的角度进行了各式各样的回答,提出了大量富于启发性的新思想和新理念,不断地澄清着科学隐喻与科学哲学之间内在的关联性。

其次,科学隐喻的转向表现出人文与科学的融合趋势。科学隐喻的转向是在语言哲学和科学哲学相互借鉴、渗透和融合的基础上实现的,这就在于:"对于科学活动的分析不再脱离关注修辞格与词汇表的语言哲学,在科学想象中情形更是如此,因为它是处于一种发现或确证的语境之中的。"[1]科学隐喻的转向并非一朝一夕的事情,也绝非个别哲学家兴之所至的结果。毫不夸张地说,科学隐喻被提上科学哲学在20世纪的正式议事日程、获得广泛而深入的关注,这正深刻地反映出当代人文哲学与科学哲学、科学主义与人文主义发展的内在逻辑与历史趋向性的统一,这种统一隐含着科学隐喻转向潜在力量的可能性与现实性。科学隐喻的转向绝不意味着文学、诗学、宗教等其他类型的隐喻的遮蔽,毋宁说,科学隐喻的研究必然是以一般隐喻的研究为基础和前导的,是与文学、哲学、宗教隐喻的研究互为背景、相互启迪的。简言之,科学隐喻与一般隐喻是统一而非分裂的。也就是说,尽管与其他类型的隐喻相比,科学隐喻具有自身所特有的性质,但它本质上仍然是作为一种隐喻而存在的。因此,企图在排斥一般隐喻理论的基础上建构某种独立的科学隐喻理论,在逻辑上和事实上都是不可能的。

正是由于这一原因,任何科学隐喻研究的一种理性和现实性的范式都是首先从一般隐喻的理论开始,然后,以某种方式过渡或切入科学隐喻的理论之

---

[1] Simon G. Analogies and metaphors in kepler// Hallyn F. Metaphor and Analogy in the Sciences. Dordrecht, Boston: Kluwer Academic Publishers, 2000: 71.

中。事实上，这种过渡和切入仅仅是科学哲学家的论述表面上所展现出来的形式，它本质上是一种引入。没有一般隐喻理论，就没有科学隐喻理论。科学隐喻本质上是一般隐喻的一个特殊的类属。对这个特殊的隐喻类属的考察，单纯的人文哲学或科学哲学都是力不从心的，单纯的人文主义或科学主义视角也是注定褊狭的。只有在它们相互结合和统一的基础上，才能达成对于科学隐喻真正的、全面的理解和解释。

再次，科学隐喻研究推动人类不断深入认识和理解科学事业的本质。对于科学隐喻的正确理解归根到底取决于一种对于科学本身的适当理解。对于科学本质的理解，在思想史上大致存在着这样两种互相对立的基本观念：第一种观念认为，科学是一种完全讲求理性和逻辑性的事业，其最终目的在于把握终极真理，因此是绝对客观的、独立的；第二种观念认为，科学只是在相对的意义上是理性的、客观的事业。赞同第一种观念的哲学家把"扎实的科学事实"和"主观的"或"隐喻"对立起来，而第二类哲学家则认为，科学只是人类诸多活动之一，在科学中，人类所见到的并不是一个"扎实的"、与人类没有关涉的实在。在第二类哲学家看来，科学家群体创造出特定的科学理论，都是一种对于世界的特定描述和理解，都是为了有利于预测和控制某些特定事件的发生。这样一种实践活动与艺术工作者或者政治思想家为同样的目的创造出对世界的其他类型的描述在本质上并无不同。但是，把这些不同种类的描述中的任何一种，譬如科学描述，视为对于客观世界的本然状态的准确再现，则是一种形而上学的虚妄追求。这些哲学家认为，这种认为科学是客观世界本然状态再现的观念本身是值得怀疑的，甚至可以说是没有意义的。[①]

我们认为，只有在后一种意义上理解的科学观念，才能够为科学隐喻提供一种合法性基础和在科学系统中的适当位置。也就是说，科学隐喻只有在这样的语境中进行研究才有意义，才可能谈论其必要性及其他方面的特征。当然，采取这样一种对于科学理解的基础性观念并不是要贬低科学本身，而是要以一种更加开放的和更加具有现实性的视角来看待科学理论及其实践活动。事实上，随着当代科学哲学研究的深入，对科学本身地位和性质的理解正在不断地趋向于后一种模式。

当然，要正确认识并且合理评价科学隐喻研究的现状及其意义，需要注意以下几个方面的问题：

---

① 理查德·罗蒂.偶然、反讽与团结.徐文瑞译.北京：商务印书馆，2003：12.

其一，从本体论的意义上来看，把语言、艺术、科学、道德等思想意识的历史视为隐喻的历史，就是对人类心灵或人类语言存在某种独立、先验、前定的本质的否认。对于隐喻的主张蕴涵着这样的一种基本的认识，即人类语言与思维绝不是自然或者任何具有超越性的精神实体基于某种特定的目的而设计出来的；相反，人类心灵和语言的历史乃是朝向这样一种目标的趋近过程。例如，表现越来越丰富的意义，再现越来越复杂的事实。隐喻能够使这一过程大大简化，科学隐喻能够保证科学理论的简单性。①

其二，从语言发展动力学的宏观角度来看，隐喻是将一种当下通用的语言系统与其起源和历史流变有机地联系和统一起来的纽带，因此，隐喻研究必须采用历时的方法在语言发展演变的现实轨迹中去把握其实质。隐喻的表现形式在当下的语境中可能是作为一种能指的语言游戏而存在的，但是，其根本的动力学根源则深刻地来源于人类在社会历史文化实践过程中观念及意义作为所指的不断丰富和深入的变化过程。在隐喻被纳入言语符号之前，根据观念与观念所表达的内容亦即它已经描述的东西之间的联系，隐喻体现了能指与所指在观念秩序与事物秩序中的相互关系。

其三，一般意义上的隐喻与科学隐喻的关系本质上是一种种与属之间的关系，二者之间在逻辑上不是断裂的，不存在截然的鸿沟。从对于一般意义上隐喻了解到的对于科学隐喻的关注，确实经历了一个历史的认识过程，这一过程的基本前提和可能性就在于科学修辞学的发展，以及对于科学本质认识的不断深化。正如不存在一种统一的语言哲学理论，也不存在一种统一的一般隐喻理论，更不存在一种统一的科学隐喻理论。"并不存在一种区别其他智力活动领域的独立的关于科学中隐喻的理论，也不应该有这样一种理论。如果我们想要对于科学工作中隐喻作为一种本质性元素获得充分的认识，就必须在更一般的意义上理解它在思维、语言和行动中所具有的功能。"②科学隐喻研究本质上是一般隐喻理论应用于科学中的隐喻案例，只不过更强调科学共同体作为其特殊使用对象，科学活动作为其基本的语用语境。当然，从不同的视角出发，可以得到不同的对于科学隐喻本质及其功能的理解，这也正反映和体现了科学隐喻本身所具有的复杂性。

其四，只有适当地引申科学隐喻的含义，才能从其蕴涵的深刻启发中受

---

① 理查德·罗蒂. 偶然、反讽与团结. 徐文瑞译. 北京：商务印书馆，2003：27-28.
② Brown T L. Making Truth: Metaphor in Science. Urbana: University of Illinois Press, 2003: Preface, 15.

益；如果过分地或者在错误的方向上引申科学隐喻的含义，就可能会对相关的科学研究工作产生误导。例如，科学史上曾出现过的燃素隐喻及以太隐喻对科学发展产生了较大的不良影响。"在导向一种真实存在的、单独的化学物质时，并非所有的化学概念都具有同样的幸运程度。例如，'燃素'正如它过去所是的那样，并不指示任何实在的东西，仍然是一个概念性的'燃素'。"燃素作为一种热"素"曾经被科学家们设想为是一种一旦燃烧就脱离了燃烧物的东西：德国化学家、燃素论的创始人施塔尔（Stahl）的理论宣称，热是一种物质，这种物质能够脱离一个对象，并且使这个对象比起之前处于冷的状态时变得更轻。直到现在，作为一个概念的"燃素"的隐喻仍然是足够充分地确定的，但是，由于它事实上并不是真实的，因此被没有获得具体的物质化和实在化。"燃素"并没有从物质中被分离出来，因为在物质中它是根本就不存在的。正是在这种意义上，"燃素"的隐喻作为一个概念是贫瘠的和"不育的"，而"酸素"或"oxygine"则是富于成果的。① 正如人类会误用任何强大的工具一样，科学家也可能误用隐喻，但这并不能抹杀科学隐喻的强大的功效，以及作为科学智慧工具箱中一个宝贵部分的意义和价值。"隐喻本身既不是一个多么好的东西，也不是一个多么坏的东西；毋宁说，它是一种既能够作好的使用也能够作坏的使用的一种语言学工具，有时是有助益的，有时是无害的，有时是一种妨碍。因此，一种关于隐喻如何运作的适当理论应当能够使得同时说明隐喻的有益性及其危险都成为可能。"② 现在，有一些科学隐喻的批评者援引了一些在科学史中失败的科学隐喻的案例试图对隐喻的方法论意义加以否定，但显然这些事例并不能成为科学隐喻在方法论上整体失效的根据。正如马克斯·布莱克所指出的："毫无疑问，隐喻是有其可能的危险性的——尤其是在哲学方面。但若因此而反对隐喻的使用，这就将对我们的研究能力造成一种蓄意的和有害的限制。"③

其五，由于隐喻本身具有一种"光滑的"、难以把握的性质，因此，对于种科学隐喻理论的研究工作可能会涉及"无限领域"（利科语）。针对这种情形，有一些科学哲学家主张：对于科学隐喻的问题，并不需要建构太多的理论，更重要的和更有意义的是以第一手的科学文本为依据进行更多的、更

---

① Harris D F. The Metaphor in Science. Science, 1912, 36(922): 263-269.
② Haack S. Dry truth and real knowledge//Hintikka J. Aspects of Metaphor. Dordrecht, Boston: Kluwer Academic Publishers, 1994: 4.
③ 布莱克. 隐喻 // 涂纪亮. 当代美国哲学论著选译. 第三辑. 北京: 商务印书馆, 1991: 105.

细致的隐喻分析。"只要有语言就有隐喻,只要有科学陈述就必然存在科学隐喻的分析问题","隐喻分析所具有的启迪性、创造性,也正是其他分析方法所不能取代的,它正在逐渐引起普遍关注"[①]。正是在这种意义上,以科学理论文本为基本依据的隐喻分析代表了一种科学哲学研究的新范式,也必将会引领未来科学哲学发展的一个新的方向。

正是基于以上认识,我们相信:一方面,进一步细致、深入、持久地开展科学隐喻的系统分析工作,尤其是针对具体科学理论文本的微观语境分析,自然而又必然地成为继续推进和深化当代科学哲学研究的重要工作内容和着力方向。另一方面,由于隐喻与语用语境的本质关联,所以,将科学隐喻研究与语境论相结合,从语形、语义、语用三个维度全面地考察科学隐喻的生成、发展、本质、功能和意义,应当是未来科学隐喻研究的一个重要趋向。总之,科学隐喻研究不仅将极大地推动科学修辞学乃至整个科学哲学的深入发展,对于科学理性的进步也将起到其应有的积极作用。[②]

---

① 郭贵春."语境"研究纲领与科学哲学的发展.中国社会科学,2006,(5):28-32.
② 郭贵春.科学隐喻的方法论意义.中国社会科学,2004,(2):101.

参考文献

安德鲁·罗斯.2002.科学大战.夏侯炳等译.南昌：江西教育出版社.
保罗·利科.1987.解释学与人文科学.陶远华等译.石家庄：河北人民出版社.
保罗·利科.2004.活的隐喻.汪堂家译.上海：上海译文出版社.
保罗·利科.2005.作为认知、想像和情感的隐喻过程.曾誉铭译.江海学刊，（1）：22-27.
伯特.2003.近代物理科学的形而上学基础.徐向东译.北京：北京大学出版社.
布鲁诺·雅罗森.2000.科学哲学.张莹译.北京：北京大学出版社.
车铭洲.1989.现代西方语言哲学.成都：四川人民出版社.
陈道明.2004.当代隐喻理论研究若干问题探讨.外语与外语教学，（8）：4-7.
陈嘉映.2002.说隐喻.华东师范大学学报（哲学社会科学版），（6）：3-17.
陈嘉映.2003.语言哲学.北京：北京大学出版社.
陈嘉映.2006.日常概念与科学概念.江苏社会科学，（1）：7-16.
陈望道.1977.修辞学发凡.上海：上海教育出版社.
陈亚军.1999.实用主义：从皮尔士到普特南.长沙：湖南教育出版社.
成素梅，郭贵春.2002.论科学解释语境与语境分析法.自然辩证法通讯，24（2）：24-30.
成素梅，郭贵春.2004.语境实在论.科学技术与辩证法，（3）：60-64.
戴南.2001.隐喻.丁建民译.北京：外文出版社.
戴帅湘，周昌乐，黄孝喜，等.2005.隐喻计算模型及其在隐喻分类上的应用.计算机科学，32（5）：159-163.
丹皮尔.2001.科学史及其与哲学和宗教的关系.李珩译.南宁：广西师范大学出

版社．

杜建国．2006．隐喻与语义的意向构造性．科学技术与辩证法，（5）：45-49．

恩斯特·卡西尔．1985．人论．甘阳译．上海：上海译文出版社．

范文芳．2001．语法隐喻理论研究．北京：外语教学与研究出版社．

冯广虎．2002．汉语比喻研究史．武汉：湖北教育出版社．

冯志伟．2006．术语命名中的隐喻．科技术语研究，8（3）：19-20．

耿占春．1993．隐喻．上海：东方出版社．

郭贵春，贺天平．2005．科学隐喻："超逻辑形式"的科学凝集——论科学隐喻的基本原则和表现形态．哲学研究，（7）：93-100．

郭贵春．1994．"科学修辞学转向"及其意义．自然辩证法研究，（12）：13-19．

郭贵春．1997．论语境．哲学研究，（4）：46-52．

郭贵春．2000．科学修辞学的本质特征．哲学研究，（2）：19-26．

郭贵春．2002．语境与后现代科学哲学的发展．北京：科学出版社．

郭贵春．2004．科学实在论的方法论辩护．北京：科学出版社．

郭贵春．2004．科学隐喻的方法论意义．中国社会科学，（2）：92-101．

郭贵春．2006．现代西方语用哲学研究．北京：科学出版社．

郭贵春．2006．语境研究纲领与科学哲学的发展．中国社会科学，（5）：28-32．

郭贵春．2007．隐喻、修辞与科学解释．北京：科学出版社．

哈利斯．2006．隐喻的多重用法．汪堂家译．江海学刊，（2）：21-24．

汉伯里·布朗．1998．科学的智慧．李醒民译．沈阳：辽宁教育出版社．

汉斯·加达默尔．2004．真理与方法：哲学诠释学的基本特征．洪汉鼎译．上海：上海译文出版社．

何兆熊．1989．语用学概要．上海：上海外语教育出版社．

何中华．2001．隐喻与哲学的表征方式．学术研究，（7）：63-68．

洪谦．1982．逻辑经验主义．北京：商务印书馆．

胡浩．2006．分析哲学视野中的隐喻研究——兼论隐喻和类比的区别．自然辩证法研究，（8）：31-34．

胡浩．2006．隐喻的工作机制及其恰当性分析．现代哲学，（4）：86-90．

胡壮麟．1996．语法隐喻．外语教学与研究，（4）：1-7．

胡壮麟．1997．语言·隐喻·认知．现代外语，（4）：53-59．

胡壮麟．2004．认知隐喻学．北京：北京大学出版社．

黄欣荣．2005．复杂性研究与隐喻方法．自然辩证法研究，（10）：21-24．

霍布斯．1995．利维坦．黎思复，黎廷弼译．北京：商务印书馆．

季广茂．1998．隐喻视野中的诗性传统．北京：高等教育出版社．

卡林·诺尔-塞蒂纳．2001．制造知识：建构主义与科学的与境性．王善博等译．上海：东方出版社．

柯尔．2003．物理与头脑相遇的地方．丘宏义译．长春：长春出版社．

克莱因．2004．西方文化中的数学．张祖贵译．上海：复旦大学出版社．

昆廷·斯金纳．2005．霍布斯哲学思想中的理性和修辞．王加丰，郑崧译．上海：华东师范大学出版社．

莱布尼茨．1982．人类理智新论．陈修斋译．北京：商务印书馆．

李涤非．2003．从概念隐喻看文化相对主义．哲学与认知科学国际研讨会论文集．广州：中山大学．

李福印．2006．当代国外隐喻研究的热点——第五届隐喻研究与应用国际会议论文分析．四川外语学院学报，（2）：122-124．

李胜梅．1997．喻体的假设性．修辞学习，（4）：14-15．

李诗平．2003．隐喻的结构类型与认知功能研究．外语与外语教学，（1）：15-18．

李小博．2004．科学修辞学研究．山西大学博士学位论文．

李醒民．2002．科学哲学中的几个精妙比喻．哲学动态，（10）：23-26．

李醒民．2004．隐喻：科学概念变革的助产士．自然辩证法通讯，（1）：22-28．

李醒民．2006．论科学语言．北京行政学院学报，（2）：78-82．

李幼蒸．1993．理论符号学导论．北京：中国社会科学出版社．

理查德·罗蒂．2003．偶然、反讽与团结．徐文瑞译．北京：商务印书馆．

理查德·罗蒂．2003．哲学与自然之镜．李幼蒸译．北京：商务印书馆．

林书武．2002．隐喻研究的基本现状、焦点及趋势．外国语，（1）：38-45．

刘大椿．1998．科学哲学．北京：人民出版社．

刘大椿．2000．科学技术哲学导论．北京：中国人民大学出版社．

刘大椿．2002．科学活动论·互补方法论．桂林：广西师范大学出版社．

刘高岑．2006．意向、隐喻与科学创新．科学技术与辩证法，（6）：50-52．

刘晓力．2005．交互隐喻与涉身哲学——认知科学新进路的哲学基础．哲学研究，（10）：73-80．

卢欣宜．2002．中文概念隐喻的处理：以概念映照模块为基础之研究．台湾大学语言学研究所硕士论文.

鲁品越.2002.量子力学与深层本体论——简论大卫·玻姆的"隐秩序"哲学.当代科技革命与哲学创新学术研讨会论文集.杭州:浙江大学.

路德维希·维特根斯坦.1987.文化与价值.黄正东,唐少杰译.北京:清华大学出版社.

路德维希·维特根斯坦.1999.逻辑哲学论.贺绍甲译.北京:商务印书馆.

路德维希·维特根斯坦.2001.哲学研究.陈嘉映译.上海:上海世纪出版集团.

路德维希·维特根斯坦.2005.战时笔记.韩林合译.北京:商务印书馆.

罗兰·巴特.1987.符号学美学.董学文等译.沈阳:辽宁人民出版社.

罗兰·巴特.1999.符号学原理.王东亮等译.北京:生活·读书·新知三联书店.

罗姆·哈瑞.1998.科学哲学导论.邱仁宗译.沈阳:辽宁教育出版社.

洛伦茨.2002.历史能是真实的吗?叙述主义、实证主义与"隐喻的转向".黄红霞,陈新译.世界哲学,(2):12-21.

马蒂尼奇.1998.语言哲学.牟博等译.北京:商务印书馆.

迈克尔·布雷德.2006.科学中的模型与隐喻:隐喻性的转向.王善博译.山东大学学报(人文社会科学版),(3):92-99.

迈克尔·马尔凯.2001.科学与知识社会学.林聚任等译.北京:东方出版社.

米歇尔·福柯.2001.词与物.莫伟民译.上海:上海三联书店.

尼采.2001.古修辞学描述.屠友祥译.上海:上海人民出版社.

尼古拉斯·布宁,特修-詹姆斯,燕宏远,等.2002.当代英美哲学概论.上册.北京:社会科学文献出版社.

尼古拉斯·布宁,特修-詹姆斯,燕宏远,等.2002.当代英美哲学概论.下册.北京:社会科学文献出版社.

彭增安.2004.西方隐喻研究管窥.修辞学习,(6):64-67.

钱捷.2003.溯因推理:笛卡尔、康德和皮尔士.哲学研究,(10):54-62.

让-热拉尔·罗西.1998.分析哲学.姜志辉译.北京:商务印书馆.

塞尔.2001.心灵、语言与社会.梅文译.上海:上海译文出版社.

史蒂夫·迈克康奈尔.2006.代码大全.金戈等译.北京:电子工业出版社.

舒炜光,邱仁宗.1987.当代西方科学哲学述评.北京:人民出版社.

束定芳.1996.试论现代隐喻学的研究目标、方法和任务.外国语,(2):9-16.

束定芳.2000.隐喻学研究.上海:上海外语教育出版社.

束定芳. 2004. 隐喻和换喻的差别与联系. 外国语，（3）：26-34.

宋振华等. 1983. 现代汉语修辞学. 长春：吉林人民出版社.

孙周兴. 2006. 我们怎么做哲学才好？江苏社会科学，（1）：17-19.

泰伦斯·霍克斯. 1992. 隐喻. 高丙中译. 北京：昆仑出版社.

涂纪亮. 1987. 当代美国哲学. 上海：上海人民出版社.

涂纪亮. 1987. 分析哲学及其在美国的发展. 北京：中国社会科学出版社.

涂纪亮. 1991. 当代美国哲学论著选译. 北京：商务印书馆.

托马斯·库恩. 2003. 科学革命的结构. 金吾伦，胡新和译. 北京：北京大学出版社.

汪堂家. 2004. 隐喻诠释学：修辞学与哲学的联姻. 哲学研究，(9)：71-77.

王德春. 1987. 修辞学词典. 杭州：浙江教育出版社.

王瀚东. 2002. 哲学意义上的认知语言学隐喻理论. 武汉大学学报（人文科学版），（6）：678-682.

王浩. 2002. 哥德尔. 康宏逵译. 上海：上海世纪出版集团，上海译文出版社.

王文斌. 2005. 隐喻构建与解读的主体自洽. 上海外国语大学博士论文.

维柯. 1989. 新科学. 朱光潜译. 北京：商务印书馆.

魏屹东. 2006. 语法隐喻及其对认知科学的意义. 科学技术与辩证法，（2）：57-62.

翁贝尔托·埃科. 2006. 符号学与语言哲学. 王天清译. 天津：百花文艺出版社.

夏佩尔. 2001. 理由与求知. 褚平，周文彰译. 上海：上海译文出版社.

萧诗美. 2003. 论"是"的本体意义. 哲学研究，（6）：19-25.

徐友渔，周国平，陈嘉映，等. 1996. 语言与哲学：当代英美与德法哲学传统比较研究. 北京：生活·读书·新知三联书店.

徐友渔. 1994. 哥白尼式的革命. 上海：上海三联书店.

雅克·德里达. 1999. 论文字学. 汪堂家译. 上海：上海译文出版社.

亚里士多德. 1991. 修辞学. 罗念生译. 北京：生活·读书·新知三联书店.

亚里士多德. 2002. 诗学. 罗念生译. 北京：人民文学出版社.

伊曼努尔·康德. 2004. 纯粹理性批判. 李秋零译. 北京：中国人民大学出版社.

伊萨克·牛顿. 1992. 自然哲学之数学原理/宇宙体系. 王克迪译. 武汉：武汉出版社.

殷杰，郭贵春. 2003. 从科学逻辑到科学语用学. 自然辩证法研究，（9）：21-24.

殷杰，郭贵春. 2003. 哲学对话的新平台：科学语用学的元理论研究. 太原：山西科学技术出版社.

俞吾金. 2001. 二十世纪经典哲学文本（英美卷）. 上海：复旦大学出版社.

袁航. 2005. 李约瑟使用的隐喻分析. 河南大学学报（自然科学版），（3）：119-122.

袁晖. 1982. 比喻. 合肥：安徽人民出版社.

泽诺·万德勒. 2002. 哲学中的语言学. 陈嘉映译. 北京：华夏出版社.

张沛. 2004. 隐喻的生命. 北京：北京大学出版社.

张少云. 2003. 认知语言学的隐喻研究. 修辞学习，（2）：20-21.

赵艳芳. 1991. 认知语言学概论. 上海：上海外语教育出版社.

Alvarez A. 1993. On translating metaphor. Meta，38(3)：479-490.

Arbid M，Hesse M. 1986. The Construction of Reality. Cambridge：Cambridge University Press.

Aristotle. 1954. Rhetoric. Roberts W R(trans.). New York：Random House.

Audi R. 1999. The Cambridge Dictionary of Philosophy. 2nd ed. Cambridge：Cambridge University Press.

Ayer A J. 1959. Logical Positivism. New York：Free Press.

Battalio J T. 1998. Essays in the Study of Scientific Discourse：Method，Practice，and Pedadogy. Stamford：Ablex Publishing Corporation.

Beardsley M. 1958. Aeathetics. New York：Harcourt，Brace and World.

Berggren D. 1962. The use and abuse of metaphor. Review of Metaphysics，(16)：237-258.

Black M. 1962. Models and Metaphors. New York：Ithaca.

Blackburn S. 1996. Oxford Dictionary of Philosophy. Oxford：Oxford University Press.

Blackwell A F. 1998. Metaphor in Diagrams. Ph. D Dissertation of Cambridge University.

Botha M E. 1986. Metaphorical models and scientific realism. Philosophy of Science，1：374-383.

Brook-Rose C. 1958. A Grammar of Metaphor. London：Secker and Warburg.

Brown T L. 2003. Making Truth：Metaphor in Science. Urbana：University of Illinois Press.

Buck G. 1971. The Metaphor：A Study in the Psychology of Rhetoric. Cambridge：Cambridge University Press.

Cooper D E. 1986. Metaphor. Oxford：Blackwell Publishing Ltd.

Coulson S. 2002. Conceptual integration and metaphor: An event-related potential study. Memory and Cognition, 30(6): 958-968.

Dahlbom B. 1986. The Role of Metaphors in Science. Logic and Abstraction, Acta Philosophica Gothoburgensia No 1, Göeborg.

Darwin C. 1962. The Origins of Species. New York: Collier Books.

Davison D, Harman G. 1972. Semantics of Natural Language. 2nd ed. Dordrecht: D. Reidel.

Debatin B, Timothy R J, Doniel S. 1997. Metaphor and Rational Discourse. Tübingen: Niemeyer.

Derrida J. 1974. White mythology. Moore F C T (trans.). New Literary History, 6 (1): 1-30.

Dirven R, Paprotté W. 1985. The Ubiquity of Metaphor. Amsterdam: John Benjamins.

Eco U. 1985. The semantics of metaphor// Innis R E. Semiotics: An Introductory Anthology. Indiana University Press: 247-271.

Edwards P. 1972. The Encyclopedia of Philosophy. vol. 5. New York: Macmillan Publishing Co. Inc., The Free Press.

Embler W. 1966. Metaphor and Meaning. DeLand: Everett/ Edwards Inc.

Emmeche C, Hoffmeyer J. 1991. From language to nature: The semiotic metaphor in biology. Semiotica, 84 (1/2): 1-42.

Fahnestock J. 1999. Rhetorical Figures in Science. Oxford: Oxford University Press.

Fehér M, Kiss O and Ropolyi L. 1999. Hermeneutics and Science. Boston: Kluwer Academic Publishers.

Gerhart M, Russell A M. 1984. Metaphoric Process: The Creation of Scientific and Religious Understanding. Fort Worth: Texas Christian University Press.

Goatly A.. 1997. Green grammar and grammatical metaphor, or language and the myth of power, or metaphors we die by. Journal of Pragmatics, 25 (4): 537-560.

Goatly A. 1997. The Language of Metaphors: London, New York: Routledge.

Goodman N. 1976. Languages of Art. Indianapolis: Hackett Publishing Company.

Gregory M E. 1993. Metaphor comprehension: From literal truth to metaphoricity, and back again. Metaphor and Symbolic Activity, 8 (1): 1-21.

Gross A G, Keith W M. 1997. Rhetorical Hermeneutics: Invention and Interpretation in the Age of Science. New York: State University of New York Press.

Gumpel L. 1984. Metaphor Reexamined. Bloomington: Indiana University Press.

Hale B, Wright C. 1997. A Companion to the Philosophy of Language. Oxford: Blackwell Publishers Ltd.

Hallyn F. 2000. Metaphor and Analogy in the Sciences. Dordrecht, Boston: Kluwer Academic Publishers.

Harris D F. 1912. The Metaphor in Science, Science, 36(922): 263-269.

Harris R A. 1997. Landmark Essays on Rhetoric of Science: Case Studies. Mahwah: Hermagoras Press.

Hausman C R. 1991. Language and metaphysics: The ontology of metaphor. Philosophy and Rhetoric, 24(1): 25-42.

Hawkes T. 1972. Metaphor. London: Methuen.

Hesse M. Models, Metaphors and truth//Ankersmit F R, Mooij J J A. 1993. Knowledge and Language.Vol. III. Metaphor and Knowledge. London: Kluwer Academic Publishers.

Hesse M. 1966. Models and Analogies in Science. Notre Dame: University of Notre Dame Press.

Hesse M. 1980. Revolutions and Reconstructions in the Philosophy of Science. London: The Harvester Press.

Hintikka J. 1994. Aspects of Metaphor. London: Kluwer Academic Publishers.

Hiraga M K. 1994. Diagrams and metaphors: Iconic aspects in language. Journal of Pragmatics, (22): 5-21.

Holme R. 2004. Mind, Metaphor and Language Teaching. New York: Palgrave Macmillan.

Honderich T. 1995. The Oxford Companion to Philosophy. Oxford, New York: Oxford University Press.

Honeck R P, Hoffman R R. 1980. Cognition and Figurative Language. Hillsdale: Lawrence Erlbaum Associates Publishers.

Hongle D. 2000. Metaphorization in Scientific Discourse. Ph. D Dissertation of Fudan University.

Indurkyha B. 1993. Metaphor and Cognition: An Interactionist Approach. London:

Kluwer Academic Publishers.

Johnson M. 1985. Philosophical Perspectives on Metaphor. Minneapolis: University of Minnesota Press.

Jones R S. 1982. Physics as Metaphor. Minneapolis: University of Minnesota Press.

Kelley E M. 1992. The Metaphorical Basis of Language. Lewiston: The Edwin Mellen Press.

Kintsch W. 2000. Metaphor comprehension: A computational theory. Psychonomic Bulletin and Review, 7 (12): 257.

Kittay E, Lehrer A. 1981. Semantic fields and the structure of metaphor. Studies in Language, 5(1): 31-63.

Kittay E. 1987. Metaphor: Its Cognitive Force and Linguistic Structure. Oxford: Clarendon Press.

Knights L C, Cottle B. 1960. Metaphor and Symbol. Butterworths Scientific Publications.

Koenig J-P. 1998. Discourse and Cognition Bridging the Gap. Stamford: CSLI Publications.

Kövecses Z. 2003. Metaphor and Emotion: Language, culture, and Body in Human Feeling. Cambridge: Cambridge University Press.

Lakoff G, Johnson M. 1980. Metaphors We Live by. Chicago: The University of Chicago Press.

Lakoff G, Turner M. 1989. More than Cool Reasons: A Field Guide to Poetic Metaphor. Chicago: The University of Chicago Press.

Leatherdale W H. 1974. The Role of Analogy, Model and Metaphor in Science. New York: Americal Elsevier.

Leezenberg M. 2001. Contexts of Metaphor. London: Elsevier Science Ltd.

Levin S R. 1977. The Semantics of Metaphor. Baltimore: The Johns Hopkins University Press.

Levin S R. 1988. Metaphoric Worlds: Conceptions of a Romantic Nature. New Haven: Yale University Press.

Lloyd G E R. 1971. Polarity and Analogy: The Types of Argumentation in Early Greek Thought. Cambridge: Cambridge University Press.

Lloyd G E R. 1979. Magic, Reason and Experience: Studies in the Origins and Development of Greek Science. Cambridge: Cambridge University Press.

Lloyd G E R. 1987. The Revolution of Wisdom: Studies in the Claims and Practice of Ancient Greek Science. California: University of California Press.

Lloyd G E R. 1990. Demystifying Mentalities. Cambridge: Cambridge University Press.

Lucretius. 1965. On Nature. Greer R M(trans.). New York: Bobbs-Merrill Co.

Lycan W G. 2000. Philosophy of Language: A Contemporary Introduction. London: Routledge.

Maasen S, et al. 1995. Biology as Society. Society as Biology: Metaphors. Dordrecht, Boston: Kluwer Academic Publishers.

Maasen S, Weingart P. 2000. Metaphors and the Dynamics of Knowledge. London, New York: Routledge.

MacCormac E R. 1976. Metaphor and Myth in Science and Religion. Durham: Duke University Press.

MacCormac E R. 1985. A Cognitive Theory of Metaphor. Cambridge: The MIT Press.

Machamer P, Silberstein M. 2002. The Blackwell Guide to the Philosophy of Science. Malden: Blackwell Publishers Ltd.

Magnani L, Nersessian N J, Pizzi C. 2002. Logical and Computational Aspects of Model-Based Reasoning. London: Kluwer Academic Publishers.

Magnani L. 2002. Model-Based Reasoning: Science, Technology, Values. New York: Kluwer Academic Publishers.

Martinich A P. 1985. The Philosophy of Language. Oxford: Oxford University Press.

McErlean J. 2000. Philosophy of Science. Belmont: Wadsworth/Thomson Learning.

Miall D S. 1982. Metaphor: Problems and Perspectives. Sussex: The Harvester Press.

Mio J S, Katz A N. 1996. Metaphor: Implications and Applications. Mahwah: Lawrence Erlbaum Associates Publishers.

Mooij J J A. 1976. A Study of Metaphor. Amsterdam: North Holland Publishing Company.

Morris M. 2000. Metaphor and philosophy: An encounter with Derrida. Philosophy, 75 (2): 225-244.

Mulaik S A. 1995. The metaphoric origins of objectivity, subjectivity, and consciousness in the direct perception of reality. Philosophy of Science, 62（2）: 283-303.

Newton I. 1952. Opticks. New York: Dover.

Newton-Smith W H. 2000. A Companion to the Philosophy of Science. Walden: Blackwell Publishers Inc.

Nogales P D. 1999. Metaphorically Speaking. Stanford: CSLI Publications.

Noveck I A. The costs and benefits of metaphor. Metaphor and Symbol. 16（1-2）: 109-121.

Onishi K H, et al. 1993. Metaphoric reference: When metaphors are not understood as easily as literal expressions. Memory and Cognition. 21(6): 763-772.

Orilia F. 2001. Metaphor and truth-maker. Journal of Philosophical Research, 26: 103-129.

Ortony A. 1993. Metaphor and Thought. 2nd ed. Cambridge: Cambridge University Press.

Pepper S. 1967. Concept and Quality: A World Hypothesis. LaSalle: Open Court.

Pepper S. 1982. Metaphor in philosophy. The Journal of Mind and Behavior, 3（3）: 197-206.

Peterfreund S. 1994. Scientific models in optics: From metaphor to metonym and back. Journal of the History of Ideas, (55): 73.

Peterfreund. 1990. Literature and Science: Theory and Practice. Boston: Northeastern University Press.

Pulaczewska H. 1999. Aspects of Metaphor in Physics: Examples and Case Studies. Tübingen: Niemeyer.

Quine W V. 1991. Two dogmas in retrospect. Canadian Journal of Philosopy, 51（1）: 71-83.

Radman Z. 1995. From a Metaphorical Point of View: A Multidisciplinary Approach to the Cognitive Content of Metaphor. New York: Walter de Gruyter.

Radman Z. 1997. Metaphors: Figures of Mind. London: Kluwer Academic Publishers.

Richards I A. 1936. The Philosophy of Rhetoric. Oxford: Oxford University Press.

Ricoeur P. 2003. The Rule of Metaphor: Multi-disciplinary Studies of The Creation of Meaning in Language. Czerny R, Czerng R,Mclaughlin K(trans.). London: Routledge, Kegan Paul Ltd.

Riemer N. 2001. Interpreting Semantic Extension: Metaphor and Metonymy on Different Levels of Lexical Categorization. Proceedings of the Conference of the Australian Linguistic Society.

Rogers R. 1974. Metaphor: A Psychoanalytic View. California: University of California Press.

Rorty A O. 1996. Essays on Aristotle's Rhetoric. Berkeley: University of California Press.

Rothbart D. 1984. The semantics of metaphor and the structure of science. Philosophy of Science, 51(4): 595-615.

Rothbart D. 1997. Explaining the Growth of Scientific Knowledge: Metaphors, Models and Meanings. Lewiston: The Edwin Mellen Press.

Rothbart D. 1998. Science Reason and Reality: Issues in the Philosophy of Science. Wadsworth: Thomson Learning.

Sacks S. 1980. On Metaphor. Chicago: The University of Chicago Press.

Sapir J D, Crocker J C. 1977. The Social Use of Metaphor: Essays on the Anthropology of Rhetoric. Philadelphia: University of Pennsylvania. Press.

Scerri E. 2000. Philosophy of chemistry: A new interdisciplinary field? Journal of Chemical Education, 77(4): 522-525.

Scheffler I. 1979. Beyond the Letter: A Philosophical Inquiry into Ambiguity, Vagueness and Metaphor in Language. Abingdon, Oxon, Boston: Routledge, Kegan Paul Ltd.

Seidman S, Wagner D. 1992. Postmodernism and Social Theory. Oxford: Blackwell Publishing Ltd.

Shibles W A. 1971. Metaphor: An Annotated Bibliography and History. Whitewater. Language Press.

Stambuk A. 1998. Metaphor in scientific communication. Meta, 43(3): 373-379.

Steinhart E C. 2001. The Logic of Metaphor. London: Kluwer Academic Publishers.

Stern J. 2000. Metaphor in Context. Cambridge: The MIT Press.

Sternberg G J. 1990. Metaphors of Mind. Cambridge: Cambridge University Press.

Tirrell L. 1991. Reductive and nonreductive simile theories of metaphor. The Journal of Philosophy, 88（7）: 337-358.

Turbayne C M. 1962. The Myth of Metaphor. New Haven: Yale University Press.

Turbayne C M. 1991. Metaphors for the Mind. Columbia: University of South Carolina Press.

Ungerer F, Schmid H J. 1996. An Introduction to Cognitive Linguistics. London: Addison Wesley Longman Ltd.

van Noppen J P, et al. 1985. Metaphor: A Bibliography of Post-1970 Publications. Philadelphia: J. Benjamins Pub. Co.

van Noppen J P, et al. 1990. Metaphor II: A Classified Bibliography of Publications, 1985 to 1990. Philadelphia: J. Benjamins Pub. Co.

van Noppen J P. 1983. Metaphor and Religion. Brussels: Vrije Universiteit Brussel.

Vosniadou S. 1989. Context and the development of metaphor comprehension. Metaphor and Symbolic Activity, 4(3): 159-171.

Way E C. 1991. Knowledge Representation and Metaphor. London: Kluwer Academic Publishers.

Welch W J. 1993. How cell respond to stress. Scientific American, (268): 56-64.

Wheelwright P. 1962. Metaphor and Realty. Bloomington: Indiana University Press.

Wheelwright. 1962. Metaphor and Reality. Bloomington: Indiana University Press.

White R M. 1996. The Structure of Metaphor: the Way the Language of Metaphor Works. Oxford: Blackwell Publishing Ltd.

Wittgenstein L. 1953. Philosophical Investigation. Anscombe G E M (trans.). Oxford: Blackwell Publishing Ltd.

Wood A. 1954. Thomas Young: Natural Philosopher. Cambridge: Cambridge University Press.

Ziman J. 2000. Real Science: What It Is and What It Means. Cambridge: Cambridge University Press.

附录 科学隐喻与科学哲学[①]

——英国科学哲学家玛丽·海西教授[②]访谈录

时间：2005年8月25日上午
地点：剑桥大学大学中心

问： 海西教授您好。我注意到，您获得的第一个学位是理学学位，而您的博士学位论文是关于电子显微学的。那么，您是如何对科学哲学产生兴趣并走上相关的学术研究之路的？

答： 你问的是一个关于我的简历的问题，人们总是首先关心这样的问题。你知道，关于一个人的职业生涯的问题事实上就是描述一个人的传记，这恐怕需要从第二次世界大战刚刚结束的时候说起。那是1945年，我刚毕业不久，已经是60多年前的事了。对于一个普通学生来说，当时攻读博士学位的机会并不是很多。这是因为，尽管战争结束了，但仍然有相当多的教职员工还没有来得及返回高等教育机构。这时候，刚好有一个电子显微学的研究项目需要进行，当时所使用的是电子显微镜透镜的一种测量及计算方法。由于具有相关的数学背景，我有幸加入了这个团队，

[①] 本部分内容以"科学隐喻与科学哲学"为题发表于《哲学动态》2006年第9期。
[②] 玛丽·海西（Mary Hesse），当代英国著名科学哲学家。1924年生，1949年获伦敦大学物理学博士学位，1960～1986年任教于剑桥大学科学史与科学哲学系，现为剑桥大学科学哲学荣誉退休教授。1971年当选为不列颠科学院院士，并曾长期担任《不列颠科学哲学杂志》编委、英国科学哲学协会副主席。她的科学隐喻思想体现在下列论著中：《隐喻的说明功能》（1965年）、《隐喻的认知观》（1983年）、《实在的建构》（1986年）、《模型、隐喻与神话》（1989年）、《模型、隐喻与真理》（1993年）等。

并且主要研究上面所提到的那种计算方法。我们的研究工作主要是在伦敦的大学学院（University College）进行开展的。那时候我还在伦敦，并且当时我所从事的主要工作还根本不是哲学，主要是关于发展那种相关计算方法的实践。科学史和科学哲学当时确实不是我最主要的兴趣所在。但在那个时候，我已经开始关注量子力学的研究，并且由此开始初次接触到科学史和科学哲学的某些问题。你知道，当时的物理学家们几乎都对量子力学哲学非常感兴趣。在那样的一个大环境下，我也逐渐对这个热门问题产生了好奇。但当时我并没有对此进行任何真正意义上的研究，事实上情况也不允许。所以，实际上我先当了八年的数学讲师。但是在这段时间，我在伦敦获得了科学哲学的硕士学位，论文是关于怀特海的，主要涉及19世纪的数学逻辑问题。就这样，我算是正式地开始了自己的哲学研究，随后在伦敦的大学学院担任科学哲学讲师。在那个时期我写了一本书叫作"力与场"，是一本物理学史方面的著作。

问： 我在大学图书馆看到过这本书，您在书中研究了物理学中一些重要概念的演化发展情况。

答： 正如你所说的，《力与场》这本书的主要内容是关于物理学史的，当然其中对物理学史所涉及的一些哲学问题也进行了一些初步的探讨。此外，我主要对麦克斯韦和开尔文以及19世纪后期的场论进行了考察。《力与场》是我第一本正式出版的著作。你知道，当时哲学的整体氛围正在逐渐偏离实证主义的传统道路。有一些人，比如波普尔和剑桥大学的布拉斯威特教授提出了一些新的哲学思想，然后就是托马斯·库恩这一批哲学家的出现。他们似乎特别重视从事实到理论的那种转变过程的研究，并试图给出一种归纳逻辑。这就显著地区别于仅仅强调演绎逻辑的传统哲学家。假设和实验结果这些东西是人们进行检测和测试的条件。

强调假设，这当然是波普尔做出的主要贡献。波普尔是一个非常重要的哲学家，对于他所关注的这些问题我写了不少东西。我认为，任何类型的假设和关于该问题域叙述的归纳逻辑是密不可分的，而这种叙述的归纳逻辑就包含了类比和模型应用的内容。科学家采纳一个模型，比如说光的波模型或者光的粒子模型，因此依靠类比的方法推动了相关理论的进展。我的意思是，在采用或接受了这种科学模型之后，人们看待光的方式发生了明显的、根本性的变化。当然，在发现并且引入特定的类比或隐喻的过程中，演绎理论并没有被彻底抛弃。这样，类比和模型的应用就立即在实证主义和演绎理论之间引入了一种新的东西。

问： 正如您所说的，您似乎始终对科学发展中模型、类比、隐喻的功能和意义问题特别关注。但是，在传统的科学哲学研究中，这些问题似乎一直处于被忽视的地位。

答： 确实存在这样一种不好的情况。

问： 那么，是一种什么样的动因或契机使得您注意到这些问题的重要性？

答： 事实上，当时已经有一些哲学家在从事这方面的工作，也发表了不少研究成果。其中，我认为马克斯·布莱克的工作是特别重要的，他对隐喻问题提出了许多新的见解。让我们设想一下，比如有一位研究者提出了一种自己的理论，而拥有某种理论正如拥有一种模型。那么，如何得到这种理论？这似乎取决于某些研究者恰好试图去实验的东西。科学家们总是在不断地进行各种各样的实验。但是，在这些实验进行之前，没有任何既定的方案或元素可以决定什么才是最接近于真实结果的内容。或者可以换一种说法，这时没有任何东西可能被否证。因此，波普尔认为，有时你可能意外地得到一种最富有想象力的理论。和类比相对应，模型和隐喻也是来自事实的，在事实的范围之内。当然，我所说的主要是科学实验的事实。

另外，还存在逻辑考虑是如何与这些事实产生关联的问题。除了马克斯·布莱克之外，当时牛津大学的哈雷也对于模型问题进行了研究和撰述，我想我也受到了他的影响。在那个时候，我开始注意到与类比和模型非常具有相似性的隐喻现象。传统的演绎理论总是强调理论的演绎推导，把太多的时间都用于谈论纯粹的逻辑问题。对于这种理论我并不完全认可，事实上，在自然语言中情况并非如此。我们甚至可以用一种自然语言对模型进行描述，而自然语言并不遵循某种命题逻辑。

我认为似乎可以提出一个对它进行补充的概念，而这个概念可能就是隐喻的逻辑。我们一般认为，逻辑并不是非常具有扩展性的事物，但类比和隐喻的概念不一样。比如，对于声和光的一个恰当的隐喻或者类比是真正地可以互相替换的，这时它将成为波的模型。而这种结果能够被观察到，我的意思是说波能够被观察者观察到。这样，我们就知道如何去对它们进行描述，这就是隐喻和类比所具有的作用。我认为可以说这也就是我们之所以能够获得知识的原因和过程。

附录 科学隐喻与科学哲学——英国科学哲学家玛丽·海西教授访谈录

问：您似乎强调这样一种哲学前提，就是"一切语言都是隐喻的"。

答：我是这样认为的，但是，也有许多人并不打算接受这个观点。西方的哲学家们现在认识到，传统的科学哲学面临着非常大的困惑。我这一代人事实上也属于那个发生这种困惑的时期。在一些年以前，人们非常重视命题逻辑的概念，另外，就是认为科学语言应当遵循这样的一种逻辑。关于常规命题逻辑的那种思考，甚至那种常规的争论，无论是演绎的或者是建构的，我认为并不是摆脱这种困境的正确方法，所以，我强调语言的隐喻性。当然，要从根本上澄清这个问题是一个非常困难的过程。正如在自然语言中什么是最好的论证这个问题，也是非常难于回答的。

问：您的另一个著名观点是："科学理论的说明可以视为对现象域的一种隐喻重描。"

答：我记得我说过这话。那么，你能理解我的论证吗？

问：您似乎首先指出，传统的科学解释的演绎模型必须得到补充。而把科学解释视为隐喻重描正好能够做到这一点。您认为在科学的解释项和有待解释的对象之间并不存在一种严格意义上的演绎关系，而只存在一种近似符合的关系，隐喻可以起到沟通二者的桥梁作用。

答：是的。

问：我注意到一个细节问题，就是大多数科学哲学家使用的是"科学中的隐喻"（metaphor in science）这一提法；但是像罗伯特·霍夫曼（Robert Hoffman）、玛丽·吉尔哈特（Mary Gerhart）、阿兰·罗素（Allan Russell）等哲学家，在论著中使用的是"科学隐喻"（scientific metaphor）这样一种表达。您在1980年出版的《科学哲学中的革命与重建》及1986年出版的《实在的建构》等著作中，也多次使用了"科学隐喻"的提法，并且对"科学隐喻"与"文学隐喻""诗学隐喻""宗教隐喻"作出了区分。您的这种划分是否依据某种特定的标准？或者说，在"科学中的隐喻"与"科学隐喻"这两种表达之间，您是如何取舍的？

答：不，我并不认为我能够在这些表达之间作出一种非常明确的区分。我的意思是，在文学的、宗教的和科学的语言中，我们都会注意到隐喻现象的存在。也就是说，在这些不同的话语形态中，你都会发现隐喻。至于这些不同的表达方式之间的区别，我之前在其他作家的著作中并没有注意到，我不记得罗伯特·霍夫曼的用法是如何的。事实上，我并不认为应当在这二者之间作出一种严格的区分。

问：您的意思是，既可以用"科学隐喻"，也可以用"科学中的隐喻"？对您来说，这似乎并不是一个十分重要的问题。

答：我想是这样的。

问：您在《科学中的模型和类比》的最后一章谈到了隐喻的说明功能这一问题。那么，隐喻、模型、类比之间到底是一种什么样的关系？能不能认为隐喻是模型和类比的基础？或者说，隐喻是比模型和类比更为本质性的东西吗？

答：不，我认为类比是更为根本性的东西。这是因为，类比直接诉诸相似性的概念。但是我们往往需要一种比它更为复杂的结构。类比是基于相似性的，而进一步建构的概念更多地应该归属于模型和隐喻。它们都是与语言相关联的，其中，隐喻与语言的关联尤为密切。试想一种有机化学的结构DNA，它是构造的。我的意思是那是一种物理模型。如果你对之进行描述，你就可能需要求助于隐喻性的语言。事实上，你可以发现分子物理学中的许多隐喻描述。隐喻的描述模型更类似于真实世界的物理客体。关于隐喻和模型，我认为这就是唯一的区别：也就是说，隐喻是对于模型的一种描述。在自然语言中只不过是一种事实，在对理论进行解释的过程中则有必要使用隐喻。因此，可以说隐喻是对于模型的一种科学描述。

我认为，科学模型和科学隐喻之所以有价值，正是由于你必须在一种现象的不同基础上发现类比。这一过程的基本要点之一就在于你首先能够灵活地理解和运用语词。一个人永远无法穷尽一个词的意义或者语词之间的区别。实际上，除了使用隐喻的方式之外，你不能用任何语词定义事物。这不仅牵涉到语词的意义，也牵涉到语言理论的整体意义。因此，你所提的这个问题，隐喻、模型和类比之间的区分是什么，我觉得很难非常精确地给出一个答案。因为，所有的理论都存在不精确的地方。或许我可以这样来回答你：隐喻、模型和类比就是它们自身。

问：还有一种令人困惑的关系就是隐喻与象征（symbol）之间的关系。如果说隐喻和象征都是以一物代替另一物，那么，它们之间的本质差异何在？

答：我不认为我自己经常使用"象征"这个字眼。可能象征更强调替换的一面。

问：这二者之间的相似性如何理解？我认为在它们之间存在着某种微妙的相似性。

答：是的。在20世纪70年代，我曾经开设过一些社会科学哲学方面的课程，主要是人类学，研究人类种族的生物性及其文化之间的关系。你知道，在70年代，有相当多的社会人类学学者对科学哲学的问题感兴趣，而他们本来都是研究世界各地不同文化及其关系的。与此类似，作为主要研究科学哲学的学者，我们也关注关于人类的科学和关于历史的科学。当然，不同的学术共同体可能运用不同的方法论，比如有所谓自然科学和社会科学方法论的区分。但是，对于自然科学和社会科学所运用的方法论加以比较就会发现，社会科学中似乎更多地运用到象征理论。我的意思是，对于我称之为宗教隐喻的内容使用象征理论。你知道哪个地方是一个象征，并且能够发现关于隐喻的那种研究。关于象征的研究实际上大多数都是关于隐喻的研究。但是说到"象征"，我并不经常使用这个字眼。

问：您曾经提到过科学隐喻是可错的。在您看来，它似乎是一种科学假说。

答：我认为科学假说本身就是一种隐喻描述，隐喻描述表征一种发生逻辑。科学假说的命题语言并不是纯数学的，你往往可以对之进行化简，并且要求它作出某种预言。但是，这个实践理论的部分经常要求使用描述模型的语言并且使用隐喻的连接。如果研究克拉克·麦克斯韦理论的话，你就可以很清楚地发现这一点。作为一位物理学家，麦克斯韦非常重视这样一种方法论并且多次谈到这种类比所具有的意义。当然，毫无疑问，他最后趋向于数学，得出了麦克斯韦方程式。但是，在他的理论中，首先是谈论波的模型或机械模型，最后才引入这些数学化的内容。因此，我们必须注意到科学隐喻的引入并在此基础上理解理论模型，否则就无法理解这种理论。这不仅仅牵涉到单纯的数学内容。

问：您曾经撰文对杜伦大学哲学教授戴维·库珀的著作《隐喻》进行评论，主要批评了他对于"隐喻首要性"的观点。但是，库珀教授还有一个重要观点，就是认为隐喻的重要意义之一在于培养共同体成员之间的某种"密切性"。

答：我想他的意思是说科学共同体发展了同一种语言，比如说在同一个实验室里……

问：比如剑桥大学的卡文迪许实验室？

答：你的例子很恰当。实验室科学家经常使用的一些技术性语言是外面的人几乎不可能理解的。比如说计算机科学这个领域：任何谈论计算机的人，都必然涉及对于一种特殊的计算机专用语言的理解,而这对于他们之间的交流来说是必要的。人们通过某些特定的隐喻预先假定了大量内容,这也正是托马斯·库恩所谈论的范式。范式就是某个专门领域的所有科学家都能够认可或者说达成共识的某种东西,因此,他们之间有一种别人难以理解的默契,这一点是进行专门化交谈的一个前提。这种对话的有效性与这种范式中的隐喻有非常重要的关联。

问: 也就是说,在一个科学共同体内部,某些特定的隐喻总是必要的?

答: 是的。比如,在关于磁场的研究中,麦克斯韦和法拉第之间的关系可以清楚地说明这一点。

问: 您曾经在《科学中的模型与类比》一书中对类比的逻辑进行过专门研究。那么,您是如何考虑隐喻的逻辑问题的?

答: 首先,我认为"逻辑"这个词被使用得过于狭窄了。逻辑不仅仅是罗素、怀特海、弗雷格等哲学家所主要关注和研究的命题逻辑。人们往往认为,逻辑就是为了达到一种绝对可靠的演绎的目的。这事实上排斥了逻辑的另外一种含义。如果我们谈论类比的逻辑或者隐喻的逻辑,那么,逻辑这个词本身就是在一种隐喻的意义上使用的。隐喻的逻辑问题是一个科学的语言学问题,关于这一点,我发现许多概念并不是十分明确的,同时必须首先解决大量非常技术化的细节问题。因此,我最后放弃对之进行更加深入的考虑。

我的意思是,这些问题带有过多的技术性,而我并不是一个语言学家。如果你愿意,可以在麦克斯韦正确地所做的那种扩展的意义上使用"逻辑"这个语词。但是,尽管隐喻的逻辑问题可能有些过于特殊和专门化,但它并不是不寻常的。比如,有许多研究者在从事机器翻译的工作,我的同事中就有这样的一些人。我想他们可能需要面对这个非常困难和复杂的问题。在一般情况下,我们使用辞典对语词进行定义。在机器翻译中,你需要接受相关的语词和索引,并且查找这个词以及其他有相关意义的语词,这就不可避免地要处理语词的隐喻问题。事实上,只有解决隐喻的逻辑问题,才可能在机器翻译中得到一种适当的结果。语词是有歧义的,这取决于语境。因此,隐喻的逻辑无法脱离语言的语境来加以说明,这也正是机器翻译之所以困难重重的一个主要原因。

问: 您的论著中多处提到了法国哲学家保罗·利科。在他看来,隐喻指称是一种"破裂指称"（split reference）。对此您做何评价？

答：我想他的这个概念可能是指歧义性。

问：您如何理解"隐喻真理"这个概念？

答：真理问题是非常难于清楚解答的一个问题。我的意思是，对于真理这个概念本身就可以有非常不同的理解。一般认为真理就是符合直接的事实，就是语句与事实之间的一致性，正是这种一致性使得言说具有某种真理性的意义。事实上，真理这个概念应当和之前我们所谈到过的逻辑概念一样，做一种更为广义的理解。这样的话，所谓隐喻真理的概念就变得可接受了。隐喻与真理并不是格格不入或背道而驰的，事实上，真理这个概念本身就是一种隐喻。

当然，不同的哲学家可能对于隐喻真理的概念有不同的理解，这取决于他们之间特殊的言说方式和所指，也就是我们刚才提到过的范式。隐喻真理概念的提出，或许是因为使用任何种类的符合描述某物的真理性并不是自然世界的本来特征，因此，不是足够好的、能够令人满意的方式。同时，在谈论真理问题的过程中，我们几乎不可能避免隐喻语言的使用。中世纪哲学家托马斯·阿奎那提出了单一意义（univocal meaning）和两可意义（equivocal meaning）的概念，也就是单独意义（singular meaning）和歧义性意义（ambiguious meaning），这是理解隐喻真理概念的一个重要启示。

问：您是否同意隐喻是对实在的一种描摹？

答：你的问题几乎每个都是难于回答的。是的，我基本上可以赞同这样一种观点。我们可以对实在进行各种不同角度的描述，但是，其中的许多描述实际上都是隐喻的。现代物理学的一些例子可以对这一点进行证明。模型和隐喻都在描述实在的某些方面。我们知道，科学家不能仅仅在空中楼阁里设计出一种理论，数学、物理学理论除了如何测试的问题，由于涉及的都是一些从理论上来说非常复杂的事物，因此，为了保证这种测试的成功进行与整体理论的一致性，有时不能不使用模型或隐喻的方法。所有这些都是对这个世界的描述，也就是对我们所谈论的实在的描述。

问：您如何看待欧洲大陆哲学与英美分析哲学对隐喻研究视角的不同？比如，保罗·利科和马克斯·布莱克的不同风格。

答：很明显，因为我所受的教育的缘故，可能马克斯·布莱克对我的影响更大一些。但是，你刚才也提到了，我同时也读了一些保罗·利科的著作，并且对于他的某些观点非常赞赏。我认为他对于隐喻的研究是非常认真而严肃的。至于其他你所谓的欧洲大陆哲学家,我读哈贝马斯的著作比较多,包括他的科学哲学。我想应该是从20世纪70年代开始,我就开始接触到哈贝马斯的思想。我发现他对我极有助益。但是,从另一方面看,欧洲大陆哲学同样在很大程度上受到了盎格鲁－撒克逊哲学的影响。

问:大陆哲学家德里达在《白色神话》中对隐喻作出过一些很有意思的论述。

答:在我看来,德里达的作品带有某种游戏性(playful)。你知道,就是说在有些时候,他的哲学论述不是非常严肃认真的。当然,他的哲学很有批判性,当他进行批判的时候是非常敏锐的。

问:我听说剑桥大学曾拒绝授予他名誉博士学位。

答:我们最终授予了他那个学位。

问:但据说有一些教授对此持坚决反对的态度。

答:哲学家们是反对的,但是,实际上我们最终授予了他那个学位。这是由于,尽管哲学家们反对,但文学系的教授们起到了更大的、决定性的作用。

问:科学哲学对隐喻问题的研究大量地借鉴和利用了语言哲学的研究成果?您对此做何评价。

答:事实确实是这样,尽管语言哲学的影响也存在一些消极的方面。谈到借鉴,我想主要是由于语言分析哲学的成果对于某些事物之间的争论性产生了一种有效的连接作用。事实上,欧洲哲学家们后来也注意到了这一点。在许多时候,哲学论证的连接并不是十分清楚的,而语言分析哲学家们则试图使它更为精确。这对于科学哲学的进展显然具有非常重要的借鉴意义和推动作用。

问:对科学隐喻的重视是否与后现代主义哲学的兴起有关?

答:哦,这个很难说。

问:您对后现代主义哲学是怎么看的?是否如您对德里达的评价,后现代主义在整体上而言带有太多的游戏性?

答:我的意思是有些后现代主义哲学家有时似乎不太严肃,这具有一定的危险性。后现代主义似乎主张不存在任何一种真理,每一种理论都是有价值的。你知道,这一点是令人难以接受的。

问:在后现代主义哲学的兴起过程中,科学修辞学逐渐在科学哲学中引起广泛关注。您如何看待这种现象？

答：你说的科学修辞学是什么意思？能否举出一些例子？

问：比如，科学家们在说明自己的理论的时候可能会用到一些修辞学的方法，使他们的理论更……

答：具有说服力？

问：是的。

答：我们也许可以做一个类比。譬如，政治上的修辞技巧并不仅仅意在使事物更加清楚和有说服力，修辞学可能牵涉到某种特殊的背景和意图。至于科学修辞学，我认为就是科学家试图把他们非常复杂深奥的理论向一般公众作出描述，因此给出一些独特的概念和论证，正如电视节目一样进行一些简单化的工作，使一般公众有接受的可能。但是，我认为这种修辞学和科学本身是不同的东西。

问：您曾说自己的哲学目标是在形而上学实在论和相对主义这两种极端之间保持某种平衡，您宁愿做一个"适度实在论"者。在我看来，对隐喻意义的强调似乎正是您这种"适度实在论"的一个重要特色和维度。您是否同意我的这种判断？

答：是的。

问：最后，您能否概括评价科学哲学研究的当代特征及其走向。

答：这又是一个非常宏大的主题。实际上，我对当前科学哲学的最新发展情况不是非常清楚，我只是偶尔浏览一下专业杂志。当然，我的同事们仍然在孜孜不倦地开展相关的研究工作。我相信，科学哲学的前途将不可避免地面临许多坎坷和困惑，但仍然会不断取得新的成果和进展。对于你所关心的隐喻问题，我能够肯定的是科学哲学的发展确实与隐喻研究的进展有某些共同之处。在文学、宗教和科学的未来发展中，情况同样如此，毕竟"所有语言都是隐喻的"。